U0487044

非洲法语地区发展报告
（2020）

REPORT ON THE DEVELOPMENT OF
FRANCOPHONE AFRICA (2020)

主　编　张永宏　詹世明
副主编　邓荣秀　孙利珍

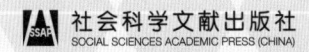

摘　要

　　《非洲法语地区发展报告》是国内首部关于非洲法语地区的年度发展报告。本报告分为地区形势、国家发展和专题研究三个部分，涉及非洲法语地区的政治、经济、教育、社会、文化和部分国家近两年的发展现状。

　　在地区形势部分，本报告从政治、经济、教育、社会和文化五个层面呈现非洲法语地区的发展现状，并对非洲法语地区的安全问题、经济发展成效和面临的不确定性、教育问题、人口问题、社会公平、医疗卫生问题以及文化的发展问题进行深入分析。

　　在国家发展部分，本报告对科特迪瓦、刚果（金）、刚果（布）、中非共和国、乍得和吉布提6国近几年的政治局势、经济发展现状以及在军事和外交方面所做出的努力进行了系统梳理，为跟踪研究这些国家的发展形势提供基础信息。

　　在专题研究部分，本报告着重对西非地区安全形势面临的问题以及西共体采取的应对措施、法国在非洲法语国家的经济存在、非洲法语国家和英语国家之间的合作与分歧等问题进行分析，进一步反映该地区的变化形势。

　　关键词：非洲法语地区　政治局势　经济发展　安全形势

目 录

地区形势

非洲法语地区政治发展形势 …………………… 王 涛 赵林锋 003

非洲法语地区经济发展形势 …………………… 梁益坚 梁珍情 018

非洲法语地区教育发展形势 …………………… 杨 惠 张志伟 046

非洲法语地区社会发展形势 …………………… 张佳梅 程 实 069

非洲法语地区文化发展形势 …………………… 夏 艳 刘国强 099

国家发展

科特迪瓦发展报告 …………………………………… 邓荣秀 李 洁 125

刚果（金）发展报告 ………………………………… 朱力轲 李昊哲 139

刚果（布）发展报告 ………………………………… 孙利珍 李宛平 155

中非共和国发展报告 ………………………………… 洪 薇 周筠松 169

乍得经济发展报告 …………………………………… 李 岩 杨 志 183

吉布提发展报告 ……………………………………………… 杨 志 196

专题研究

西共体和平安全行动及相关国际合作……………………………………李洪峰 211
法国在非洲法语国家的经济存在……………………………………………李 旦 224
从非盟委员会换届看非洲法语国家和英语国家的合作与分歧………潘 良 248

Abstract ………………………………………………………………………… 273
Contents ………………………………………………………………………… 275

地区形势

非洲法语地区政治发展形势

王　涛　赵林锋

摘　要： 近年来，国内政治方面，绝大部分非洲法语国家能够在宪法规定的政治框架下实现政权的和平过渡或仅出现一定程度的骚乱，极少数国家因总统大选而严重影响国内政治发展。"第三任期"问题成为非洲法语国家政治发展的重要概念。地区安全层面，非洲法语国家仍然是世界上暴力冲突汇聚的地区，西非与中非地区仍然存在极端主义武装与反政府分离势力。此外，几内亚湾海盗也开始威胁到沿岸国家的经贸安全。在外交领域，非洲法语国家与邻国在领土边界等争端上坚持以和平方式处理，并积极参与非洲一体化进程。此外，非洲法语国家还介入中东国家的外交博弈。近年来，非洲法语国家与中国交往更为密切，成为自身进一步发展的重要契机。2019年作为非洲法语国家大选年，一大批国家将进行总统或议会选举；而2019年开年西非地区频繁的极端主义组织活动则考验着非洲法语国家应对非传统安全的能力。

关键词： 非洲法语国家　选举政治　安全威胁　外交关系

作者简介： 王涛，云南大学非洲研究中心教授；赵林锋，云南大学非洲研究中心硕士研究生。

一　国内政治

近年来，非洲法语国家国内政治的情况主要可分为以下三类：绝大多数国家政权交接通过大选实现和平过渡，没有发生较大动荡；少数国家在总统大选中出现局部动荡,但冲突强度被限制在政府能够控制的范围之内;只有极少数国家因大选出现剧烈的社会动荡。

第一,大部分国家实现和平过渡。近年来,非洲法语国家经过总统大选实现政权平稳过渡的国家有:2016年3月,刚果(布)举行总统选举,萨苏以60.39%的得票率胜出当选为新一任总统;2017年8月,卢旺达举行总统大选,卡加梅以98.79%的得票率胜选连任;2018年10月,喀麦隆现任总统比亚以71.3%的得票率,再次成功连任;[1] 2018年12月,安德里·拉乔利纳获得55.66%的选票,赢得马达加斯加总统选举。[2]

除总统选举外,非洲法语国家也进行了下述议会选举且实现平稳过渡。2016年12月,科特迪瓦举行新一届国民议会选举,在255个议席中,由共和人士联盟、民主党和未来力量联盟组成的执政联盟获得167席的多数席位。[3] 2017年7~8月,刚果(布)先后举行国民议会、地方议会和参议院选举,刚果劳动党在上述选举中分别获151席中的90席、1158席中的450席和66席中的44席。2018年2月,吉布提举行国民议会选举,"总统多数联盟"赢得65个议席中的57席。[4] 2018年3月,吉布提又举行参议院选举,执政联盟获得参议院99个席位中的50席。近年来,政权的和平过渡体现出大多数非洲法语国家国内政治稳定的局面,这为相关国家的经济发展提供了可靠的国内政治环境。

第二,少数国家存在可控范围内的分歧。虽然大多数非洲法语国家能够实现政权的平稳过渡,但也有少数国家因总统大选而发生执政党与在野党两党的分歧,甚至国内小规模骚乱,例如2016年的加蓬大选。2016年8月,

---

[1] 《喀麦隆总统选举结果出炉 85岁总统比亚再度成功连任》,2018年10月23日,中新网,http://www.chinanews.com/gj/2018/10-23/8656930.shtml。

[2] 《拉乔利纳赢得马达加斯加总统选举》,2018年12月28日,新华网,http://www.chinanews.com/gj/2018/12-28/8714367.shtml。

[3] "Republic of Côte d'Ivoire Election for Assemblee Nationale (Ivoirian National Assembly)", December 18, 2016, http://www.electionguide.org/elections/id/2533/.

[4] "Republic of Djibouti Election for Assemblée Nationale (Djiboutian National Assembly)", February 23, 2018, http://www.electionguide.org/elections/id/2547/.

时任总统邦戈宣布胜选连任。反对派候选人、前非盟委员会主席让·平质疑此次选举结果,并将选举结果上诉至加蓬宪法法院。官方选举结果公布后,首都利伯维尔爆发暴力冲突,抗议者在议会大厦以及附近楼房放火,政府安全部队则突袭了反对党的总部大楼,到9月2日已有超过1000人被捕。[①] 9月3日,骚乱已蔓延至加蓬第二大城市让蒂尔港。至9月5日,主要城市的骚乱逐渐平息。为了缓和执政党与在野党的分歧,加蓬于2017年3~5月举行了"全国包容性政治对话",形成了多项政治对话成果,包括总统选举和议会选举改为两轮多数制、修改选举法等重要内容。即便如此,加蓬局势至今仍难下最终定论,但冲突总体上处于可控范围之内。

第三,极少数国家发生严重骚乱。作为中部非洲的重要国家刚果(金),从2016年以来一直经受总统大选引发的严重骚乱。该国本应于2016年9月20日举行新一轮的总统选举,但选举委员会以选民名册更新等理由宣布选举必须推迟,此举遭到了反对派的严重抗议。9月19~20日,反对派在首都金沙萨举行游行,而游行最终演变为示威者与军警之间的流血冲突,最终导致32人死亡。10月18日,该国政府多数派与温和反对派就总统大选和政权交替问题举行政治对话并签署协议,同意将2016年12月的总统选举延期至2018年4月。延期期间将由过渡政府负责管理国家事务,时任总统卡比拉将在任期结束后留任至新一届总统产生。此后,在该国全国主教会议的斡旋下,激进反对派也与政府多数派展开对话。12月31日,双方达成"全国包容性政治解决方案",规定总统大选应于2017年底举行,卡比拉继续留任至新总统选出,但不得谋求第三任期,过渡期总理一职由反对派联盟成员担任。[②] 2017年12月至2018年3月,该国天主教会支持的"世俗协调委员会"在全国范围内多次组织大规模游行示威,要求卡比

---

① 《加蓬总统大选后首都骚乱 联合国支持核查选举结果》,2016年9月3日,参考消息网,http://m.cankaoxiaoxi.com/world/20160903/1291900.shtml。

② John Mukum Mbaku, "What Is at Stake for the DRC Presidential Election?", Brookings Institution, August 29, 2018, https://www.brookings.edu/blog/africa-in-focus/2018/08/29/what-is-at-stake-for-the-drc-presidential-election/.

拉切实履行"全国包容性政治解决方案"并公开承诺不参加此次大选,警方同抗议者发生冲突并造成人员伤亡。2019年1月,国家独立选举委员会公布初步计票结果,显示主流反对党民主与社会进步联盟候选人费利克斯·齐塞克迪以38.57%的得票率胜选。[1] 总统选举结果揭晓后,该国多地出现示威活动,示威者认为选举结果不真实。其间,该国西部城市基奎特爆发的示威导致2名民众和2名警察死亡、10人受伤。纵观刚果(金)2016年大选以来的政局可以看出,该国因大选而发生的严重骚乱表现出时间长、范围广、影响深的特点,并成为非洲法语国家中极少数国内政治不稳定的代表。

第四,"第三任期"现象成为少数国家引发骚乱的重要诱因。针对上述非洲法语国家出现的一些选举乱象,有学者以"第三任期"来加以解读。所谓"第三任期"现象,是指国家最高领导人(主要为总统制国家中的总统)在宪法规定的任期结束后,通过修改或取消宪法中的任期条款等方式继续参加选举,以求延长自己任期的现象。[2] 现任总统谋求"第三任期"往往会引起反对派和国内民众的不满,如2016年以来加蓬和刚果(金)大选所导致的骚乱。在非洲法语国家中,以下国家通过修改宪法的方式实现了总统连任。吉布提于2010年修改宪法后,总统任期由6年缩短至5年,但取消了任期限制。2015年,卢旺达和刚果(布)先后修改宪法,为现任总统延长任期扫清了障碍。2018年5月,布隆迪举行修宪公投并以73.26%的高支持率通过新宪法,将总统任期从5年延长至7年,并可连任一次。2018年10月,喀麦隆85岁的现任总统保罗·比亚赢得大选,开始了第七个总统任期。[3]

---

[1] 《非盟介入刚果(金)总统选举争端 将派代表团前往》,2019年1月19日,新华网,http://www.xinhuanet.com/world/2019-01/19/c_1210041789.htm。

[2] 沈晓雷:《透视非洲民主化进程中的"第三任期"现象》,《西亚非洲》2018年第2期,第125页。

[3] 《喀麦隆总统选举结果出炉 85岁总统比亚再度成功连任》,2018年10月23日,中新网,http://www.chinanews.com/gj/2018/10-23/8656930.shtml。

有观点认为，即使存在总统谋求"第三任期"的现象，从而可能致使权力向总统、执政党和行政机构集中，但如今已很难再形成绝对专制或个人独裁。如果"第三任期"国家能够在强政府或强人的领导下提高执政能力，实现长期的政治稳定和经济发展，并进而推进统一民族国家建构，将会为它们巩固民主和建立符合自身国情的民主政治制度奠定基础。①

二 地区安全

近年来，非洲法语国家的地区安全形势仍然严峻。位于萨赫勒地区的西非法语国家，由于"伊斯兰马格里布基地组织""博科圣地"等极端主义组织而饱受战乱，只能依靠如法国等域外大国介入或次区域组织干涉才能勉强维持稳定。四处流窜的反政府武装与分离主义组织则时刻影响着中非地区的安全。丰富的石油资源和重要的航运价值是西非几内亚湾沿岸非洲法语国家的重要地缘优势，但随着近几年几内亚湾海盗活动的兴起，该地区的经贸活动受到了相当大的打击。

第一，"伊斯兰马格里布基地组织""博科圣地"等极端主义组织成为西非法语国家重要的安全威胁。近年来，西非法语国家成为"伊斯兰马格里布基地组织""博科圣地"等极端主义武装袭击的主要目标。仅在2018年，西非地区发生的主要恐怖袭击就有多起。2018年3月，法国驻布基纳法索大使馆和位于该国阿克巴地区北部250公里的一座法军营地遇袭；6月，位于马里中部塞瓦雷镇的"萨赫勒五国集团"联合反恐部队总部遭到袭击，造成至少6人死亡；7月，马里东北部靠近尼日尔边境地区遭受恐怖袭击，造成十多名平民死亡；② 11月，尼日尔东南部迪法省图穆尔地区的一家法资企业遭遇恐怖袭击，造成至少6人死亡。此外，极端主义组织还

---

① 沈晓雷：《透视非洲民主化进程中的"第三任期"现象》，《西亚非洲》2018年第2期，第124~146页。
② 梁毅：《马里东北部遭武装分子袭击 致十余人死亡》，2018年7月16日，海外网，http://news.haiwainet.cn/n/2018/0716/c3541093 - 31353897.html? agt = 15435。

绑架平民。2018年11月，尼日尔东南部迪法省至少15名少女遭"博科圣地"绑架。①

面对严峻的反恐形势，西非法语国家积极应对。早在2016年7月，喀麦隆、尼日尔、乍得等非洲法语国家就联合尼日利亚组建多国反恐部队，开始对"博科圣地"进行打击。2018年2月，"萨赫勒五国集团"成员马里、毛里塔尼亚、布基纳法索、尼日尔和乍得共同决定成立由5000人组成的"萨赫勒五国集团"联合反恐部队，共同应对萨赫勒地区日益严峻的恐怖主义威胁。2018年12月至2019年1月，尼日尔军方称在该国东南部乍得湖区开展的清剿行动中共打死287名"博科圣地"成员。②此外，欧盟也在积极向动荡的西非萨赫勒地区提供安全援助。2018年2月，由欧盟牵头，在布鲁塞尔召开了萨赫勒地区局势高级别会议。会后，欧盟宣布向"萨赫勒五国集团"联合反恐部队追加5000万欧元的援助，协助其打击盘踞在当地的"伊斯兰马格里布基地组织"等极端势力。③

第二，分离势力与反政府武装对远离中央政府控制的地区造成严重安全威胁。近年来，中部非洲分离势力和反政府武装成为该地区重要的不稳定因素。在喀麦隆，自2017年底以来，喀麦隆西部英语区的分裂主义者不断对抗喀麦隆政府。部分激进的分离主义者以当地政府部门和学校为目标制造袭击和绑架事件，同时频频与喀麦隆安全部队发生冲突。2018年11月，喀麦隆西北大区首府一所学校的79名学生和3名学校工作人员被分离主义者绑架。④为降低喀麦隆英语区分离活动的影响，喀麦隆政府曾计划于2018年8月在布埃亚与英语区进行和谈，承诺将赋予英语区民众更大的自主权。2018

---

① 郑扬子：《尼日尔东南部至少15名少女遭"博科圣地"绑架》，2018年11月25日，新华网，http：//www.chinanews.com/gj/2018/11-25/8684930.shtml。
② 《尼日尔军方：新年前后打死287名"博科圣地"武装分子》，2019年1月3日，新华网，http：//world.huanqiu.com/article/2019-01/13969656.html。
③ 德永健：《谋萨赫勒地区安全，欧盟延长马里特派团任期》，2019年2月22日，中新网，http：//www.chinanews.com/gj/2019/02-22/8761651.shtml。
④ 《喀麦隆79名遭绑架学生获救》，2018年11月8日，中新网，http：//lx.huanqiu.com/cooperation/2018-11/13489162.html。

年8月24日，喀麦隆西北大区军事设施遭疑似英语区分离主义激进武装分子袭击，造成至少2名警员死亡。同日，在西南大区首府布埃亚地区，武装分子与喀安全部队发生交火冲突，致数人伤亡。上述袭击使原定于8月29～30日在布埃亚进行的英语区和谈又推迟至11月。①

流窜于不同国家的反政府武装，如乌干达"民主同盟军"也成为影响中非地区安全的重要威胁。乌干达"民主同盟军"于20世纪90年代被乌干达政府挫败后，流窜至刚果（金）东部地区并盘踞至今。该组织除进行反乌干达政府的活动外，还经常袭击当地民众以及刚果（金）安全部队与联合国维和部队。2017年12月，该组织在刚果（金）北基伍省对联合国维和部队发动袭击，造成15名坦桑尼亚籍维和人员死亡，逾50名维和人员受伤。2018年3月，该组织又在刚果（金）东部地区发动袭击，造成当地至少10名平民死亡、多人受伤。② 面对严峻的武装组织威胁，早在2016年，刚果（金）总统卡比拉与乌干达总统穆塞维尼就共同发表声明，将携手打击活跃于两国边境的"民主同盟军"。③ 2017年12月，超过70名乌干达反政府武装分子在刚果（金）东部地区的冲突中被联合国维和部队击毙。刚果（金）军方称此后将继续开展对东部地区"民主同盟军"的清剿行动。④

第三，几内亚湾海盗问题危害沿岸法语国家安全。几内亚湾位于非洲西部，海岸线蜿蜒长达6000多千米，沿岸有利比里亚、科特迪瓦、加纳、

---

① Siobhán O'Grady, "Divided by Language: Cameroon's Crackdown on Its English – speaking Minority Is Fueling Support for a Secessionist Movement", The Washington Post, February 5, 2019, https：//www. washingtonpost. com/graphics/2019/world/cameroon – anglophone – crisis/? noredirect = on.
② 《乌干达反政府武装在刚果（金）东部袭击致10人丧生》，2018年3月28日，新华网，http：//www. xinhuanet. com/world/2018 – 03/28/c_ 1122606246. htm。
③ "DRC, Uganda Leaders Agree on Sharing Intel to Fight Rebels", News 24, August 5, 2016, https：//www. news24. com/Africa/News/drc – uganda – leaders – agree – on – sharing – intel – to – fight – rebels – 20160805.
④ 王松宇：《刚果（金）击毙70余名乌干达反政府武装分子》，2017年12月9日，新华网，http：//www. xinhuanet. com/2017 – 12/09/c_ 1122085322. htm。

多哥、贝宁、尼日利亚、喀麦隆、赤道几内亚、加蓬、圣多美和普林西比10个国家。几内亚湾蕴藏着丰富的石油资源,可开采储量达240亿桶,占全球总量的5%。同时,它还是北至毛里塔尼亚、南至安哥拉和纳米比亚的整个非洲西海岸的交通枢纽,航运价值巨大。而据国际海事局发布的最新报告称,2018年几内亚湾海盗袭击案件呈上升趋势,该年几内亚湾共发生201起海盗袭击商船、远洋捕捞渔船的案件。如今,几内亚湾已逐渐取代索马里海域成为全球海盗行为最为猖獗的地区,该海域的海盗活动在全球占比已达20%。[①]

几内亚湾沿岸国家的海上巡查力量十分薄弱。尼日利亚海军稍具规模,但后勤保障能力远远满足不了其海军需要,沿岸的其他非洲法语国家更是捉襟见肘。几内亚湾的海盗活动与索马里海域一样,需要国际社会的合力打击才能有效治理。

三 对外关系

近年来,非洲法语国家积极开展外交活动,采取和平方式推动国家间领土、领海和岛屿争端的解决。同时,非洲法语国家还积极参与非洲一体化进程建设,积极推动非洲国家的共同发展。此外,这些国家还进一步走出非洲,参与到非洲域外政治当中。而与中国进一步发展关系,成为非洲法语国家谋求自身发展的重要契机。

(一)处理领土、海域、海岛等争端

西非法语国家科特迪瓦与邻国加纳的领海纠纷,东非岛国科摩罗与前宗主国法国的海岛争端,以及非洲之角吉布提与邻国厄立特里亚的领土问题,体现了非洲法语国家通过外交手段推动争端解决的努力。

[①] 陶短房:《几内亚湾海盗猖獗,中国该如何作为?》,2016年4月30日,澎湃新闻,https://www.thepaper.cn/newsDetail_forward_1463139。

科特迪瓦与加纳海岸相邻，但从未划定过海上边界。2007年，加纳在"西区"海域发现油气资源，科特迪瓦则主张该区域属于本国领海。两国围绕该争端展开多轮谈判，并于2010年设立争端解决委员会。由于双方难以通过双边谈判解决问题，2014年9月，加纳政府根据《联合国海洋法公约》规定提起强制仲裁，科特迪瓦表示不反对通过仲裁解决该争端。2017年9月，国际海洋法庭做出裁决，科加双方均表示接受。① 科特迪瓦与邻国加纳的领海争议得到妥善的解决。

东非岛国科摩罗与法国在马约特岛归属问题上长期存有争议。2009年，法国在其实际控制的马约特岛组织"建省公投"并获得通过，单方面宣布马约特岛自2011年起由法国"海外领地"正式变为"海外省"，此举遭到科摩罗的强烈反对。2012年，法国进一步推动欧盟理事会批准马约特岛获得欧盟外延区地位，此举同样遭到科摩罗的强烈反对。近年来，科法关系逐渐转暖，在马约特岛问题上的调门均有所减弱。2017年9月，科外长阿明访问法国，同法国就马约特岛问题进行磋商，其间双方签订了马约特岛与科摩罗人员物资交流往来路线图。②

吉布提与厄立特里亚两国之间存在多年的边界争端。为了推动厄立特里亚从两国争议地区撤军，2009年吉布提与乌干达、埃塞俄比亚、索马里以厄立特里亚破坏索马里和平进程为由，推动安理会通过制裁厄立特里亚的决议，包括要求厄立特里亚立即从吉厄边境撤军并通过对话解决争端等内容。2010年，在卡塔尔的斡旋下，吉、厄两国签署和平协定，双方同时从争议地区撤军。2011年12月，埃塞俄比亚等国推动安理会通过强化对厄立特里亚制裁的决议，吉布提对此表示支持。面对吉布提利用外交手段不断施压，厄立特里亚不得不于2017年从两国争议地区撤军，该地区局

---

① Nigel Bankes, *ITLOS Judgment in the Maritime Boundary Dispute between Ghana and Côte d'Ivoire*, International Tribunal for the Law of the Sea, September 23, 2017.
② Ali Y. Alwahti, "Comoros Row with France Intensifies as Turmoil Brews at Home", *African Arguments*, June 29, 2018, https://africanarguments.org/2018/06/29/comoros-row-france-intensifies-mayotte-turmoil-brews-home/.

势趋缓。① 2018 年 9 月，吉布提总统盖莱与厄立特里亚总统伊萨亚斯在沙特阿拉伯吉达会面，启动了两国关系正常化的进程。吉布提与邻国厄立特里亚关系呈现缓和趋势，有利于非洲之角地区的局势稳定。

（二）参与非洲一体化建设

第一，非洲法语国家近年来通过竞选非盟领导人，承办非盟会议等方式积极参与非盟建设。2017 年 1 月，乍得前外长穆萨·法基·穆罕默德当选非盟委员会主席，任期 4 年；7 月，卢旺达总统保罗·卡加梅当选非盟轮值主席，任期 1 年。2018 年 3 月，非盟非洲自贸区特别首脑会议在卢旺达首都基加利举行，44 国签署非洲自贸区协议，非洲经济一体化进程取得重要进展。

第二，2017 年，非洲法语国家摩洛哥重新加入非盟，成为推动非洲一体化建设的重要一步。自 1975 年开始，西班牙殖民势力退出西撒哈拉，从此开启了西撒哈拉地区的主权争议。起初，摩洛哥与毛里塔尼亚签订《马德里协议》，规定在西班牙退出西撒哈拉后，该地区由摩洛哥与毛里塔尼亚瓜分。此后，波利萨里奥阵线在西撒哈拉宣布成立"阿拉伯撒哈拉民主共和国"，坚决要求独立。之后，该阵线不断与摩洛哥、毛里塔尼亚发生武装冲突，后期毛里塔尼亚因无法抵御该阵线的游击队而宣布放弃对西撒哈拉的争夺，而摩洛哥则趁机占领原为毛管辖的区域。1984 年，西撒哈拉加入非洲统一组织（非洲联盟前身），摩洛哥为抗议此举而退出该组织，之后成为非洲唯一没有加入非洲联盟的国家。近年来，非盟宣布推出非洲统一护照，护照持有者可在非盟成员国间免签证出入境，此举有利于减少各国间的贸易障碍，使人员、商品、资金能跨国自由流动，促进非洲国家的共同发展。最终，摩洛哥在"西撒哈拉"未退出非盟的情况下，于 2017 年重返非盟。

---

① "Factbox: Understanding the Eritrea – Djibouti Border Dispute", *Messenger Africa*, June 22, 2017, https://messengerafrica.com/2017/06/22/factbox-understanding-the-eritrea-djibouti-border-dispute/.

第三，非洲法语国家还积极参与非盟的"非洲统一护照计划"。2019年1月，卢旺达便准备签发非洲统一护照，首批发放对象是高级外交官和部分政府公务人员。早在2014年，非盟成员国便就非洲护照项目达成共识。而在2016年7月举行的第二十七届非盟首脑会议上，非盟委员会宣布正式启用首批非洲电子护照。新护照是非洲联盟《2063年议程》的一部分，该议程的目标是建设一个一体化、团结、无边界的非洲。实行统一护照将为非洲法语国家带来丰厚的收益，包括促进跨国贸易，让有技能的非洲公民跨境寻找就业机会，解决日益严峻的失业问题，以及带来大量的旅游收入。该政策的实施也隐含了一些不利因素。根据世界银行的数据，撒哈拉以南非洲约37%的人口没有合法身份，该护照将会为恐怖分子和其他犯罪集团寻找避难所提供方便，导致非洲法语国家国内的恐怖主义活动更加难以打击。此外，非洲部分法语国家的边境仍存在走私、贩卖人口、毒品贸易等问题，而目前大多数国家缺乏侦查毒品和走私的经验和能力，新护照的引入可能会加剧这些问题。[①]

（三）介入中东乱局

近年来，非洲法语国家不仅与其邻国发展外交关系，甚至还卷入中东局势，其中具有代表性的便是介入沙特阿拉伯与卡塔尔的外交纠纷。2017年6月，沙特阿拉伯、阿联酋、巴林和埃及四国以卡塔尔"支持恐怖主义"和"破坏地区安全"为由，宣布与卡塔尔断绝外交关系，并对其施行经济制裁和陆海空交通封锁。此后，又有多国宣布与卡塔尔断交或降低与卡塔尔的外交关系层级。为了进一步对对方实施外交打击，沙特阿拉伯和卡塔尔围绕争取非洲法语国家展开外交博弈。2017年6月，科摩罗宣布与卡塔尔断交。此后不久，科摩罗总统阿扎利便赴沙特阿拉伯朝觐，受到高规格接待，并会见沙特阿拉伯国王萨勒曼。2017年6月，吉布提降低了在

[①] 吕强：《卢旺达将颁发非洲统一护照》，2018年7月17日，新华网，http://www.xinhuanet.com/world/2018-07/17/c_129914761.htm。

卡塔尔的外交代表级别，卡塔尔则以撤回部署在吉厄争议边界吉方区域的维和部队作为报复，这使得吉厄边境局势一度紧张。2018年12月，卡塔尔外交部宣布恢复与毛里求斯的外交关系。① 而毛里求斯是继乍得、塞内加尔之后，第三个与卡塔尔恢复因海湾危机而断绝外交关系的非洲法语国家。

（四）积极发展与中国关系

近年来，非洲法语国家不断加强与中国的多层次合作。2018年5月，西非法语国家布基纳法索与中华人民共和国恢复外交关系；7月，中国国家主席习近平访问非洲法语国家塞内加尔、卢旺达和毛里求斯，加强了与非洲法语国家的关系。2018年9月，中非合作论坛北京峰会则让非洲法语国家与中国的关系迈上新的台阶。

1. 布基纳法索与中国恢复外交关系

2018年5月26日，国务委员兼外交部长王毅在北京同布基纳法索外长巴里签署《中华人民共和国与布基纳法索关于恢复外交关系的联合公报》，两国正式重新恢复外交关系。而在此前的5月24日，布基纳法索就宣布同中国台湾地区断绝所谓的"外交关系"。"中布关系的恢复，标志着离实现所有非洲国家加入中非友好合作大家庭的目标更近了一步。"②

2. 习近平主席访问三个非洲法语国家

2018年7月21~28日，中国国家主席习近平对塞内加尔、卢旺达和南非进行国事访问，并对毛里求斯进行了友好访问。此次访问的塞内加尔、卢旺达和毛里求斯三国覆盖了非洲法语国家集中的三大区域——西非、中部非洲和东非岛国区，显示出中国希望加强与非洲法语国家联系与合作的愿望。

---

① 杨元勇：《卡塔尔与毛里求斯恢复外交关系》，2018年12月3日，新华网，http://www.xinhuanet.com/2018-12/03/c_1123799469.htm。
② 《中国与布基纳法索复交》，2018年5月26日，环球网，http://world.huanqiu.com/article/2018-05/12100149.html。

3. 非洲法语国家积极参与中非间合作机制的建设

中非合作论坛北京峰会于 2018 年 9 月召开，非洲法语国家积极参与，与中国"携手构建更加紧密的中非命运共同体"。法语国家塞内加尔还接替南非成为下一任中非合作论坛非方主席国。非洲法语国家的参与有利于推动中非共建"一带一路"倡议、联合国 2030 年可持续发展议程、非盟《2063 年议程》，并有助于非洲法语国家自身发展战略的实施，加强南南合作。

四 政治发展展望

综上所述，非洲法语国家面临体制内的选举挑战与体制外的极端主义威胁这两大难题。如何妥善处理这两方面的问题，将是未来非洲法语国家稳定发展的最重要议题。

一方面，国内大选仍然是影响非洲法语国家政治稳定的重要因素。2019 年是非洲大选年，其中包括一批非洲法语国家，如北非的阿尔及利亚和突尼斯，西非的毛里塔尼亚、塞内加尔、马里、贝宁，中部非洲的刚果（金）、乍得、喀麦隆，东非岛国马达加斯加、科摩罗。截至 2019 年 12 月，非洲法语国家中刚果（金）、马达加斯加、塞内加尔、科摩罗、布基纳法索、毛里塔尼亚、突尼斯、阿尔及利亚、毛里求斯等国的大选已尘埃落定。虽然部分国家因大选发生局部骚乱，但总体上仍处在政府能够控制的范围内。而对于其他还未进行大选的国家，大选对其国内局势的影响还未可知。此外，即使是选举已经尘埃落定的部分国家也难以维持和平。加蓬大选在 2016 年就已经结束，但在 2019 年 1 月，加蓬首都利伯维尔却发生兵变，一群加蓬士兵占领了该国国家广播电台，并通过广播和视频宣布成立"国家恢复委员会"以保证"加蓬人民的民主过渡"。① 虽然兵变遭到镇压，但它表明加蓬国内仍然存在

---

① 万宇：《加蓬经历数小时"军事政变"，加蓬政府：已逮捕 4 名叛乱者》，《环球时报》2019 年 1 月 8 日，http://world.huanqiu.com/exclusive/2019-01/14004354.html。

对 2016 年大选结果不满的群体。值得庆幸的是，一些国家为维持国内政局的稳定，已经开始做出一些有益的尝试。继刚果（金）前总统卡比拉不再谋求连任后，阿尔及利亚总统布特弗利卡于 2019 年 3 月也宣布不再谋求第五个总统任期。他还通过阿尔及利亚通讯社发布声明，将组建一个"全国包容性独立大会"负责总统选举的相关事宜。① 2019 年 3 月，科摩罗现任总统阿苏马尼以 60.77% 的选票连任，但其余 12 名候选人发表联合声明，指责选举投票不公，抵制选举。2020 年 2 月，喀麦隆国民议会选举同样以执政党大获全胜、反对党激烈抵制而告终；3 月，多哥现任总统福雷以 70.78% 的得票率连任，反对派候选人以选举舞弊为由向宪法法院提起上诉。

另一方面，极端主义组织的活动构成威胁非洲法语国家尤其是西非地区最重要的非传统安全挑战。2019 年开年不到半年，西非地区的恐怖袭击已经开始呈集中爆发趋势。2019 年 1 月 20 日，马里北部联合国驻马里维和部队一座营地遭极端组织武装人员袭击，10 名乍得籍维和士兵死亡，至少 25 人受伤。袭击后不久，"基地"组织北非分支"伊斯兰马格里布基地组织"认领了该袭击，称旨在报复乍得当天与以色列恢复外交关系。而稍后不久，另一个与"基地"关系密切的恐怖组织"伊斯兰和穆斯林支持组织"也认领了该袭击。② 2019 年 1 月 28 日，一伙不明身份的武装分子袭击了布基纳法索北部纳苏姆布市的国家反恐部队总部，造成至少 4 名安全部队士兵丧生以及多人受伤；③ 2 月 15 日，尼日尔东南部迪法省一军营遭到极端组织"博科圣地"武装人员的袭击，造成 8 人死亡、29 人受伤。④ 面对恐怖主义的不断挑衅，西非法语国家自身的力量显然难以应付，必须依赖国际社会的帮助。为

---

① 《阿尔及利亚总统宣布推迟举行总统选举》，2019 年 3 月 12 日，中新网，http://www.chinanews.com/gj/2019/03-12/8777694.shtml。
② 胡若愚：《马里维和部队遭遇"复合式袭击" 10 死 25 伤》，2019 年 1 月 22 日，新华网，http://www.xinhuanet.com/world/2019-01/22/c_1210043622.htm。
③ 肖玖阳：《布基纳法索国家反恐部队总部遇袭 4 名士兵丧生》，2019 年 1 月 28 日，中新网，http://www.chinanews.com/gj/2019/01-28/8741616.shtml。
④ 郑扬子：《尼日尔东南部一军营遇袭 8 人死亡》，2019 年 2 月 17 日，新华网，http://www.xinhuanet.com/world/2019-02/17/c_1124124356.htm。

此，2019年2月，欧盟延长了于2014年创建的"欧盟萨赫勒马里能力建设特派团"任期，并拨款近6700万欧元，工作人员也增至200多人。该特派团除援助马里外，今后还会向萨赫勒地区其他国家提供安全援助，并提供有针对性的培训和战略咨询。① 2019年9月，西共体特别峰会宣布将再筹措10亿美元以打击区域恐怖主义；12月，西非经济货币联盟特别峰会在塞内加尔召开，决定向成员国马里、尼日尔、布基纳法索提供1亿美元反恐资金支持。即便如此，非洲法语国家的反恐之路仍然任重而道远。

---

① 德永健：《谋萨赫勒地区安全，欧盟延长马里特派团任期》，2019年2月22日，中新网，http://www.chinanews.com/gj/2019/02-22/8761651.shtml。

非洲法语地区经济发展形势

梁益坚　梁珍情

摘　要：在世界经济缓慢复苏、全球商品价格上涨和区域经济一体化不断加强的背景下，非洲法语国家经济增长总体呈上升趋势，经济发展有所恢复。许多历史遗留问题如政局不稳定、严重的财政赤字和单一的经济结构等依然是阻碍各国经济发展的重要根源。近年来，为了克服这些挑战，非洲法语国家纷纷出台了许多经济发展战略、经济发展愿景和经济发展计划，以促成各国经济的快速增长。在经济全球化下，非洲法语国家需加强相互合作，共同寻求非洲经济发展的新机遇。

关键词：非洲法语国家　非洲经济　法国　非洲法郎

作者简介：梁益坚，云南大学非洲研究中心副主任、副研究员；梁珍情，云南大学非洲研究中心硕士研究生。

法国在非洲有着近300年的殖民史，21个殖民地占非洲总面积的37%，相当于法国本土的18.8倍。[①] 在殖民时期，为了解决国内过剩人口问题、获得原料基地和商品销售地，法国在非洲建立殖民地的过程中也进行了大规模的移民活动。庞大的非洲殖民地为法国提供了各类重要的战略资源，使其在19世纪至20世纪初成为仅次于大英帝国的第二大殖民帝国，奠定了法国在当时的世界大国地位。[②]

---

① 马兰甫：《历届法首脑会议情况简介》，《国际研究参考》1992年第11期，第20~24页。
② John A. McKesson, "France and Africa: Today and Tomorrow", *French Politics and Society*, Vol. 8 (1999), pp. 34–47.

非洲法语地区经济发展形势

一战后资本主义世界经济危机席卷欧洲，法国为了加强与非洲殖民地的经济联系、维护法郎的国际地位，在非洲法属殖民地建立"非洲殖民地法郎"，非洲法郎区一词也首次出现在了法国颁布的相关法令中。[①] 非洲殖民地法郎是殖民时代的产物，而在世界殖民体系崩溃和殖民地纷纷独立之后，非洲殖民地法郎体系也随之瓦解。一些非洲法语国家在独立后难以建立完整的本国货币体系，因此它们在法国的主导下将非洲殖民地法郎进行了一次"非洲化"的改革，在西非地区建立"西非经济和货币联盟"（West African Economic and Monetary Union，WAEMU），在中部非洲建立"中非经济和货币共同体"（Central African Economic and Monetary Community，CAEMC），两种货币都被称为非洲金融共同体法郎（African Financial Community Franc，CFAF，以下简称"非洲法郎"）。[②] 在法国中央银行的授权下，非洲法郎可与法国法郎通过固定的比价自由兑换。如今，非洲法郎成员国包括15个国家[③]。总体来说，非洲法郎在一定时期内为成员国提供了良好的外贸条件、稳定的货币汇率以及较低的通货膨胀率，为成员国经济发展发挥了一定的积极作用，但也有一些非洲学者认为非洲法郎对法国存在货币依赖，非洲法郎的货币和汇率政策都由法国决定，这是法国对相关国家的一种"货币奴役"。

目前，非洲有26个官方语言或者通用语言为法语的国家，主要分布在非洲大陆的北部、西部和中部地区。[④] 非洲法语国家在过去多为法国的殖民地，独立后它们在政治、经济和文化上与法国保持着较为密切的联系。法语

[①] 孙红：《非洲法郎机制及其对区域国家经济的影响》，《国际研究参考》2019年第3期，第10~16页。

[②] 游滔：《非洲法郎的变迁及其背后的法国非洲政策浅析》，《法国研究》2013年第1期，第14~17页。

[③] 这15个国家是：贝宁、布基纳法索、科特迪瓦、几内亚比绍、马里、尼日尔、塞内加尔、多哥、喀麦隆、中非、刚果（布）、加蓬、赤道几内亚、乍得和科摩罗。

[④] 官方语言为法语的非洲国家（21个）：贝宁、布基纳法索、布隆迪、喀麦隆、科摩罗、科特迪瓦、吉布提、加蓬、几内亚、赤道几内亚、马达加斯加、马里、尼日尔、中非共和国、刚果（金）、刚果（布）、卢旺达、塞内加尔、塞舌尔、乍得、多哥。通用语言为法语的非洲国家（5个）：阿尔及利亚、摩洛哥、毛里求斯、毛里塔尼亚、突尼斯。

被列为官方语言和使用非洲法郎成为非洲法语国家的主要特征，并将这些国家联系在一起。2017年，非洲的GDP总量为33247亿美元，非洲法语国家为6027亿美元，其中马格里布三国（阿尔及利亚、摩洛哥和突尼斯）的GDP总量占非洲法语国家GDP总量的52%，[1]这三个国家也是近年来世界各国对非进行直接投资和产业合作的主要国家。由于地理位置和自然资源等方面的差异，非洲法语国家的经济发展各具特点，本文将在介绍非洲经济发展概况的基础上，着重论述非洲法语国家近年来的经济发展情况，并分析非洲法语国家经济的发展趋势和面临的挑战。

一 2017～2018年非洲经济发展概况

近年来，非洲经济整体保持缓慢复苏的态势。2018年非洲经济增长继续保持较好发展势头，GDP增长率达到了3.5%，与2017年持平，相较于2016年的2.1%上升了1.4个百分点。2019年非洲经济整体增长率估计为3.4%。[2] 非洲总体经济增长低于中国和印度，高于其他发展中国家。非洲的通货膨胀率在2018年有所下降，相比2017年的12.6%下降了2个百分点，非洲法郎区成员国整体处于较低水平，平均通货膨胀率低于2%。[3]

北部非洲经济整体向好。摩洛哥2018年GDP增长率约为3.1%，经济增长主要是因为农业和采掘业的推动及该国宽松的货币政策支持。埃及2018年GDP增长率为5.3%，是该国十年来的最高水平。埃及的经济改革成效逐渐凸显，经济增长主要得益于投资、私人消费和出口总量的增加。利比亚2018年经济虽有好转，但其GDP仍低于内战前水平的15%左右。突尼斯受茉莉花革命的冲击，经济增长在2011～2016年停滞不前。

---

[1] 数据来源：世界银行数据库，https://data.worldbank.org。
[2] Africa Development Bank Group, *Africa Economic Outlook 2020: Developing Africa's Workforce for the Future*, 2020.
[3] Africa Development Bank Group, *African Statistical Yearbook 2018*, 2018, p.43.

2017~2018年突尼斯的旅游业和制造业因相关政策的调整得到一定改善，经济逐渐复苏。与非洲其他资源型国家不同，阿尔及利亚在2015~2016年采取了扩张性的财政政策，在一定程度上抵御了全球商品价格下跌的冲击。

东部非洲是非洲经济增长最具活力的地区。东非地区经济在2010~2018年的年平均增长率接近6%，2019年平均GDP增长率预计将达到5.9%。2010~2018年，吉布提、埃塞俄比亚、卢旺达和坦桑尼亚的平均GDP增长率接近6%，远高于非洲的平均水平。但是，布隆迪、科摩罗和马达加斯加等国在2018年的经济增长增速较为缓慢，与其他东非国家的差距进一步拉大。南苏丹由于军事冲突频发，GDP继续走低。

西部非洲受外部因素影响，经济增速有所放缓。西非国家总体在2014年实现经济较快增长，但由于受2015年商品价格大幅下跌和埃博拉疫情的影响，西非地区经济增速在近年放缓。尼日利亚是非洲最大的经济体和石油出口国，经济增长虽受到2016年全球油价下跌的冲击，但随着国际油价反弹，尼日利亚的经济增速在逐步恢复。贝宁、布基纳法索、科特迪瓦、加纳、几内亚和塞内加尔等其他西非国家，在2017~2018年经济增速达到5%左右。

中部非洲经济增速正在缓慢恢复，但低于非洲的平均水平。中部非洲的经济增速随着商品价格的反弹和农产品产量的提高而有所恢复，一些中部非洲国家采取减少公共支出和公共投资的举措来促进债务的可持续发展。赤道几内亚是中部非洲经济状况较好的国家，但近年来受国际油价波动和石油产量下降的影响，经济自2013年以来一直在萎缩，2018年其实际GDP比6年前低约1/3。

南部非洲经济保持温和增长。2017~2018年南部非洲经济增长缓慢，主要是因为南非近年的经济表现较为疲弱，并影响了邻国的发展。此外，部分外资正在向非洲其他地区转移也影响了南部非洲的经济增长。在博茨瓦纳，由于钻石矿业投资的改善、灌溉农业的复苏以及货币政策的整顿，该国经济增长加速；毛里求斯在2018年经济继续稳步增长，主要是受到消费量增加和旅游业增长的推动。

从总体来看，一些非洲国家的基础设施改善初见成效，2017年非洲区域内贸易总量增长15%，但仍不及世界平均水平和其他大陆。[①] 2000～2010年，非洲大陆的GDP增长率达到了5%的高水平，[②] 随后受金融危机和大宗商品价格下跌的影响，2016年GDP增长率仅为1.2%，跌入了15年来的谷底。[③] 近年来，非洲经济增速仍然低于金融危机前的平均水平，非洲减贫工作也受到较大影响。2017～2018年，国际油价上涨及各国积极实施经济复苏政策，使大部分非洲国家经济有所回暖。

二 2017～2018年非洲法语国家的经济发展情况

2017～2018年非洲法语国家经济稳步发展，平均增速保持在3%左右。中部非洲法语国家经济发展有所好转，中非经济和货币共同体的区域合作进一步加强，但赤道几内亚、刚果（布）、加蓬、喀麦隆、中非共和国和乍得等国仍面临油价低迷和债台高筑的挑战。西非法语国家经济保持稳步恢复，贝宁、布基纳法索、几内亚比绍、马里、尼日尔、塞内加尔和多哥的经济企稳回暖，[④] GDP在2017～2018年保持着5%以上的增长，科特迪瓦和塞内加尔两国因基础设施投资和农业增产，保持相对稳定的增长。其他非洲法语国家的经济在2018年总体平稳发展，其中吉布提和卢旺达表现较为突出，两国GDP增速有望在2019年突破6%。

本文根据2018年各国GDP和人均GDP，并结合国家的政局、自然资源

---

① 舒展：《2017年非洲形势复杂多变》，2018年2月8日，搜狐网，https：//www.sohu.com/a/221761178_617307。
② 朴英姬：《全球金融危机后非洲经济发展的新变化》，《国际论坛》2018年第6期，第45～51页。
③ 舒展：《2017年非洲形势复杂多变》，2018年2月8日，搜狐网，https：//www.sohu.com/a/221761178_617307。
④ 舒展：《2017年非洲形势复杂多变》，2018年2月8日，搜狐网，https：//www.sohu.com/a/221761178_617307。

和发展潜力，大致将非洲法语国家的经济表现分为以下四类。①

（一）经济长期较好的国家，包括塞舌尔、毛里求斯、阿尔及利亚、突尼斯、摩洛哥和加蓬等

在联合国开发计划署 2018 年发布的《人类发展指数报告》排名中，塞舌尔高居非洲地区榜首，紧随其后的是毛里求斯、阿尔及利亚、突尼斯、加蓬和摩洛哥。这几个国家受益于得天独厚的地理位置、丰富的自然资源和较为稳定的政治环境，在经济增长上长期居于非洲国家前列。塞舌尔和毛里求斯地处非洲东部，都是旅游业发达的岛国，2017 年两国人均 GDP 分别为 15629 美元和 10491 美元，高居非洲法语国家中的第一位和第二位。位于马格里布地区的阿尔及利亚、突尼斯和摩洛哥是非洲法语区的传统强国。阿尔及利亚拥有丰富的天然气和石油储备，天然气出口高居全球第五位，石油储备量居全球第十四位。突尼斯是阿拉伯国家运输石油至西欧和美国的必经之路，地理位置重要。此外，突尼斯是世界上主要的橄榄油出口国之一。摩洛哥矿产资源丰富，磷酸盐的出口量一直排在世界第一。摩洛哥金融机构在撒哈拉以南非洲影响力巨大，摩洛哥银行已在 20 多个非洲国家建立了分支机构。加蓬拥有丰富的油气资源和矿产资源。总体来说，这一类法语国家都是非洲法语区的传统经济强国，政局也较为稳定，除了生产力及自然资源的优势外，旅游业也发展得较好。

1. 塞舌尔

2018 年塞舌尔经济增速有所放缓，主要原因是以旅游业为主的服务业发展势头疲软。2018 年塞舌尔实际 GDP 增长率为 3.6%，低于 2017 年的 5.3%。2018 年，塞舌尔的债务与 GDP 的比率同 2011 年的 183% 相比下降了近 2/3，约为 60% 左右。塞舌尔政府通过财政政策调整希望在 2021 年将这一

---

① 以下国别数据和资料主要来源于 Africa Development Bank Group, *Africa Economic Outlook 2019: Macroeconomic Performance and Prospects Jobs, Growth, and Firm Dynamism Integration for Africa's Economic Prosperity*, 2019; Africa Development Bank Group, *Africa Economic Outlook 2020: Developing Africa's Workforce for the Future*, 2020。

比率降至50%以下。

塞舌尔2019年的GDP增长率估计为3.5%，服务业仍是经济增长的主要推动力。塞舌尔拥有较好的旅游产业链、大型渔区、新兴金融服务产业和信息技术产业，旅游业和渔业充满活力，未来发展前景较为乐观。但是过度依赖旅游业和渔业使其经济容易受到外部冲击。外资将继续推动其经济快速增长，2019年塞舌尔投资占GDP的比例估计为34.6%。由于大型酒店的停业和建筑材料的稀缺，建筑业增长放缓也可能会影响经济增长。

塞舌尔是石油进口国，自2016年末以来，国际油价的不断上涨对该国的国际收支、通货膨胀和生产活动造成了较大影响。此外，该国旅游业的主要客源欧洲在近年来经济状况欠佳，对其旅游业也带来了一些影响。塞舌尔还面临气候变化带来的冲击，这需要额外的资金来应对。

2. 毛里求斯

毛里求斯延续2017年的良好势头，2018年实际GDP增长率为4.1%，高于2017年的3.8%。该国经济增长主要来自建筑业、金融服务业以及通信业。毛里求斯财政赤字从2017年的3.4%略微扩大至2018年的3.5%，但由于财政整顿[①]和印度的援助，2019年估计回落至3.4%。

由于有利的外部条件和不断增加的公共投资，毛里求斯的经济前景比较乐观。实际GDP增长率在2019年估计为4%。如果政府的公共基础设施建设步伐加快并刺激私人投资，该国将保持更快的增长。由于商品价格上涨和大量基础设施项目的开工，2019年政府财政赤字估计为8.2%。预计毛里求斯经济主要驱动部门将继续平稳发展，金融服务、食品加工、零售批发以及信息和通信技术预计将增长5%以上。此外，该国经济正在向医疗、旅游和高等教育等其他高附加值领域发展。

毛里求斯正在迅速发展成为贸易、再加工、物流和分销的中心，并成为非洲大陆更多国际贸易的枢纽。全球能源和食品价格上涨带来的潜在阻力预

---

① 毛里求斯将进行适当的财政整顿，以达到最近调整的法定公共债务目标（到2021年降到GDP的60%）。

计将给毛里求斯带来通胀压力,并给其经济增长带来负面影响。主要欧洲贸易伙伴的经济放缓会影响毛里求斯的旅游业和商品出口贸易。其他可能影响经济增长的因素包括较为薄弱的技术条件和与气候变化相关的自然灾害。

3. 阿尔及利亚

阿尔及利亚2018年实际GDP增长率约为2.5%,高于2017年的1.4%。阿尔及利亚依然是吸引外国直接投资较多的非洲国家之一,2016年外国直接投资项目增长了42%,进入非洲国家前十行列,其次是科特迪瓦(27%)和摩洛哥(13%)。[1]

阿尔及利亚经济在2019年继续保持缓慢增长,2019年实际GDP增长率估计为2.7%,增长缓慢的部分原因是阿尔及利亚严格的财政政策。2015年阿尔及利亚的通货膨胀率控制在4.8%,2016年为6.4%,2017年为5.6%,2018年为4.3%,2019年估计降至2.0%。

尽管努力实现经济多元化,但阿尔及利亚主要依赖石油和天然气出口,其经济前景主要取决于国际油价的波动幅度。2012~2017年,油价下跌将油气行业对阿尔及利亚GDP的贡献从37.1%降至21.1%。2019年阿尔及利亚实际GDP增长率估计为2.7%。

4. 突尼斯

突尼斯自2015年以来经济发展一直都较为低迷。受农业和服务业快速发展的推动,2018年突尼斯实际GDP增长率从2017年的1.9%上升至2.6%,2019年估计为1.5%。投资和出口预计将成为经济增长的主要动力。

2018年突尼斯预算赤字和经常账户赤字的情况均有所改善,这种向好的趋势将在2019年和2020年继续保持。从中期来看,突尼斯经济发展的主要挑战是如何降低失业率和平衡地区发展差异。在突尼斯,约有15.4%的劳动年龄人口失业,其中31%为大学毕业生。此外,突尼斯沿海和内陆地区的就业率差距较大,大多数投资和就业集中在沿海地区。

---

[1] Elliot Smither, The Africa Investment Report 2017 (Financial Times published, 2018), p.4, http://itemsweb.esade.edu/wi/Prensa/TheAfricaInvestmentReport2017.pdf.

突尼斯的发展具备得天独厚的优势。地理位置接近欧洲，农业和食品业拥有较大的发展潜力，可以采取相关政策来刺激经济增长并创造更多的就业岗位。2017年，突尼斯的橄榄油产量为19万吨，是世界第二大橄榄油生产国（仅次于西班牙），未来全球橄榄油的需求量将会增加一倍，突尼斯的橄榄油产业发展前景看好。突尼斯也拥有大量的可利用磷酸盐矿床，是世界第五大生产国。此外，突尼斯安全局势的改善正在促进旅游业的发展。突尼斯还拥有多元化的工业基础（如航空航天、化学工业和纺织业等），但这些产业需要不断升级才能在经济结构转型中发挥更加重要的推动作用。

5. 加蓬

加蓬是中部非洲地区最主要的产油国，正逐步从国际油价下降的不利影响中恢复过来。2018年该国石油产量下降了4.3%，GDP增长率为0.8%，高于2017年的0.5%，2019年估计为3.4%。非石油产业也实现了较好的增长。加蓬财政赤字持续下降，从2016年的6.6%降至2017年的3.6%，再到2018年的0.3%。

随着经济结构向多样化转型，非油气行业（农业、采矿业和制造业）将继续刺激经济增长。出口和投资将成为其主要的增长源。通货膨胀率在2019年保持在3.4%的低水平，预算平衡和经常账户余额有所改善。

与其他中部非洲法郎区国家一样，加蓬也面临着一些经济方面的挑战。为了应对这些挑战，加蓬需要与其他中部非洲法郎区国家协调保持一致，并继续实施财政整顿政策。加蓬需要继续旨在改善营商环境的改革，以推动经济增长和多元化发展。

6. 摩洛哥

摩洛哥经济增速虽放缓，但经济仍具有一定的韧性。主要受降雨量减少的影响，2018年摩洛哥GDP增长率为3.1%，低于2017年的4.1%。2018年财政赤字占GDP的3.9%，高于2017年的3.7%。如果摩洛哥在财政和税制改革以及公共支出合理化等方面取得进展，预计财政赤字将逐步缩小。2019年GDP增长率下降到2.9%，增速继续放缓。

摩洛哥在过去十年中取得了较好的经济发展。基础设施领域的投资实现了较快增长，增强了吸引外国直接投资的能力。摩洛哥在2008年制定了旨在促进该国农业和工业振兴的"绿色摩洛哥计划"，该计划在实施中初显成效，农业灌溉技术和交通设施建设有较为明显的改善。

产业结构多元化一直是摩洛哥工业加速发展计划的核心。预计这些多元化努力将扩大到农业和服务业，并带来技术升级和创造就业。摩洛哥将继续改善营商环境，为私营部门的发展创造更多的机会，政府也正在通过产业园、经济特区的方式来加快产业发展。

（二）经济中等水平的国家，包括刚果（布）、科特迪瓦、喀麦隆、毛里塔尼亚和塞内加尔等

这类法语国家的经济发展处于非洲法语国家的中上水平，拥有强劲的经济发展潜力，在非洲法郎区也有较大影响力。它们地处西北部或中西部非洲沿岸，拥有良好的海港运输设施，是中部非洲内陆国家对外贸易的必经之地。在资源分布上，各国虽有丰富的矿产和油气资源，但由于开采设施落后、外资不足及资源过于分散等，它们的产业规模远远不及马格里布地区的资源大国。在非洲法郎区成员国中，它们的发展水平处于领先地位，一定程度上主导和牵引着西非法郎区和中非法郎区的区域合作。除了基础设施较为落后外，一些国家的政局不够稳定，这也是影响经济持续发展的重要因素。近年来，随着非洲各国对经济发展的重视及外国对非直接投资的快速增长，刚果（布）、科特迪瓦、喀麦隆和塞内加尔在基础设施建设和吸引外资等方面都有了一些改善，经济发展也取得一定成效，未来如果能保持政局稳定并采取合适的经济政策，它们均将发挥出更大的潜力。

1. 刚果（布）

经历了2016年（2.8%）和2017年（3.1%）两年的经济增速下降之后，刚果（布）在2018年的实际GDP增长率进一步下降为1.6%，2019年略有增加，达到2.2%。虽然国际油价上涨和国内石油产量增加使该国经济增速有所恢复，但这一复苏不足以降低该国高达40%的贫困率。

作为中非经济和货币共同体的成员国，刚果（布）在2017年启动了中

非区域战略计划，旨在解决2014年油价下跌后非洲法郎区所有国家遭遇的财政和外部失衡问题。公共债务仍然是刚果（布）面临的主要问题。2017年底公共债务总额约为106亿美元，占GDP的118.5%，几乎是2010年的六倍（占GDP的20%）。虽然2018年的债务比率降至86%，但鉴于经济增长乏力，债务重组仍然是刚果（布）恢复中期可持续性发展的重要选项。

刚果（布）经济前景较好，但依然受到许多外部因素的影响。国际油价下跌可能会增加该国财政和对外账户以及金融部门的压力，而其金融部门在很大程度上依赖于石油收入。近年来石油市场繁荣，刚果（布）在基础设施（运输和能源）方面投入了大量资金。该国在高附加值经济产业方面具有较大的发展潜力。

2. 科特迪瓦

科特迪瓦在2011年结束内战后经济保持高速增长，2018年实际GDP增长率达到7.4%左右，2019年实际GDP增长率为7.4%。投资项目的增加和家庭消费的增长使科特迪瓦对农业和石油的需求增加，从而带动经济快速增长。科特迪瓦2017年预算赤字增至GDP的4.2%，但在2018年降到3.8%左右。由于2017年和2018年欧洲债券发行，公共债务在2018年增至GDP的48.2%，低于西非经济货币联盟70%的负债率上限，但总体仍处于可控范围之内。科特迪瓦通货膨胀率较低，2018年估计为0.5%，低于2017年的1.0%。经常账户赤字从2017年的1.8%扩大到2018年的2.7%。农业部门的良好表现使该国通货膨胀率保持在3%之下，经常账户赤字预计将稳定在2.8%。

科特迪瓦政府制定了《2016~2020年国家发展规划》，以刺激经济增长。在能源领域，改革重点是确保该部门的财务可持续性，清除独立生产商的拖欠款，以及增强投资供应能力。2011~2018年，科特迪瓦的发电厂装机容量增长了56%，供电量达到2200兆瓦，农村人口的电力覆盖率也从33%提升到54%。在农业方面，改革重点是加速价值链的发展，增加对主要农产品的当地加工，包括可可、腰果、棕榈油和橡胶等。改革还包括提高基础教育和保健服务的覆盖率，但科特迪瓦在减贫和改善不平等状况方面仍面临不小的压力。

科特迪瓦加入了许多区域组织。该国在历史上一直是移民的重要目的地，并且是非洲大陆最具活力的移民国家之一。科特迪瓦是其内陆邻国的重要过境通道，这要归功于阿比让和圣佩德罗的港口优势。此外，科特迪瓦是西非地区电力互联网络的重要组成部分。科特迪瓦是西非经济货币联盟金融市场的主要参与者，西非区域证券交易所便设立在科特迪瓦的金融首都阿比让。此外，科特迪瓦还加强了对西非法郎区的能源开发、基础设施建设和电信网络搭建等领域的投资。

3. 喀麦隆

财政整顿、国际油价上涨及非洲法郎限制性货币政策使喀麦隆2019年经济表现有所改善，但该国金融环境依然十分脆弱且充满挑战。2019年GDP增长率为4.1%，高于2018年的3.8%和2017年的3.5%。喀麦隆国内需求（消费和投资）是经济增长的主要支柱。财政赤字从2017年占GDP的4.9%降至2018年的2.6%。由于能源和运输基础设施项目启动以及世界石油价格上涨，2019年喀麦隆经济形势较好。2019年喀麦隆经常账户赤字估计为GDP的3.1%，通货膨胀率预计保持在3%以下。

喀麦隆经济前景存在不确定性。2020年的预算收入在很大程度上取决于世界石油价格的波动。喀麦隆继续努力恢复财政平衡，重建外汇储备，加强区域货币的比价。在持续的社会政治危机的阵痛中，喀麦隆西北地区和西南地区的安全局势恶化可能使经济前景变差，因为这些地区是该国重要的农业产区和最大的农业综合企业所在地。如果危机继续，将导致增加国防和安全的支出，并影响到2020年的预算。

为了在2035年实现经济崛起，政府实施了一项大规模投资计划——《增长和就业战略文件（2010~2020）》。该计划旨在促成喀麦隆经济结构多元化的转型，例如，政府将不断建设各类发电设施来增加装机容量，并将能源部门变成一个主要的出口部门，以此创造更多就业机会和降低贫困率。

4. 毛里塔尼亚

毛里塔尼亚2019年实际GDP增长率为6.7%，远高于2018年的3.6%。

增长主要来源于农业、渔业、建筑业、制造业等多个领域。通货膨胀率在2018年为2.9%，处于该国目标之内。由于油价上涨，毛里塔尼亚经常账户赤字从2017年的14.4%上升至2018年的16.0%。目前毛里塔尼亚正在进行经济改革，其经济发展前景较为乐观。在2018年世界银行公布的《全球营商环境报告》排名中，毛里塔尼亚位列第150名（2015~2018年该国上升了26位）。

加快结构性经济转型是毛里塔尼亚现阶段面临的主要挑战。该国经济仍未实现多元化。2018年第二季度，毛里塔尼亚铁矿、黄金和铜矿的出口额占出口总额的47%，这使其经济易受这些产品价格波动的影响。沉重的债务对毛里塔尼亚来说也是一个不小的挑战。2018年，毛里塔尼亚的外债与GDP比率为103.7%，被国际货币基金组织评为债务高风险国家。

自2015年以来，毛里塔尼亚实施了经济改革计划，目标是改善该国营商环境、增加外资吸引力。为了提高公共财政管理效率，毛里塔尼亚政府于2018年5月通过新的金融法案，为实现国家经济的较快发展做出新的尝试。

5. 塞内加尔

由于农业和相关产业的推动，2018年塞内加尔第一产业增长了7.8%，第二产业增长了6.9%（主要得益于采矿业、食品农业和建筑业），第三产业增长了6.7%（显示出零售业的强劲发展势头）。2018年财政赤字占GDP的3.5%，高于2017年的3.0%。2018年外债与GDP的比率为62.9%，低于2017年的64.2%，债务负担仍然较高。2018年通货膨胀率为1.4%（略高于2017年），反映出农业发展形势较好以及谨慎的货币政策。由于农业和渔业出口增加以及进口减少，经常账户赤字占GDP比重从2017年的7.3%下降到2018年的6.9%。

塞内加尔2019年经济表现依然强劲，实际GDP增长率为6.0%，略低于2017年的7.2%和2018年的6.7%。塞内加尔通过实施"经济振兴计划"加大对公共领域的持续投资，未来将继续保持较快的经济增长势头。2019年油价上涨和设备进口增加导致贸易条件恶化，2019年塞内加尔经常账户赤字增至8.8%。通过加大在财政领域的改革，塞内加尔未来的财政赤字将有所改善。当然，这些预测受到一些不确定性因素的影响，尤其是国际油价大幅波动的影响。

在区域一体化方面，塞内加尔是最早采用和实施西非经济货币联盟共同对外关税的国家之一，它签署了《大陆自由贸易协定》，并实施了港口便利化改革，使达喀尔港更具吸引力和安全性。2017年，塞内加尔对西非国家经济共同体的出口占出口总额的39.5%，对西非经济货币联盟成员国的出口占出口总额的30.3%。在交通基础设施建设方面，塞内加尔修建了连接冈比亚、几内亚、几内亚比绍、马里和毛里塔尼亚的道路和桥梁。为进一步增加贸易并降低与人员和货物流动有关的交易成本，政府将继续加强交通基础设施建设，特别是达喀尔—巴马科铁路的建设。

（三）经济较落后国家，包括布基纳法索、几内亚、卢旺达、贝宁、刚果（金）、吉布提和科摩罗等

这类国家大部分资源稀缺且依赖农业。卢旺达、贝宁和刚果（金）是内陆国家，经济主要由农业支撑，产业结构单一，因此经济易受气候因素的影响。此外，尼日利亚是贝宁、卢旺达和刚果（金）在区域内的主要贸易国，尼日利亚的经济政策调整对它们也产生了一定的影响。吉布提国土面积狭小、土地贫瘠、气候恶劣，但由于其特殊的地理位置①，吉布提积极推动非洲自由贸易区的建设，近年来GDP增速较快。科摩罗是地处东非的岛国，被称为"香料之国"，农业是其主要产业。近年来欧美国家对科摩罗的投资持续增加，主要集中在旅游业。这一类国家如果不能营造较好的政治环境和营商环境，并不断加大区域合作力度，那么它们将难以在短时间内实现较快发展。

1. 布基纳法索

布基纳法索继续保持高速增长，2018年实际GDP增长率约为7.0%，而2017年为6.7%。该国GDP增长主要来自农业食品、采掘业和棉花产业的增

---

① 吉布提扼守着全球贸易的重要通道——曼德海峡。

长。布基纳法索的税收负担从2017年占GDP的16.5%上升至2018年的约18.0%，而总公共债务从占GDP的36.6%下降至33.4%。由于食品价格上涨，2018年通货膨胀率提升了1.4个百分点。经常账户赤字从2017年的7.6%下降至2018年的7.2%。实际GDP增长率在2019年估计为6.0%，主要受棉絮加工业、种植业和金融业的推动。

布基纳法索正在加大相关重点领域的改革力度。在能源领域，2017年政府立法扩大了能源监管局的权力，将建设8个太阳能发电厂，增加100兆瓦的装机容量。2018年，采矿业预计将新增1.5万个就业岗位和35亿非洲法郎的投资。随着与中国合作的加强，预计中国在其能源领域的投资将助力经济增长。

布基纳法索的发展前景主要受国内局势、安全状况、降雨量和全球石油价格波动等的影响。布基纳法索是内陆国家，进出口货物在很大程度上依赖邻国过境，运输成本占商品成本的60%，基础设施建设是布基纳法索未来经济发展的关键。

2. 几内亚

几内亚在2018年实际GDP增长率为5.9%，高速增长主要归功于工业部门的增长（第一产业增长3.1%、第二产业增长8.7%、第三产业增长5.1%）。此外，旨在改善营商环境、电力供应和增加农业食品部门投资的商业改革推动了经济增长。由于公共投资融资增加，几内亚财政赤字从2017年的2.2%提升至2018年的4.4%。公共债务从2017年占GDP的37.4%上升到2018年的39%，其中18%是外债。2018年8月发布的债务可持续性分析表明，该国处于债务困境的中等风险之中。

由于服务业和采矿业的发展，几内亚2019年GDP增长率估计为6.2%，其中制造业的贡献微乎其微。采矿业领域私人投资的增加对经济增长做出了突出贡献，几内亚采矿业的投资占GDP的58%。

几内亚具有较强的采矿发展潜力，蕴含着世界上已知铝土矿储量的2/3，以及一定数量的黄金、铁矿和钻石。虽然采矿业占几内亚出口的90%以上，但它仅占该国税收收入的17%、GDP的12%、就业人口的2.6%。未来五年预计有约 20 个大型项目投资，几内亚采矿业将迎来快速发展的时期。

在中部非洲地区有 7 个国家正在努力建设电网，而几内亚正是该地区电网建设的能源中心。到 2022 年，几内亚可以出口高达 1493 千兆瓦时的电力，但几内亚尚未铺设通往科特迪瓦、几内亚比绍和利比里亚的交通道路，预计需要五年时间才能完成。

3. 卢旺达

卢旺达近年的经济表现抢眼，2017 年实际 GDP 增长率达到 6.1%，2018 年为 7.2% 左右，这得益于服务业和工业的稳步增长，特别是制造业的良好表现。由于外国直接投资的增加（外资占 GDP 比例从 2017 年的 23.4% 增长到 2018 年的 25.3%），卢旺达的财政赤字从 2017 年的 4.8% 下降到 2018 年的 4.3%。公共债务从 2016 年的 35.6% 增长到 2018 年的 41.1%，但债务风险系数较低。由于食品和非酒精饮料的价格下降，2018 年通货膨胀率为 0.9%，远低于 2017 年的 8.2%。由于通胀率低且汇率相对稳定，该国货币政策在 2018 年继续保持放宽。卢旺达在 2018 年出口增长了 15.8%，进口增长了 1.4%，对外贸易持续改善，货币的汇率压力保持温和，2017 年卢旺达法郎兑美元贬值 1.4%，远低于 2016 年的 9.4%。

由于卢旺达制造业政策带动了出口增长，布格塞拉机场等公共投资的增加以及该国正在进行的经济改革，卢旺达 2019 年 GDP 增长率估计为 8.7%，高于地区平均水平。卢旺达有力的经济政策改革为增加投资和创造就业提供了机会。在社会发展方面，卢旺达强劲的经济增长带动了该国减贫和增进平等工作的开展。卢旺达贫困率从 2005～2006 年的 56.7% 下降到 2013～2014 年的 39.1%，而以基尼系数衡量的收入不平等从 0.52 下降到 0.45。

2016 年和 2017 年天气干旱，卢旺达对雨水灌溉农业的高度依赖对其经济前景构成了风险，玉米中的玉米黏虫、秋虫等害虫也会减少卢旺达的农业产量。此外，非洲大湖地区长期以来局势紧张，特别是邻国布隆迪的内乱以及刚果（金）东部持续不断的暴力冲突对卢旺达经济产生了一定的影响，因为刚果（金）和大湖地区国家是该国的主要贸易伙伴。

4. 贝宁

2018年，贝宁农业特别是棉花产业（增长5.6%）的良好表现，使其GDP增长率约为6.0%，高于2017年的5.4%。棉花轧花厂推动了该国工业、建造业和相关基础设施的发展。由于运输、邮政和电信等部门经济活力的增长，服务业增长了7.5%。贸易逆差从2017年的9.1%小幅下降至8.3%。国内债务（占公共债务总额的60%）占GDP的比重为30.9%，债务危机的风险由低升至中等。贝宁实行西非国家中央银行制定的共同货币政策，2018年通货膨胀率预计将从2017年的0.1%上升至1.6%。

贝宁2019年实际GDP增长率估计为6.7%。2019年工业估计增长13.3%，主要得益于建筑部门和公共工程部门的强劲表现（增长25%），水电部门估计增长8.0%。2019年贝宁预算赤字将稳定在GDP的2.6%。2019年公共债务总额预计将降至GDP的53.3%。2017年贝宁政府制定了《2017~2020年农业部门发展战略计划》《2017~2021年贝宁农业投资》《粮食营养安全计划》等7个农业发展项目，以促进玉米、水稻、棉花、腰果、木薯和菠萝等产业有序发展。

贝宁是非洲联盟、西非国家经济共同体（西非经共体）以及西非经济货币联盟的成员，因此贝宁与区域合作市场高度融合，其70%的出口产品流向西非国家经济共同体成员国，主要是尼日利亚。然而，由于尼日利亚取消了石油和天然气部门的补贴，并禁止大米、二手车和旧服装的再出口，自2015年以来贝宁和尼日利亚的贸易合作逐渐减少。

贝宁如今面临的主要挑战是实现出口多样化以及贸易服务和运输服务的现代化。贝宁经济增长前景良好，但容易受到外部冲击，尤其是气候因素、全球棉花和石油价格波动以及尼日利亚经济走势的影响。

5. 刚果（金）

由于国际大宗商品价格上涨和采矿产量的增加，刚果（金）经济正在缓慢恢复。2018年实际GDP增长率为4%，高于2017年的3.7%。由于经济活动有利发展，2018年，刚果（金）中央银行将主要利率从20%下调至14%。2018年通货膨胀率为27.7%，低于2017年的41.5%。2018年刚果

（金）经常账户赤字从 2017 年占 GDP 的 3.6% 降至 1.1%。2019 年该国经济增速估计为 4.3%。

中国（该国主要贸易伙伴）进口减少和埃博拉疫情可能会影响到刚果（金）经济增长。刚果（金）的经济结构单一，经济增长主要取决于采掘业。2017 年采掘业占出口总额的 99%，占政府总收入的 34%。由于铁路、港口、航空运输和能源供应等基础设施较为薄弱，刚果（金）是非洲国际贸易成本最高的国家之一。在世界银行《2019 年营商环境报告》中，刚果（金）的营商环境在全球 190 个国家中排在第 184 位。因此，刚果（金）必须加大力度改善营商环境和基础设施条件。

刚果（金）可以利用农业和木材业，努力实现经济多元化。目前的国家战略发展计划旨在通过农业转型，在各个地区建立农业园区并确保小生产者的利益，推动木材业和相关加工业的发展，到 2022 年使刚果（金）成为中等收入国家。这还需要刚果（金）进一步放开能源领域以获得更多投资，有助于降低企业的生产成本、增加民众获取能源的机会。

6. 吉布提

由于与埃塞俄比亚关系的正常化以及该国大规模基础设施投资的顺利进行，吉布提 2018 年实际 GDP 增长率为 5.6%，高于 2017 年的 4.1%。吉布提的经济增长主要由第三产业推动，尤其是建筑业、运输和仓储业。2014 年以来吉布提启动了大量的基础设施建设项目，其资金主要来源于外国融资和贷款。该国财政赤字占 GDP 的比重从 2017 年的 15.3% 小幅上升至 2018 年的 15.5%。2018 年外债占 GDP 的比重约为 102.9%，高于 2014 年的 49.9% 和 2016 年的 97.4%。世界银行和国际货币基金组织在 2017 年底对吉布提债务可持续性的分析显示，该国短期内资不抵债的风险较高。随着贸易出口额和私人投资的持续增长，吉布提 2019 年实际 GDP 增长率小幅上升至 6.0%。

由于吉布提扼守着红海进出印度洋的咽喉，它在全球贸易、经济和安全方面具有重要的地缘战略意义，同时也是埃塞俄比亚等周边国家的重要海上通道。因此，吉布提将其发展战略定位为地区物流和贸易中心。尽管经济发展前景向好，但吉布提也受到一些因素的困扰：其一，高负债和短期投资风险过高可能会导致部分外资撤离；其二，埃塞俄比亚与厄立特里亚之间实现和平增加了埃塞俄比亚利用厄立特里亚港口的可能性；其三，经济发展还面临着较高的失业率（2017年为39%）、不稳定的地区局势和应对外部冲击能力不足等诸多挑战。

7. 科摩罗

科摩罗2018年经济表现较为稳定。2018年GDP增长率约为2.8%，与2017年的2.7%基本持平。增长主要得益于电力供应的改善、通信业的快速发展以及侨民汇款的增加等。2018年经常账户赤字占GDP的比重为6.0%，高于2017年的4.3%。2019年实际GDP增长率下降为1.5%，主要由于遭到飓风"肯尼斯"的重创。

通过加强对电力部门、可再生能源等领域的政府投入和政策扶持，科摩罗总投资占GDP的比重估计从2017年的22.5%增长到2019年的25.1%。目前，科摩罗已经制定并实施该国2030年经济发展战略，为经济的中长期发展描绘了蓝图、指明了方向。

科摩罗政府部门的执行力不足，财政状况仍然较为脆弱，中期预算还存在一些较为明显的缺陷，持续较高的不良贷款率制约着私营部门进一步获得融资的可能，使其对外部援助的依赖度较高。科摩罗自1975年独立以来，已发生过20多次政变或夺权斗争。另外，由于自然资源的过度开发（乱砍滥伐、土壤退化、地下水污染和海岸线被侵蚀）和与气候变化相关的威胁逐年提高，科摩罗容易受到外部因素的影响。

（四）经济落后国家，包括多哥、马达加斯加、马里、乍得、中非共和国、尼日尔和布隆迪等

在联合国开发计划署2018年发布的《人类发展指数报告》中，在全球189个国家中，一些受地理区位因素影响较大的非洲法语国家排在较为靠后的位置：马达加斯加（第161名）、多哥（第165名）、马里（第182名）、布隆迪（第185名）、乍得（第186名）、中非共和国（第188名），尼日尔更是位于该项排名的最后一名，被评为世界最贫困的国家。这些非洲法语国家经济发展受到多个因素的困扰,自然资源稀缺,基础设施落后,工业发展水平低并缺乏突破口,受恶劣气候和贫瘠土壤条件的影响,农业发展基础条件较差。此外,一些国家政局较为动荡,并处于恐怖主义活动较为频繁的地区,也成为制约经济发展的重要因素。

1. 多哥

受 2017 年政治危机和财政调整影响,多哥 2018 年实际 GDP 增长率为 4.7%。在农业和渔业较快增长的推动下,第一产业 2018 年增长率达到了 5.1%;由于制造业整体发展欠佳,第二产业 2018 年增长率有所下降;复杂的政治局势阻碍了该国第三产业的发展,增长率从 2017 年的 7.9% 下降到 2018 年的 4.4%。财政赤字在 2016 年达到 9.6% 的峰值之后,2017 年下降到 2.1%,2018 年又攀升至 6.7% 左右。

如果多哥政治危机得到解决并且公共和私人投资得以复苏,2019 年实际 GDP 增长率估计为 5.1%。通货膨胀率长期控制在较低水平。随着商业活动和资本投资的复苏,财政赤字在 2019 年降至 GDP 的 1.6%。经常账户赤字由于强劲的出口(磷酸盐、熟料和棉花)预计也将继续改善,从 2018 年占 GDP 的 7.9% 下降到 2019 年的 6.8%。

多哥积极参与西非经济货币联盟、西非国家经济共同体和撒哈拉国家共同体内正在进行的区域一体化相关活动。自 2015 年 1 月 1 日起,多哥实施了西非经济货币联盟和西共体共同对外关税。在西共体内部,多哥在环境保护、区域基础设施、人员自由流动以及金融和宏观经济一体化方面的得分很高。2016 年,在西非经济货币联盟内部贸易中,多哥占总出口额的 52%。洛美港是西非区域贸易的重要港口,通过该港口进口的货物中有 40% 是过境货物。

2. 马达加斯加

马达加斯加 2018 年实际 GDP 增长率为 5.0%,高于 2017 年的 4.2%。2018 年的经济增长得益于道路、机场、能源和图阿马西纳港等基础设施建设的拉动,也得益于纺织品、香草和精油等商品外部需求的增加。农业在 2018 年增长了 4.5%(低于 2017 年的 6.6%),工业增长了 6.7%(主要受纺织业和精油产业增长的推动），尽管2018年初马达加斯加爆发了鼠疫，但服务业仍增长了5.4%。

马达加斯加2019年实际GDP增长率估计为5.2%。经济增长的驱动力主要来自港口运输、能源、公共工程、采掘业和出口加工业等部门。通货膨胀压力依然很大，2018年通胀率高达8.6%，2019年降至6.2%。

该国在一些农产品（如丁香、荔枝、香草、可可、绿咖啡）方面具有较明显的比较优势，可在当地实现深加工，增加产品的附加值。有效的产业政策和经济特区有助于将比较优势转化为就业和经济增长。

马达加斯加虽然是印度洋委员会、南部非洲发展共同体、东部和南部非洲共同市场的成员国以及《非洲大陆自由贸易协定》的签署国，但它在这些多边机制中获得的实际收益较少，还有较大的发展空间和潜力。此外，该国较为薄弱的基础设施使其交通运输成本较高，也制约了制造业和服务业的发展。

3. 马里

马里2018年实际GDP增长率为5.0%，略低于2017年的5.3%，主要得益于农业（特别是棉花）和服务业的较快增长，家庭消费日益成为经济增长的重要推动力。预算赤字占GDP的比重从2017年的2.9%降至2018年的2.5%。公共债务占GDP比重在2018年略微上升至35.9%，但外债略微下降至GDP的24.1%。目前，马里面临中度债务危机的风险。

由于食品和石油进口产品价格下降，马里2018年通货膨胀率下降至1.7%。对外经常账户赤字从2017年的6%小幅上升至2018年的6.5%。实际GDP增长率在2019年继续放缓，增长率为5.0%，财政赤字占GDP的3.1%，通胀率为0.4%。

马里开始调整公共支出的效率和质量，减免税收，提高采矿税制的效率和加强增值税的管理，以此创造公共投资所需的财政空间。马里同意在西共体及西非经济货币联盟成员国中实现人员和劳动力的自由流动。马里经济前景可能会受到一些外部因素的影响，特别是气候变化、黄金和棉花价格波动以及欧元、美元汇率波动等因素的影响。马里一些商业银行的资本重组有助于银行业稳定，但较高的不良贷款率（2018年为16.5%）可能会影响到该国私营部门的融资。

4. 乍得

相较于2017年的负增长（-2.7%），乍得经济在2018年有所回升，实际GDP增长率为2.8%。2018年，乍得经济回暖主要得益于财政收入增长（主要是石油部门）、外部融资增加以及有关部门对援助的严格把控等。乍得长期缺乏工业化发展战略，第二产业占GDP的比重不到15%，直到最近才启动了一项旨在制定工业化发展政策的相关研究。自2015年以来，国际油价不断下跌使该国陷入财政危机，对经济发展和减贫工作造成了一定的影响。

2019年，乍得实际GDP增长率为2.4%，经常账户赤字占GDP的比重为6.7%，高于2018年的3.4%。2019年的通货膨胀率为3.0%，基本达到中非经济和货币共同体低于3%的要求。乍得经济发展也受到一些因素的影响，例如国际油价的波动、极端组织对跨境贸易的破坏以及气候变化（特别是干旱和蝗虫侵扰）对农业生产的影响等。

乍得具有较大的农业发展潜力。2017年农业占GDP的近50%，农业人口占总人口的90%。2018年政府出台了支持价值链发展的农业政策。乍得将区域一体化作为其发展战略的支柱，目前正在积极推动区域一体化的基础设施建设，包括电力互联、光纤骨干项目以及阿尔及利亚—尼日尔—尼日利亚—乍得跨撒哈拉公路的建设，以及乍得盆地的保护工作。

5. 中非共和国

中非共和国经历了从2012年底开始的一系列政治危机后，经济正在缓慢复苏。在林业、农业和采矿业的带动下，2018年实际GDP增长率为4.3%，高于2017年的4.0%。尽管中非共和国国家银行采取了货币紧缩政策，但受到安全形势较为严峻的影响，2018年通货膨胀率约为3.9%，低于2017年的4.1%。由于贸易平衡的改善，经常账户赤字占GDP比重由2017年的9.4%下降到2018年的8.3%。经济在2019年持续复苏，实际GDP增长率达到4.5%。

虽受到一些不确定因素的影响，但中非共和国经济发展前景较好。其经济发展在很大程度上取决于政治稳定、经济改革、林业发展以及公共领域投资增加。但是，产业结构单一（主要依赖钻石、咖啡、棉花和木材出口）、严重依赖外国援助（超过预算的40%）使其经济容易受到外部因素的影响。在国内保持稳定的营商环境是吸引外资的必要条件，引进更多的外资有助于发挥其巨大的林业、旅游业和采矿业的发展潜力。2017年，林业资源的开发约占出口收入的40%。此外，该国还拥有大量的矿产资源，如钻石、黄金、铀、铁、铜等。近年来，随着《金伯利进程国际证书制度》对中非共和国出口钻石的部分解禁，该国的钻石出口占总出口收入的35%左右。

6. 尼日尔

2018年尼日尔实际GDP增长率为5.2%，高于2017年的4.9%，农业部门的增长较快。2018年消费增长4.5%，投资增长11.7%（2017年为2.4%）。GDP结构保持相对稳定，农业占GDP的43.4%，服务业占35%，工业占14.9%。尼日尔2018年财政赤字占GDP的5.9%，通胀率为4.2%，反映出在净外汇收缩的背景下，该国信贷和货币供应量的增加。

尼日尔经济前景较好，2019年实际GDP增长率估计为6.4%。在灌溉土地面积增加和小型水坝发展的支撑下，经济活动将继续受益于农业的强劲表现。尼日利亚的经济复苏也将带动尼日尔的经济增长。但是其经济增长也受到一些因素的影响，例如气候变化、国际油价波动、管道建设项目延迟以及恐怖主义威胁等。

作为一个内陆国家，尼日尔在西共体及西非经济货币联盟中积极推动区域一体化建设。2011年初尼日尔开始向这两个地区组织出口农产品和畜产品。自2012年以来，随着石油出口的增加，该国出口变得更为多样化，贸易平衡得到一些改善。尼日尔积极落实区域贸易协定，并在执行世界贸易组织《贸易便利化协定》方面取得一定成效。尼日尔还签署了《非洲大陆自由贸易协定》。尼日尔是2014年成立的"萨赫勒五国集团"的成员，并担任萨赫勒气候委员会主席国。

7. 布隆迪

布隆迪2017年实际GDP增长率收缩0.2个百分点之后，2018年上升至1.4%。GDP增长率的小幅回升得益于服务业的复苏，以及咖啡和茶等主要出口产品的产量增加。2018年布隆迪预算赤字占GDP的8.8%，高于2017年的6.5%。2018年第一季度的税收和非税收入比2017年第一季度高出19.2%，主要原因是国内贸易税收入和所得税收入分别增长28.3%和27.1%。2018年公共支出增长为4.6%。

布隆迪经济持续复苏，2019年GDP增长率为3.3%，主要得益于咖啡、茶的生产和出口增加。2019年经常账户赤字小幅降至10%，资金主要来自发行短期国债。

布隆迪的经济发展前景充满不确定性。如果一些潜在优势能够得到较好利用，将对该国经济增长和创造就业产生积极影响，主要有：未开发的泥炭、石灰石、镍、铁矿石、磷酸盐、钒、碳酸盐岩和其他矿物；可开发的水电潜力为1300兆瓦。唐安尼喀湖的开发和10个港口的建立，将使布隆迪成为一个跨区域的贸易中心。农业生产容易受到气候变化的影响，如2015年厄尔尼诺现象引发的洪水和泥石流造成了大量人员伤亡。

三 非洲法语国家经济发展趋势和挑战

（一）非洲法语国家经济发展趋势

非洲法语国家近年的经济形势总体为缓和中求发展。历经长达六年的经济复苏，26个非洲法语国家借助全球经济复苏和大宗商品价格反弹，经济开始缓慢恢复增长。经济增长虽有所恢复，但也暴露出各国经济发展的脆弱性。在未来，非洲法语国家将朝着产业多元化、区域合作进一步强化和基础设施完善等方向发展。

1. 产业结构多元化转型

2017~2019年，资源型非洲法语国家在经历了商品下跌的阵痛后，各国都在积极开展产业多元化的工作。近年来，石油价格上涨约177%，这有助于阿尔及利亚、乍得、加蓬、贝宁、喀麦隆等石油出口国的经济复苏。喀麦隆在努力扩大畜牧业和渔业的产业链，从而增加本国的复原力；乍得积极发展农业部门，农业占了该国90%的劳动力；其他石油国家都在努力实现经济多元化，但是在短期内无法真正取代自然资源出口对各国经济的支撑作用。2020年资源型非洲法语国家的经济增长在很大程度上依然取决于商品价格的涨跌。

2. 区域合作将进一步加强

区域合作不仅仅是市场准入，还包括运输和通信设施等方面的完善。近年来，非洲法语国家经济合作有所增强，如布基纳法索和多哥的海关系统不断提升便利化服务水平，检查站的设立将大大缩短货物停留的时间。2017年，中部非洲法郎区在刚果（布）的带领下出台了解决中部非洲法郎区各国财政失衡问题的发展战略，为中部非洲法郎区国家的发展打开了机遇之窗。尼日尔致力于同西共体的区域一体化合作，国际贸易便利化取得了新进展。西非法语国家积极扩大西非地区电力合作伙伴的规模，在西非法郎成员国的基础上增加了马诺河联盟中的利比里亚和塞拉利昂，共同建设西非区域电力的互联互通，科特迪瓦是邻国重要的过境通道，是该电力项目的重要参与者。

3. 基础设施建设融入各国的经济发展战略规划

非洲法语国家基础设施都较为落后，近年来在各国制定的"国家发展战略计划"中，基础设施建设成为发展的首要目标。在科特迪瓦和喀麦隆分别制定的《2016~2020年国家发展规划》和《喀麦隆加快经济增长紧急计划》中，促进基础设施的融资是两国经济改革的重心；尼日尔、乍得、多哥等国正在积极建设域内电力、光纤、水力等基础设施的一体化；2018年12月，亚洲基础设施投资银行宣布阿尔及利亚、摩洛哥和多哥将成为亚投行的新成员。在基础设施融资和"南南合作"上，加入亚投行为它们的基础设施发展注入了新活力。

4. 劳动力流动性有所增强

近年来，非洲法语国家积极参与劳动力跨国流动的相关政策制定，以此提升各国劳动力市场的灵活性。2016年7月，在卢旺达首都基加利举行的非洲联盟首脑会议上启动了非洲联盟护照，鼓励劳动力在非洲大陆内的自由流动。① 非洲大陆自贸区的主要目标是建立一个人员、投资和商品自由流通的单一洲际市场，推动非洲工业化和社会经济多元化发展，促进非洲贸易、就业和全球市场地位的提升。2017~2018年，西非经济货币联盟在人口流动上推出了一些便利政策，如马里和多哥纷纷出台了移民政策，使劳动力流动更加开放。

（二）非洲法语国家经济发展的挑战

1. 过于依赖初级资源产品出口，产业结构单一

2014~2015年，全球商品价格下跌对资源型非洲法语国家的经济发展造成了较大影响，主要原因是初级产品对经济的推动力逐渐减弱，而全球经济放缓导致初级产品需求减少，这让以单一产品出口为主要经济收入的一些非洲法语国家遭到较为沉重的打击。

近年来，外国直接投资越来越多地投向非资源型国家，而不再集中于传统的资源型国家。2018年，非洲法语国家中经济增长最快的两个国家是科特迪瓦（8.8%）和卢旺达（7.1%），两国都不是资源型国家。

2. 暴力冲突不断，各国营商环境受到冲击

政局动荡和恐怖主义活跃使非洲很难营造一个稳定良好的营商环境，同时也导致各国对外资的吸引力下降，对国内商业活动的运作造成了不利影响。在马格里布地区，受"阿拉伯之春"的影响，经济增长显著下降。许多非洲法语国家被评为世界上最不发达的国家，恐怖主义在贫穷的温床下滋生，其中马里的恐怖主义最为猖獗。近年来，全球反恐局势依然严峻，此

---

① Africa Development Bank Group, *Africa Economic Outlook 2017: Entrepreneurship and Industrialization*, 2017, p. 55.

外，非洲占世界武装冲突的最大份额。2017~2018年，非洲法语国家发生武装冲突的有阿尔及利亚、喀麦隆、布基纳法索、布隆迪、中非共和国、刚果（金）、马里等。

3. 非洲法郎的区域整合度不高

非洲金融共同体法郎区自建立以来，为成员国提供了稳定的货币汇率，为这些国家的国际及区域贸易保驾护航。但是缺乏灵活性的财政体系成为非洲法郎区工业化和结构转型的一大障碍，过于依赖法国导致这些国家拱手让出金融主权。非洲法郎区的存在虽为各国贸易提供了便利，但是沉重的内部关税壁垒深深阻碍着非洲法郎区各国贸易一体化的发展。此外，非洲法郎区各国发展水平不均，2017年，赤道几内亚的人均收入高达9698美元，而中非共和国仅为418美元。① 非洲法郎创立之初被视为一种用来"奴役"非洲的货币，在长达半个世纪的发展中，对该地区贸易一体化的贡献微乎其微，而各国发展水平的巨大差异也成为寻求合作的难点，非洲法郎需要建立更完善的跨国财政机构和规章制度来帮助法郎区成员国应对发展不对等和融资不均等现实问题。

4. 财政赤字较大，外债负担沉重

据统计，2019年非洲石油进口国的平均财政赤字低于石油出口国，布隆迪和吉布提的财政赤字占GDP的10%以上。大多数非洲经济体在近几年出现严重的外部财政赤字，不仅是因为商品价格下跌，还受到政策不稳定因素和国内储备过低的影响。大多数非洲法语国家正在经历双重赤字，政府预算和国际贸易均出现两位数的赤字。在外债方面，摩洛哥、刚果（布）和突尼斯的外债存量最高，几乎再难借债。非洲外债规模不断扩大，这背后既有经济结构失衡、金融体系欠发达、国内储蓄严重不足等因素的影响，也是其在国际经济增长乏力、贸易环境恶化的背景下，为满足自身发展迫切需要所做出的无奈选择。

---

① 数据来源：世界银行数据库，https://data.worldbank.org。

5. 一些长期因素制约着经济潜力的发挥

制约非洲经济发展的一些长期因素包括性别不平等、气候恶劣和人才外流等。在一些性别不平等程度较高的国家（如中非共和国、乍得和尼日尔等），妇女的发展机会比男子低24%。[①] 受制于落后的社会规范和传统的文化习俗，女性难以平等享有受教育的权利，这制约着经济潜力的发挥。许多非洲法语国家的经济易受气候变化的影响。科特迪瓦、喀麦隆、贝宁等农业国在经济发展中易受干旱天气的冲击，非洲中部恶劣的天气埋下了传染病肆虐的隐患。此外，人才外流现象较为严重，虽然各国对人才培养的投资逐年增加，但是学成归国的海外非洲人才依然很少。

结　语

自2017年以来，非洲法语国家经济开始复苏，各国在产业多元化的道路上迈出了重要的一步，不过许多国家的经济回暖仍离不开全球油价上涨的推动作用。非洲法郎依然是法国对非施加影响力的重要工具。随着非洲经济整体形势的发展和非洲大陆自贸区等一些经济合作举措的推进，未来非洲法语国家将会在激烈的竞争中发挥自己的优势，推动经济发展，提升人民的生活水平。但是，2020年世界出现新冠肺炎疫情，并在非洲国家迅速传播。由于非洲国家医疗卫生体系薄弱，短期内疫情将对经济造成较为严重的影响，企业和家庭首当其冲，许多平常不那么重要的问题在疫情期间显得十分突出。随着疫情的进一步蔓延，其可能还将对非洲国家的经济造成中长期的影响。

---

① Africa Development Bank Group, *Africa Economic Outlook 2017: Entrepreneurship and Industrialization*, 2017, p. 51.

非洲法语地区教育发展形势

杨 惠 张志伟

摘　要：教育问题是阻碍非洲经济发展的主要问题之一，非洲法语国家尤为明显。由于共同的被殖民历史和相似的教育基础，非洲法语国家教育模式具有一定的相似性。独立以来，非洲法语国家的教育获得了较大发展，但由于基础薄弱，教育资源有限，教育发展面临诸多问题和挑战。在此背景下，非洲法语国家纷纷制定服务于国家可持续发展目标的教育改革和发展计划，在提高教育质量、扩大教育公平、加强区域合作、完善管理体制、加大教育投入等方面加大改革力度。

关键词：非洲法语国家　教育发展　教育改革

作者简介：杨惠，云南大学非洲研究中心讲师，法学博士；张志伟，云南大学非洲研究中心硕士研究生。

在54个独立的非洲国家中，有近半国家将法语作为本国主要语言之一。这些国家都曾是法国的殖民地，殖民主义的共同遗产对其社会经济产生了深远影响，也使它们在教育发展特点和面临的问题等方面具有一定的相似性。独立以来，非洲法语国家的教育取得了较大发展，教育体制逐步建立和完善，教育规模和水平不断提高，但由于基础薄弱，管理水平低下，这些国家的教育充满了问题和挑战。

一 学前教育

联合国教科文组织将 0~8 岁确定为儿童早期教育阶段。这一阶段的主要任务是保育和学前教育，分为 0~3 岁和 3~6/8 岁两个阶段，旨在为小学教育奠定良好的身体素质和认知基础。但非洲大陆学前教育面临的挑战很严峻，低收入脆弱国家或受冲突影响的国家问题更为严重，学龄前儿童面临着贫困、食物不足、发育迟缓、营养不良、健康风险、暴力、无法上学等挑战。目前，只有不到 12% 的非洲儿童可以获得幼儿保育和教育服务（Early Childhood Care and Education，ECCE），在每年进入小学的 76% 的儿童中，38% 的儿童经历过中度或严重的营养不良，严重影响了他们的身心健康和认知发展。[1]

近 20 年来，非洲法语国家学前教育取得了较大发展，各种正式和非正式的幼儿园、托儿所、日托中心等学前教育机构纷纷建立。但总体来看，非洲法语地区的学前教育还较为落后。据调查数据显示，2012 年非洲大陆幼儿学前教育入学率平均为 28%，西非经济共同体（佛得角和加纳除外）的平均入学率仅为 19%。[2] 2018 年，23 个非洲法语国家的学前入学率平均为 25.35%（见表 1）。摩洛哥的学前教育入学率 2000 年时达 61.12%，后来略有下降，2018 年的学前入学率为 50.89%。该国学前教育的地区差异也较大，如 2015~2016 年，摩洛哥 4~5 岁儿童的学前教育入学率为 43.0%，而在农村地区只有 27.9%。[3] 塞舌尔的学前教育入学率在非洲法语国家中最高，连续数年均在 100% 以上。但在马里，2018 年儿童学前教育

---

[1] UNESCO, "Early Childhood Care and Education", http://www.unesco.org/new/en/dakar/education/early-childhood-care-and-education/.

[2] AU Outlook on Education, "Early Childhood Development: A Continental Perspective", 2014, http://www.adeanet.org/en/system/files/au_early_childhood_eng.pdf.

[3] The World Bank, "Early Childhood Education in Morocco: A Critical Window of Opportunities", September 13, 2017, https://www.worldbank.org/en/news/feature/2017/09/13/early-childhood-education-in-morocco.

入学率仅有6.96%,布基纳法索仅为4.37%。

表1 2000~2018年部分年份部分非洲法语国家学前教育入学比率

单位:%

国　家	学校入学率,学前班(占总数的百分比)				
	2000年	2012年	2015年	2017年	2018年
吉布提	0.56	4.38	5.16	6.97	7.83
科摩罗	2.14	—	—	20.42	21.81
中非共和国	—	—	—	2.93	—
刚果(金)	0.85	3.98	4.45	—	—
科特迪瓦	2.55	4.70	7.06	8.15	8.20
乍得	0.77	1.44	0.80	—	—
贝宁	6.38	19.00	23.93	—	25.45
布基纳法索	—	3.65	4.14	3.68	4.37
布隆迪	0.79	8.41	13.68	14.02	15.37
赤道几内亚	24.70	52.23	43.36	—	—
多哥	2.15	10.67	17.57	21.34	22.83
几内亚	—	—	—	—	—
喀麦隆	12.68	29.66	37.05	35.88	34.46
卢旺达	—	14.24	18.81	22.05	22.47
马达加斯加	3.33	—	18.02	37.56	39.61
马里	1.53	3.51	4.05	6.86	6.96
毛里塔尼亚	—	—	10.49	—	—
尼日尔	0.93	5.97	7.34	7.91	8.05
塞内加尔	2.84	14.20	15.38	16.52	16.54
塞舌尔	100.29	102.32	94.37	96.23	95.36
摩洛哥	61.12	54.71	56.85	53.98	50.89
阿尔及利亚	2.71	—	—	—	—
突尼斯	15.89	—	—	43.71	—
平　均	13.46	20.82	22.43	23.63	25.35

数据来源:联合国教科文组织统计研究所。

"幼儿保育和教育服务"(ECCE)已被确定为《2030年可持续发展议程》的全球性目标,至少有76%的非洲国家参与了ECCE政策规划或实施。

根据联合国教科文组织公布的数据，到2012年，已经通过幼儿发展政策的撒哈拉以南非洲法语国家有贝宁、布基纳法索、布隆迪、中非共和国、科摩罗、几内亚、马里、毛里塔尼亚、尼日尔、卢旺达、塞内加尔、塞舌尔等国，已经制定或正在制定该政策的国家有喀麦隆、佛得角、乍得、科特迪瓦、马达加斯加，还未制定相关政策的国家包括刚果（金）、刚果（布）、赤道几内亚、加蓬、几内亚比绍、多哥等。[1] 联合国教科文组织于2010年发起"幼儿保育和教育"年度会议，至2019年已举办八次年度会议。

非洲法语地区存在传统社区和家庭教育、伊斯兰教育和西方式教育等多种学前教育形式。其中，伊斯兰教育历史悠久，以摩洛哥为代表。这一教学系统建立在阿拉伯文化和伊斯兰文化的基础之上，课程内容设置较为丰富，除了《古兰经》的背诵，还教授伊斯兰教的原则和道德价值，以及识字和算术等基础知识。在马里，当地的妇女团体在联合国教科文组织的支持下，将本土知识和实践与现代教育理念相结合，在一些地区推行一种社区参与的托儿所学前教育模式，并将项目推广到贝宁、尼日尔和塞内加尔的农村地区。"拯救儿童"组织在布基纳法索、布隆迪、刚果（金）、几内亚、马里和尼日尔等国建立了各种儿童救助服务，通过与当地社区密切合作，在贫困地区和社区开展以关注儿童身心健康和提供高质量学前教育为核心的项目。学前教育通常使用母语进行教学，这样也有利于更好地提高识字率。部分私立教育机构则采用法语教学，父母往往更愿意让孩子学习法语，认为这样更能够与世界对接。

教师是优质学前教育的主要决定因素。2011年，撒哈拉以南非洲国家幼儿教师总数达到了43.84万人，相比1999年的19.65万人增长了1.23倍，取得了较大成就。但教师的数量远远不能满足日益增长的需求，而且教师整体素质偏低，缺乏专业的培训，薪酬低，流动性较大。非洲法语国

---

[1] Michelle J. Neuman, Amanda E. Devercelli, "Early Childhood Policies in Sub-Saharan Africa: Challenges and Opportunities", *International Journal of Child Care and Education Policy* 6 (2012), p.34.

家的学前教育机构设施落后，一些私立机构有着较好的水电配备，而有些社区创办的学前教育机构多为社区棚房。另外，学前教育资源分布不均，学前教育机构主要集中在城市，农村地区和城市里的弱势群体很难有接受学前教育的机会。

二 初等教育

2000年，在达喀尔举行的世界教育论坛上，包括44个非洲国家政府在内的164个政府发起"全民教育"行动，承诺到2015年为所有国民提供优质的基础教育的目标。在联合国各下属机构、非洲联盟、区域经济共同体、各国政府以及民间社会组织和私营部门的共同努力下，整个非洲大陆加快实施全民教育，非洲各国的初等教育取得了重大进展，小学入学率大幅提升，但多数非洲国家并没有实现2015年全民教育的目标。2015年5月，在仁川举行的世界教育论坛制定了到2030年的教育新愿景。未来15年，非洲国家将向着实现免费、公平和优质的中小学教育以及取得有效学习成果这一目标迈进。

（一）入学率大幅提高

1987~2018年，非洲法语国家小学毛入学率增长了约30%，入学人数每年以10%的比例增长。2018年，全球小学净入学率为89.41%，非洲法语国家净入学率平均值达到86.44%，其中科特迪瓦、贝宁、布隆迪、卢旺达、马达加斯加、塞舌尔、阿尔及利亚、摩洛哥等国家的小学净入学率达到了90%以上（见表2）。从表2可以看出，在初等教育阶段，非洲法语各国已取得长足发展，自实施全民教育计划以来，摩洛哥的小学净入学率从2000年的76.16%快速上升，2018年小学净入学率达到99.10%。在塞内加尔，为了确保所有适龄儿童都能接受10年的基本素质教育，特别是保障女孩和弱势儿童的受教育权利，政府制定了教育与培训十年计划（Education and Training Plan 2005 - 2015）。2005~2015年，塞内加尔小学阶段的净入学率从64%上升到72.62%，性别平等指数从0.87上升到1.1。①

表2 1997~2018年部分年份非洲法语国家小学净入学率统计*

单位：%

国家	经济状况划分	小学入学率（净百分比）			
		1997年	2007年	2017年	2018年
吉布提	中低等收入国家	27.04	42.16	59.96	61.80
科摩罗	低收入国家	—	79.17	79.84	80.75
中非共和国	低收入国家	—	55.58	—	—
刚果（金）	低收入国家	40.81	—	—	—
刚果（布）	中低等收入国家	—	54.63	85.65	—
科特迪瓦	中低等收入国家	55.70	—	85.57	90.33
乍得	低收入国家	42.64	—	—	—
贝宁	低收入国家	62.48	—	97.03	97.21
布基纳法索	低收入国家	—	54.03	76.42	78.65
布隆迪	低收入国家	—	81.84	94.88	92.80
赤道几内亚	中高等收入国家	—	—	—	—
多哥	低收入国家	77.78	88.36	90.92	90.73
几内亚	低收入国家	—	66.27	—	—
加蓬	中高等收入国家	90.91	—	—	—
喀麦隆	中低等收入国家	—	—	92.87	—
卢旺达	低收入国家	—	—	96.93	94.79
马达加斯加	低收入国家	—	—	—	95.60
马里	低收入国家	—	60.11	61.28	58.94
毛里塔尼亚	中低等收入国家	—	76.05	77.82	79.57
尼日尔	低收入国家	24.03	43.24	65.12	—
塞内加尔	低收入国家	53.92	69.34	75.38	—

① Global Partnership for Education, Education in Senegal, https：//www.globalpartnership.org/country/senegal.

续表

国　　家	经济状况划分	小学入学率（净百分比）			
		1997年	2007年	2017年	2018年
塞舌尔	高收入国家	—	—	92.03	92.21
摩洛哥	中低等收入国家	67.70	89.27	96.89	99.10
阿尔及利亚	中高等收入国家	87.36	95.25	97.59	97.64
平　均		57.31	68.24	83.39	86.44

＊小学净入学率是指符合小学官方入学年龄的已入学儿童与该学龄儿童总数的比率。
数据来源：联合国教科文组织统计研究所。

（二）师资不足问题突出

随着非洲法语国家小学入学率的大幅提升，师资不足问题更显突出。2018年全球小学师生比平均值为1∶23.45，非洲法语国家小学师生比平均值达1∶35.05。从表3可以看出，近些年，大多数非洲法语国家的小学师生比在逐步下降，包括吉布提、科摩罗、刚果（布）、布基纳法索、布隆迪、赤道几内亚、多哥、加蓬、喀麦隆、毛里塔尼亚、马里、尼日尔、塞内加尔等，但远远高于世界平均值，而且，国家间的差异很大，中非共和国2016年的小学师生比高达1∶83.41，同年塞舌尔和突尼斯的师生比表现最好，分别为1∶13.99和1∶16.18，远低于其他非洲法语国家。摩洛哥的师生比较为稳定，一直保持在1∶26左右，2018年为1∶26.80。在卢旺达，2018年师生比高达1∶59.51。可以看出，有的非洲法语国家虽然在入学数量上得到了提高，但在质的改进方面还远远不够。

表3　1989~2018年部分年份非洲法语国家小学生师比统计＊

单位：%

国　　家	1989年	1999年	2008年	2011年	2016年	2017年	2018年
吉布提	43.87	39.54	34.03	35.24	31.10	30.42	29.37
科摩罗	37.60	34.77	30.15	27.75	—	18.90	28.06
中非共和国	70.39	—	100.24	81.31	83.41	—	—
刚果（金）	—	26.02	39.02	37.37	—	—	—

续表

国　家	1989 年	1999 年	2008 年	2011 年	2016 年	2017 年	2018 年
刚果（布）	63.00	61.23	51.80	47.09	—	—	—
科特迪瓦	37.10	42.72	41.89	48.85	42.50	42.43	41.82
乍得	68.37	67.88	62.40	62.59	56.89	—	—
贝宁	34.91	53.40	44.55	44.20	41.64	43.57	39.20
布基纳法索	57.36	49.00	48.92	52.69	41.55	40.68	39.72
布隆迪	68.91	55.41	—	48.31	49.66	49.61	42.52
赤道几内亚	—	56.69	27.97	27.91	—	—	—
多哥	54.61	41.28	41.33	40.95	41.40	40.13	40.15
几内亚	38.58	46.84	44.11	44.08	47.15	—	—
加蓬	48.27	51.94	—	24.53	—	—	—
喀麦隆	50.51	51.86	46.04	45.44	42.74	44.61	44.83
卢旺达	50.21	54.31	67.73	58.09	58.46	57.86	59.51
马达加斯加	40.49	47.15	47.16	43.24	40.61	—	39.81
马里	43.27	62.08	51.44	48.47	39.09	38.22	37.83
毛里塔尼亚	48.80	47.00	37.23	39.29	36.37	—	34.28
尼日尔	40.50	41.07	40.72	39.00	36.26	36.34	—
塞内加尔	51.24	48.60	36.44	33.31	31.74	32.81	36.32
塞舌尔	—	14.56	13.05	13.25	13.99	14.03	14.49
摩洛哥	25.01	28.14	26.53	26.42	26.59	28.03	26.80
阿尔及利亚	27.96	28.19	23.23	23.27	24.35	24.23	24.32
突尼斯	30.16	23.86	17.28	17.35	16.18	16.57	16.87
平　均	46.87	44.73	42.32	40.40	40.07	34.99	35.05

* 小学生师比例为小学注册学生除以小学教师数量的得数。

数据来源：联合国教科文组织统计研究所。

（三）教育质量堪忧

尽管在小学入学率方面取得了重要进展，但非洲法语国家的教育系统仍面临一系列问题和挑战。包括学校入学率高和完成率低之间的差距，学生学习成绩差，数学和科学等课程完成率低以及学习条件差等问题。

以塞内加尔为例，该国小学净入学率2017年约为75%，但毕业率多年来一直在60%以下。由于学校设施不足，教学质量较差，超过32%的农村学校无法提供完整的小学教育，近48%的农村学校没有厕所。①世界经济论坛编制的《2014年全球信息技术报告》显示，在对148个国家的教育质量进行的调查中，贝宁排名第101位，马里排名第122位，塞内加尔排名第80位。②

在过去十几年中，非洲法语国家成功增加了小学入学的机会，但教育质量与发展速度脱节。2015年12月发布的一项针对西非法语国家教育系统的评估项目（Programme for the Analysis of Education Systems）显示，非洲法语国家的小学教育质量仍有很大的提升空间。③ 这项调查是法语国家教育部长会议的一项倡议，并得到世界银行的技术和财政支持。调查项目于2014年展开，在贝宁、布基纳法索、布隆迪、喀麦隆、刚果（布）、科特迪瓦、尼日尔、塞内加尔、乍得和多哥等10国，对二年级和五年级学生进行了调查，样本包括1800多所学校和接受调查的近40000名学生。测试的结果反映了目前非洲法语国家的初等教育状况。在这10个国家中，71%的二年级儿童没有达到足够的法语能力水平，无法理解明确的口头信息或许多印刷文字的含义。此外，59%的五年级儿童没有足够的数学能力，他们无法进行涉及小数的算术或运用基本的数学公式。"评估项目"是第一次针对非洲法语国家教育质量进行的评估，其调查结果对于决策者未来改善教育质量、提高学习成果具有重要的参考意义。

---

① UNICEF, "Senegal: Country Programme Document 2012 – 2016", https://www.unicef.org/about/execboard/files/Senegal_final_approved_2012~2016_English_20_Oct_2011.pdf.

② AEC, "Financing Education Reforms in Francophone West African Countries", https://www.afdb.org/fileadmin/uploads/afdb/Documents/Publications/AEC_2014_financing_education_reforms_in_francophone_west_african_countries_11_2014.pdf.

③ World Bank, "Education Quality: Measuring Learning Outcomes in Francophone Africa's Primary Schools", March 10, 2016, http://www.worldbank.org/en/news/feature/2016/03/10/education-quality-measuring-learning-outcomes-in-francophone-africas-primary-schools.

三 中等教育

世界银行《2020年教育部门战略》制定了"实现全民教育"和帮助各国实现可持续发展目标4的战略。截至2018年6月，世界银行在非洲地区实施的中等教育项目共170个，其中33个项目正在实施。在全世界和非洲法语各国政府的共同努力下，非洲法语国家的中等教育有了一定提升，但仍然面临诸多问题。

（一）入学率低并且地区发展不平衡

小学入学率的大幅提升，并没有带来中等教育入学率的普遍提升。通过联合国教科文组织的数据可以看出，非洲法语国家适龄儿童的中等教育入学率很低并且国家间差异较大。在适龄儿童入学方面，2012~2017年，撒哈拉以南非洲只有大约1/3的适龄中学儿童入学。如表4所示，塞舌尔经济发展较好，属于高收入国家，其2018年中学入学率达到了80.06%，其次是摩洛哥，达到64.49%。中非共和国作为低收入国家，2017年中学入学率只有12.72%，相去甚远。2018年全球的中学净入学率为65.84%，而大部分非洲法语国家均低于世界平均水平。导致非洲法语国家中等教育入学率低的原因有很多，包括小学教育质量低下，完成率低，中学教育资源紧张，家庭负担重等。例如马里的教育在7~16岁是免费义务教育，直到9年级结束。即便如此，由于高昂的学杂费，包括交通费、校服费、生活费、学习材料费等，对于低收入家庭来说是一种沉重的负担，许多孩子仍然没有能力上学。[①]在大部分非洲国家，家庭承担了中学教育成本的很大一部分——30%~60%。高成本的中等教育让许多家庭望而却步，家长更愿意让小孩在读完小学以后去工作或者做一些杂活来补贴家用。

---

① Borgen project, "Five Things to Know about Education in Mali", https://borgenproject.org/education-in-mali/, February 6, 2017.

表4 1997~2018年部分年份部分非洲法语国家中学净入学率统计*

单位：%

国　家	中学入学率（净百分比）			
	1997年	2007年	2017年	2018年
吉布提	—	—	—	—
科摩罗	—	—	42.98	50.36
中非共和国	—	—	12.72	—
刚果（金）	—	—	—	—
刚果（布）	—	—	—	—
科特迪瓦	—	—	37.99	40.20
乍得	—	—	—	—
贝宁	—	—	—	46.02
布基纳法索	—	12.92	29.14	31.00
布隆迪	—	—	28.30	27.52
赤道几内亚	—	—	—	—
多哥	—	—	41.01	—
几内亚	—	—	—	—
加蓬	—	—	—	—
喀麦隆	—	—	—	—
卢旺达	—	—	—	35.87
马达加斯加	—	21.81	29.12	29.85
马里	—	—	29.35	29.93
毛里塔尼亚	—	—	28.19	30.98
尼日尔	5.46	8.86	20.07	—
塞内加尔	—	—	37.67	—
塞舌尔	—	79.14	79.64	80.06
摩洛哥	—	45.27	63.47	64.49
平　均	8.45	33.60	36.90	42.39

* 中学净入学率是指符合中学官方入学年龄的中学入学人数与该年龄人口总数的比率。

数据来源：联合国教科文组织统计研究所。

（二）教育体制与本土实际不适应

非洲国家的教育是在殖民统治时期发展起来的，独立后的教育体制深受殖民遗产的影响。正如有学者指出的，西方的教育观念在今天的非洲占主导地位，这在很大程度上是以牺牲本土文化和伊斯兰传统文化为代价的。[1] 由于长期的殖民历史再加上独立后对国外援助的依赖，非洲法语国家大规模引进宗主国的教育模式，基础教育的教学材料主要从法国引进，教学方法也以法语模式为主，这在一定程度上不利于非洲本土教育的发展，甚至与本国经济社会相脱离。如马里中学现行的旨在提高学生学习能力的教改方案"Approche Par Compétence，APC"就是按照法国模式开展的。该方案提供的学习方式打破了传统的老师课堂教授的传统模式，而是以学生小组学习的方式进行，学生学习小组根据主题自行查阅资料、讨论、学习。由于马里通信网络落后，图书馆设施缺乏，学生根本无法有效获取资料，这一教育改革方案在马里实施得并不理想，许多马里教育工作者对此苦不堪言。[2]

（三）教育投入低，分配不合理

教育投入不足严重制约了非洲法语国家中等教育的发展。2016 年刚果（布）的人均中学教育经费不足 100 美元，远远不足以支撑学生完成中等教育。2012～2017 年，撒哈拉以南非洲国家政府用于教育的公共预算平均占比保持在 16.5% 左右。撒哈拉以南非洲国家的小学教育支出占 GDP 的 1.8%，中等教育支出平均占 GDP 的 1.3%。在非洲法语国家，例如塞内加尔、几内亚等国，政府更加重视的是高等教育，在中等教育上的投入比例非常小。在资金分配上，非洲法语国家的教育投入资金更多是用于教师工资的支付，在尼日尔、卢旺达等国，约 50% 的中等教育预算用于支付教师的工资，[3] 这导致可用于中等教育其他方面的经费少之又少，例如教学设施的改善、奖助学金的发放、课本教材的购买等。

---

[1] Robert C. Johnson, "Educational Change in Francophone Africa", *The Journal of Negro Education* 56 (1987), p. 267.
[2] 电话采访马里中学教师 Saydou。
[3] Asma Zubairi and Pauline Rose, "Equitable Financing of Secondary Education in sub – Saharan Africa", Mastercard Foundation Report, 2019, https://mastercardfdn.org/wp – content/uploads/2019/05/Equitable – Financing – of – Secondary – Education – in – Sub – Saharan – Africa – FINAL.pdf.

四 高等教育

进入21世纪,随着非洲经济较快发展,社会对专业人才需求急剧增加,加之小学教育和中学教育的普及,非洲法语国家的高等教育取得较快发展,但也面临发展质量不佳、地区发展不平衡、师资缺乏、研究水平较低等问题。

(一)高等教育入学率增长较快,但入学率仍然较低

自2000年以来,全球高等教育规模不断扩大,每年新增入学人数超过770万人。其中,发展中国家占这一增长的主要部分,尤以非洲国家增长最快,但非洲国家高等教育的入学率仍然很低。据联合国教科文组织统计研究所的统计,非洲法语国家2007~2017年的高等教育入学率年平均增长率为9.3%,增长较快。但我们也要看到,2018年,世界高等教育入学率为38.04%,撒哈拉以南非洲为9.39%,虽然非洲法语国家的入学率高于撒哈拉以南的平均水平为18.64%(见表5),但仍远低于世界水平。此外,由于国家间经济社会存在差异,高等教育发展水平也不相同。马格里布地区的教育发展水平较高,高等教育入学率高于撒哈拉以南非洲法语国家,摩洛哥、阿尔及利亚和突尼斯的高等教育入学率均超过30%。而乍得和尼日尔这两个经济发展相对落后的国家,入学率仅为4%左右。在喀麦隆,政府希望通过知识和教育来带动国家经济发展,近年来高度重视教育,高等教育的入学率由2007年的7.26%上升到2017年的12.76%,增长速度较快(见表5)。

表5 1987~2018年部分年份部分非洲法语国家高等教育入学率统计

单位:%

国家	高等教育入学率(占总人数的百分比)				
	1987年	1997年	2007年	2017年	2018年
吉布提	—	0.26	2.72	—	
科摩罗	—	0.84	4.14	9.83	
中非共和国	1.05	—	—		

续表

国家	高等教育入学率（占总人数的百分比）				
	1987年	1997年	2007年	2017年	2018年
刚果（金）	1.61	—	4.52	6.83	
刚果（布）	5.62	—	—	12.67	
科特迪瓦	2.72	6.58	9.01	9.34	
乍得	0.52	0.60	1.67	4.01	—
贝宁	2.29	2.56	8.14	12.27	
布基纳法索	0.64	0.97	2.61	6.00	6.50
布隆迪	0.63	—	2.49	6.05	
赤道几内亚	—				
多哥	2.10	—	5.71	13.06	14.52
几内亚	1.37	1.26	8.28	—	
加蓬	6.01	6.83			
喀麦隆	2.40	—	7.26	12.76	
卢旺达	0.39	—	4.06	7.37	6.73
马达加斯加	3.58	1.98	3.28	5.28	5.35
马里	0.80	1.47	—	4.52	
毛里塔尼亚	3.01	3.93	3.73	5.00	
尼日尔	0.58	—	0.99	3.73	4.41
塞内加尔	—	3.31	6.22	11.51	12.76
塞舌尔	—	—	—	19.72	17.08
摩洛哥	8.11	11.86	11.97	33.78	35.94
阿尔及利亚	9.05	3	23.60	47.65	51.37
突尼斯	5.47	13.87	32.67	32.15	31.75
平均	2.90	4.02	7.53	13.18	18.64

数据来源：联合国教科文组织统计研究所。

（二）高等教育规模扩大，私立院校发展较快，但仍不能满足需求

2017年10月世界银行发布报告指出，1990～2014年，撒哈拉以南非洲

的公立大学从100个增加到500个，私立大学从30个扩大到1000个以上。①在一些国家，包括乍得、科特迪瓦、刚果（布）等，私立高等教育机构的入学率在过去十年增加了2倍。科特迪瓦的高等教育入学人数中有80%分布在私立院校。据不完全统计，马里现有5所公立大学、30多所私立院校，其中13所得到政府认证，这在一定程度上弥补了公立教育的不足。②在摩洛哥，有14所公立大学，私立大学和学院则超过200所。塞内加尔是法国殖民时期撒哈拉以南非洲最早建立大学的国家，1957年创立达喀尔大学（Cheikh Anta Diop University）。该国现有公立大学5所、高等专业院校10余所、各类私立高校80余所，但大学规模远不能满足适龄青年接受高等教育的需求。许多非洲法语国家大学的招生人数远超出了学校的承载和培养能力，导致教育质量下降。塞内加尔最重要的大学达喀尔大学，最大容纳能力为2.5万名学生，但2018年该校的学生人数达10万人之多，学校的运行不堪重负，严重影响到教育质量。③据联合国估计，到2030年，全球15~24岁青年中约有1/4居住在非洲，将使非洲国家的高等教育面临巨大挑战和压力。

（三）高水平大学不多，主要分布在北非

2019年《泰晤士高等教育》世界大学排名数据显示，在非洲排名前50位的大学中，只有13所来自非洲法语区，而且均来自北非3国，其中阿尔及利亚6所、摩洛哥4所、突尼斯3所，排名最靠前的阿尔及利亚贝贾亚大学（University of Béjaïa）位列第18位，而撒哈拉以南非洲没有一所法语国家大学进入前50名。④《泰晤士高等教育》大学排名的评估依据包括教学、

---

① Peter Darvas, Shang Gao, Yijun Shen, Bilal Bawany, *Sharing Higher Education's Promise beyond the Few in Sub-Saharan Africa*, World Bank Group, 2017, p.12.
② 电话采访马里中学教师Saydou。
③ Sofia Christensen, "Senegal Races to Reform University Sector", March 29, 2018, https://www.voanews.com/a/senegals-largest-university/4321996.html.
④ Times Higher Education's World University Rankings 2019, "Best Universities in Africa 2019", October 26, 2018, https://www.timeshighereducation.com/cn/student/best-universities/best-universities-africa.

研究、知识转移和国际视野等各项研究型大学的核心指标。

进入排名的北非法语国家的大学包括阿尔及利亚的贝贾亚大学、费尔哈特·阿巴斯塞提夫大学（Ferhat Abbas Sétif University），摩洛哥的马拉喀什大学（University of Marrakech Cadi Ayyad）、穆罕默德五世拉巴特大学（Mohammed V University of Rabat），突尼斯的斯法克斯大学（University of Sfax）、穆纳斯大学（University of Monastir）等。虽然撒哈拉以南非洲也有像达喀尔大学这样历史悠久、享有盛誉的大学，但数量太少，高等教育在非洲南北地区的发展极不平衡。

（四）以质量为核心的挑战巨大

非洲法语国家高等教育面临的挑战巨大且比较复杂。具有共性的一些问题包括，现有的高等教育机构不能满足快速增长的入学需求，教育经费不足且支出模式不可持续，教育质量低下，高等教育培养的人才与市场需求脱节等。根据世界银行和联合国教科文组织开展的一些研究，非洲法语国家在高等教育完成率、学生与教师比例、教育支出以及基础设施建设方面要普遍落后于非洲英语国家。[①] 以摩洛哥为例，该国在非洲法语国家中高等教育较为发达，但近年来教育质量也在下滑。2003～2014 年，该国的高等教育师生比从 1∶27 上升到了 1∶56。塞内加尔达喀尔大学人文学院的师生比高达 1∶158，法学院的师生比达到 1∶75。过高的师生比反映出学校教育资源与学生人数之间的巨大差距，严重影响了教育质量。2017 年，该校有 60% 的学生没能通过毕业考试。[②] 此外，接受高等教育的年轻人都希望有更高的生活质量和更容易找到工作，但许多学生毕业后并不能找到合适的工作，大学课程内容和社会需求之间存在不协调。

---

① Lisa Jokivirta, "Higher Education Crossing Borders in Francophone Africa", November 2005, http: //www.obhe.ac.uk/documents/2005/Reports/Higher_ Education_ Crossing_ Borders_ in_ Francophone_ Africa_ Part_ 1_ Opportunities_ Challenges_ and_ Implications.

② Sofia Christensen, "Senegal Races to Reform University Sector", March 29, 2018, https: //www.voanews.com/a/senegals-largest-university/4321996.html.

五　职业教育

教育是可持续发展的关键。在非洲，职业技术教育与培训（TVET）被视为实现就业、减轻贫困和个人赋权的最佳途径之一，同时为企业提供经济增长所需的技能。随着劳动力市场对就业能力强的毕业生的需求日益增加，对教育的需求从传统的、更理论化的高等教育项目转向与职业相关的学习项目。[1] 为此，非洲法语国家的职业教育在国际国内社会的共同努力下，得到了一定的发展。

职业教育对于经济社会发展、解决就业问题具有重要意义。在较长殖民历史时期内，法国并不重视殖民地职业教育的发展，先行建立的职业技术教育在教学上通常侧重于普通教育，并不重视技术培训，殖民时期的职业教育具有规模较小、形式较为单一、层次不完善等特征。独立后，原有的教育体制已无法满足社会经济的发展需求。非洲法语各国逐步意识到职业教育在社会中的意义，开始加强职业教育发展。1983年，撒哈拉以南非洲国家在校学生中接受普通教育的占91%，接受职业教育的仅占6%。[2] 进入21世纪，塞内加尔全国公立和私立的技术教育和培训机构超过了78家。[3]

国际社会对职业教育的重视也为改善职业技术教育与培训提供了新的动力。联合国《2030年可持续发展议程》提出"确保包容和公平的优质教育，并为所有人提供终身学习机会"的可持续发展目标，包括"到2030年，确保所有人都能负担得起高质量的技术、职业和高等教育；到2030年，具备就业、体面工作和创业相关技能（包括技术和职业技能）的青年和成人数量将大幅增加"。《2016～2025年非洲大陆教育战略》（the Continental Education

---

[1] Peter Darvas, Shang Gao, Yijun Shen, Bilal Bawany, *Sharing Higher Education's Promise beyond the Few in Sub-Saharan Africa*, World Bank Group, 2017, p.14.

[2] 胡昌送：《战后非洲职业教育发展历程与趋势初探》，《中国职业技术教育》2010年第31期，第79～83页。

[3] 楼世洲：《塞内加尔高等教育研究》，浙江人民出版社，2014，第160页。

Strategy for Africa 2016-2025）为非洲教育和培训的转型提供了框架。联合国教科文组织编制的《2016~2021年新战略》，要求成员国特别是南部非洲发展共同体（SADC）加大对职业技术教育与培训的支持。非盟在2007年出台的《非洲职业技术教育与培训振兴战略》中强调了职业教育对于非洲大陆的重要作用。非盟在《第二个十年教育行动计划（2006~2015）》中强调：职业技术教育"赋予个人掌握自己生活和未来的重要权利"。[①]

目前，非洲法语国家虽然建立了职业教育，但没有形成完善的管理、监督、评价体系以及合理的准入与退出机制。非洲法语国家职业教育起步较晚，缺乏经验，职业教育往往照搬法国职业教育的发展模式，而忽略本国的实际情况，导致职业教育与社会实际需求相脱离。非洲法语国家职业教育普遍存在校企责任不清晰、管理混乱的问题。

另外，非洲普通民众对于职业教育存在认知片面的问题，认为上大学接受正规教育才是出路，读职业教育是没有能力考入大学才不得不做出的选择。在贝宁，接受职业教育的女生都是在中学阶段学业成绩为C等的学生，常受社会歧视。基于此，许多学生在中学毕业后并不把职业教育作为一种理想选择。

职业教育对教师的要求不仅仅是理论功夫扎实，还需要较强的实践能力。目前，非洲法语国家严重缺乏完善的职业教育和师资培训。

六 非洲法语国家教育改革趋势

面对教育发展过程中出现的问题和挑战，非洲法语国家采取了一系列改革措施，未来将在提高教育质量、扩大教育公平、加强区域合作、完善管理体制、加大教育投入等方面加大改革力度。

（一）推动以语言为核心的教育体制改革

非洲法语国家的教育体系脱胎于法国殖民教育制度，其中一个重要特征

[①] African Union, "The Second Decade of Education for Africa (2006-2015)", *Plan of Action*, 2006.

是把法语作为主要的教学语言。虽然以一种甚至多种非洲语言来普及文化知识是一些国家教育系统的明确目标，但在殖民时期留下来的传统和民族语言教材缺乏这两个因素的影响下，大多数非洲法语国家还是将前宗主国语言作为全国通用语言，并在正规教育系统的某些阶段将其作为教学语言来使用。①在大多数非洲法语国家，教学语言通常不是学生的母语，在日常生活中使用得很少。2016 年公布的针对部分非洲法语国家开展的小学质量调查项目表明，在学生的整个学校教育中，数学的学习效果在很大程度上取决于他们对早期小学教育语言的掌握程度。这种状况已在整个非洲大陆引发了对母语与第二语言教育的讨论，联合国教科文组织更是把这种状况看作非洲国家社会发展面临的最重大挑战之一。②

为了克服使用法语教育导致幼儿对本土文化的疏远和认知局限性，许多国家调整了本国的语言政策，开始推行母语教学或双语教学。摩洛哥在所有公立学校引入阿拉伯语作为教学语言，但这一措施在高等教育中带来了新的语言问题，因为大部分教学是用法语或英语进行的，而且大多数工程、科技类专业教材使用的也是法语。一些国家在教育系统中引入了英语，希望通过提升英语在政治、经济和教育中的使用来更好地与世界接轨。2014 年 10 月 22 日，布隆迪通过了有关重新确定其官方语言的法案，将基隆迪语、法语、英语作为布隆迪最新官方语言。还有一些国家，包括贝宁、布基纳法索、布隆迪、喀麦隆、马里、尼日尔、刚果（金）和塞内加尔 8 国在法国发展署、法语国家大学协会、法国外交和欧洲事务部与法语国家国际组织等机构的支持下，发起了"国家教育和语言倡议"（ELAN），在小学阶段逐步引入母语和法语双语课程。而在布隆迪，小学全面开设母语课程，即基隆迪语。从小学一直到大学课程，基隆迪语一直贯穿于课堂之中，全国使用统一的课本。

---

① 世界银行：《撒哈拉以南的非洲教育政策》，朱文武、皮维、张屹译，浙江大学出版社，2008，第 51 页。
② 罗美娜：《非洲国家的多元语言使用问题》，《世界民族》2011 年第 2 期，第 76~81 页。

（二）建立多元化的教育投入机制，加大教育投入

教育投入不足是制约非洲法语国家教育发展的重要原因。撒哈拉以南非洲法语国家经济普遍落后，据联合国公布的《2018年世界最不发达国家报告》显示，目前联合国认定的最不发达的47个国家中，有34个是非洲国家，其中非洲法语国家几乎占了一半，包括贝宁、布基纳法索、布隆迪、中非共和国、乍得、科摩罗、刚果（金）、吉布提、冈比亚、几内亚、马达加斯加、马里、毛里求斯、尼日尔、塞内加尔和多哥16个国家。目前，这些非洲国家的教育投入严重不足，很多国家的教育完全依赖财政补贴和国际社会援助。非洲法语国家继承了法国"为所有人提供免费大学教育"的传统，公立大学一般不收取学费，导致许多国家的高等教育部门出现大量赤字，加剧了公共财政方面的压力。由于资金不足，许多教育改革项目要么不得不放弃，要么不得不按照援助国提供的方案进行。而从西方援助国来看，教育已不再是对外援助的优先事项，教育占援助总额的比例从2007年10.7%的峰值降至2017年的7.1%。2017年，全球教育援助总额132亿美元，比2016年下降2%。[1] 法国69%的教育援助资金主要用于发展中国家的学生在法国高等教育机构学习的奖学金和其他费用，真正用于发展中国家本土教育发展改革项目的资金很少。近年来，非洲法语国家在建立统一规范的教育市场准入机制方面一直在努力，大力鼓励私立教育的发展，逐步建立社会化的融资体系。通过建立多元化的教育投入机制，希望能从根本上解决非洲法语国家教育经费严重不足的问题。

（三）提升教育质量

提升教育质量是非洲法语国家的一项长期任务。目前，非洲法语国家普

---

[1] UNESCO, "Global Education Monitoring Report: Aid to Education Falls Slightly in 2017, Shifts away from Primary Education", May 21, 2019, https://en.unesco.org/gem-report/sites/gem-report/files/Aid_to_education_2019_press.pdf.

遍缺乏受过培训的专业教师，教学材料和学校基础设施无法满足快速增长的需求，学习质量不高，许多学生在上学期间没有获得基本技能。在教师培训方面，非洲法语国家正在逐步加大教师的培训力度，为全国教师开展岗位培训，一些国家尝试为山区及边远地区开设远程教育。科特迪瓦、中非共和国、多哥等教育部门除了为教师提供大学教育和培训外，还通过进修和函授课程进行在职培训。一些国家开始重视教师的性别平等、培训、职业发展、福利、专业资格、激励和支持等问题。

此外，非洲法语国家还通过区域合作与国际援助来加强教育基础设施建设和提升教学质量。2016年，在马里首都巴马科举行的第四届法语国家高等教育部长会议上提出了"法语大学空间数字图书馆"（DLFUS）项目，支持非洲法语国家高等教育和研究机构的基础设施发展、能力建设和宽带互联网接入，促进法语国家在线资源共享。据世界银行网站2018年6月6日消息，世界银行批准了来自国际开发协会（the International Development Association，IDA）2500万美元的赠款，用于支持中非共和国紧急基础教育支持项目（the Emergency Basic Education Support Project），包括学校基础设施建设、教学效果改进、支持替代性教育项目、加强服务能力建设等。预计这一项目将使4000名学前儿童、30万名小学生、14万名中学生及5800名小学老师受益。[①]

（四）扩大教育公平

尽管非洲法语国家的教育水平和入学率得到提高，但教育公平问题仍然严峻。贫富差距进一步拉大，受教育的机会和所享受到的教育资源分配严重不均。除贫困外，性别、种族、语言、身体残疾、地理位置等因素造成的教育不公平依然很普遍。联合国教科文组织提供的数据显示，非洲法语国家在小学阶段的男女入学率差异不再特别明显，非洲法语国家的女生

---

① 《中非共和国获2500万美元赠款以提升基础教育质量》，《世界教育信息》2018年第13期，第76~77页。

入学率已经达到96%以上，男女差距很小。但是，在小学后的教育阶段中，男女入学率的差距仍然很大。在中等教育中，女性占入学总人数的34%，女性的比例远远低于男性。而在高等教育中，女性只占入学总人数的21%。在未成年中，女性的辍学率为35.1%，远高于男性的29.6%。性别平等是《2030年可持续发展议程》中"确保包容和公平的优质教育，让全民终身享有学习机会"目标4的关键指标，非洲法语国家也十分关注性别歧视和弱势群体问题。

（五）继续加强与法语国际组织的联系，扩大区域合作

非洲是法国维持法语国际地位的重要区域。根据法语国家组织（IOF）的数据，世界上55%的讲法语的人居住在非洲。由于人口增长，估计到2050年法语人数将增加到7亿以上，其中80%将在非洲。[1] 为了加强法语国家间的联系，保持法国对非洲法语国家的影响力，在法国的主导下已经建立了一系列法语国际组织或合作机制。如法语国家大学组织（AUF）、法语虚拟大学（UVF）、法语国家组织等国际组织和法语国家高等教育部长会议等多边机制，旨在协调全球法语高等教育，维护法语和法语区文化在世界的影响和地位。未来一段时期，法语国际组织仍然是非洲法语国家接受援助和开展合作的主要伙伴。与此同时，非洲法语国家也越来越重视通过建立区域化的合作机制来提高全球化背景下的教育发展的整体适应性。一些非洲国家的合作机制逐渐形成，如非洲大学协会（AUU）、南部非洲地区大学联合会（SARUA）、西部非洲高等教育联合会（REESAO）等组织。未来，非洲法语国家将大力推进区域性合作，以增强教师和学生的流动性，扩大跨境教育资源共享，建设开放与远程的学习课程，建立各级教育的质量标准体系，进一步促进区域间私立学校的发展。[2]

---

[1] Wagdy Sawahel, "Francophone Universities to Benefit from Digital Fund", *University World News*, July 6, 2018, https://www.universityworldnews.com/post.php?story=2018070509062432.

[2] 楼世洲：《塞内加尔高等教育研究》，浙江人民出版社，2014，第244页。

结　语

非洲是世界上最年轻的大陆，近50%的非洲人年龄在15岁以下。世界银行的《非洲人力资本计划（2019）》指出，每多上一年学，非洲男性的个人收入就会增加11%，女性增加14%，这是全球各地区中教育回报最高的。教育是非洲大陆可持续发展的动力，对于培养未来的非洲领导人和有技能的劳动力队伍至关重要。由于历史因素，非洲法语国家的教育带有浓厚的法国特色。独立以来，非洲法语国家积极探索适合本国的教育体制和模式，教育取得了较大发展。但当前非洲法语国家的教育发展水平与世界的差距还很大。国家、政府、社区和家长应当共同努力，重视教育的发展，通过加大教育投入、提高教育质量、扩大国际交流合作、完善教育管理体制、提升教师能力等方式来实现多层次、多领域、多形式的教育交流，学习他国经验，提升本国教育水平。

非洲法语地区社会发展形势

张佳梅　程　实

摘　要：非洲法语国家的社会发展主要呈现三大特点和趋势。第一，人口增长迅速，人口结构问题突出。人口增长主要与高生育率有关，形成了以低年龄中位数为最重要特征的年轻型年龄结构及不公平的性别结构。性别、教育、就业结构的调整关系到人口结构的优化和人口红利。第二，经济增长持续走高，社会结构不断恶化。经济持续增长不是就业增长和生产发展的结果，未能解决失业和贫困。只有调整社会经济结构和社会阶层结构，才能创造就业，搞活经济，实现可持续发展。第三，社会公平和医疗卫生事业仍需加强。

关键词：非洲法语国家　社会人口结构　社会阶层结构

作者简介：张佳梅，云南大学非洲研究中心讲师；程实，云南大学非洲研究中心硕士研究生。

非洲法语国家延续了近年非洲国家发展的两个基本态势。一方面，经济保持快速增长。据非洲发展银行《2020年经济展望》，2019年非洲经济增速为3.4%，比2018年的3.5%下降0.1个百分点，增长较为稳定，预计2021年非洲经济增速将达到3.9%，成为当今世界增速最快的地区之一。另一方面，人类发展指数（Human Development Index，HDI）[①]持续低位。1990～2017年的数据显示，撒哈拉以南非洲地区在HDI五级发展分类评估中处于最低等级，

[①] 联合国开发计划署（UNDP）以人均收入、健康、教育、多维贫困指数（MPI）、不平等调整后的人类发展指数（IHDI）及性别不平等指数（GII）等作为衡量指标得出的人类发展程度和级别评估参数。

HDI 增长率低于南亚、东亚和太平洋地区，排名倒数第三；北非阿拉伯国家尚未突破中等级别。从全球 HDI 排名来看，排在后五位的是布隆迪、乍得、南苏丹、中非共和国和尼日尔，其中有 4 个非洲法语国家。[①] 经济持续快速增长与 HDI 持续低位，两者之间的矛盾反映了这些国家正普遍面临"发展中的烦恼"。

经济和社会是两个互为因果的人类发展指标领域，二者相互促进，彼此制约。在非洲法语国家中，除个别国家如刚果（金）、马里仍致力于秩序重建，布隆迪、科摩罗遭遇政治不确定性，北非受利比亚政局变化的影响之外，其他国家经济普遍上行明显。然而，经济指标并不能改变其中大多数国家重债穷国的地位，也未能解决人民的贫困和失业问题，社会发展中一些弊端和不足日益成为这些国家发展的短板，或将成为未来一切问题的关键。人口增长与人口结构优化问题，经济增长与社会结构调整问题，以及社会公平问题日益为各国所重视。

一 人口增长优势显著，人口结构问题突出

（一）人口状况

2019 年，非洲人口总数超过 13 亿，占世界人口总数的 16.64%，年增长率为 2.49%，生育率为 4.66%，年龄中位数[②]为 19.4（见表 1）。高增长率、高生育率和较低的年龄中位数是非洲国家尤其是撒哈拉以南非洲国家人口状况的普遍性特征。

在非洲法语国家中，阿尔及利亚、摩洛哥、突尼斯等北非国家，以及毛里求斯、塞舌尔这样的印度洋旅游岛国，人口增长率较低，年龄中位数偏

---

① UNDP：《人类发展指数与指标（2018 年统计更新）》，http://hdr.undp.org/sites/default/files/2018_human_development_statistical_update_cn.pdf。
② 年龄中位数，也称中位年龄或中数年龄，指将全体人口按年龄大小的自然顺序排列时居于中间位置的人的年龄数值，是用于反映人口年龄分布状况和集中趋势的指标，也作为划分人口年龄构成类型的标准。年龄中位数在 20 岁以下为年轻型人口；年龄中位数在 20～30 岁为成年型人口；年龄中位数在 30 岁以上为老年型人口。

大，具有稳固型或衰老性型人口结构模型特征。除此之外，撒哈拉以南非洲法语国家人口迅速增长，年龄中位数普遍低于20，属典型的成长型人口结构类型。其中，尼日尔、刚果（金）、布隆迪、马里、乍得的年增长率均超过3%的高位，同时具有较低的年龄中位数结构。这些国家人口迅速增长，意味着更多的廉价劳动力，低位的年龄构成分布有可能转化为人口红利。这些国家在发展劳动密集型产业，以及未来社会经济发展中的生产要素方面优势显而易见。

（二）人口年龄结构

从年龄中位数指标来看，非洲法语国家的年龄结构类型具体如表1所示。

衰老型。包括毛里求斯（年龄中位数37）、塞舌尔（年龄中位数36）、突尼斯（年龄中位数33）、摩洛哥（年龄中位数30）4国，占非洲法语国家数量的15.4%。这些国家人口增速低，劳动力人口占比高，老龄人口占比相对较高。摩洛哥人口年增速为1.23%，略高于世界均值（1.07%）。突尼斯为1.06%，塞舌尔为0.49%，毛里求斯只有0.24%，这主要与较低的生育率相关。此外，这4个国家15岁以上的劳动力人口占比为66%~71%，65岁以上老年人占比为7%~12%。在非洲法语国家中，这几个国家大致符合人口社会学人口低增长、长寿命两大相对理想的年龄结构特征。

稳固型。包括阿尔及利亚（年龄中位数29）、吉布提（年龄中位数25）、加蓬（年龄中位数23）、赤道几内亚（年龄中位数22）、卢旺达（年龄中位数20）、毛里塔尼亚（年龄中位数20）、马达加斯加（年龄中位数20）、科摩罗（年龄中位数20）8国，占非洲法语国家数量的30.8%，人口结构较为合理。这些国家人口增速较为平稳，与较低生育率有关，如吉布提、阿尔及利亚，也受国内其他因素影响。

年轻型。年龄中位数在20以下，共14国，占非洲法语国家数量的53.8%。尼日尔、刚果（金）、布隆迪、马里、乍得5国人口增长超过3%的上限。究其原因，与高居全球榜首的生育率关系密切。尼日尔作为世界上最年轻及人口增长最快的国家，14岁以下人口占到总人口的一半，生育率高达7.2%。非洲人口大国刚果（金）人口的高增长、年轻化也得益于6.31%的高生育率。

表1 非洲法语国家人口状况（2019年）

地区/国家	人口数全球排名	人口总数（万人）	占世界总人口份额（%）	年增长率（%）	人口密度（人/公里）	生育率（%）	年龄中位数	0~14岁人口百分比	10~24岁人口百分比	15~64岁人口百分比	65岁及以上人口
世界	(参照值)	771457	100	1.07	52	2.51	29.9	—	—	—	—
非洲	2	132003	16.64	2.49	45	4.66	19.4	—	—	—	—
刚果（金）	16	8672	1.12	3.24	38	6.31	16.8	46	32	51	3
阿尔及利亚	34	4268	0.55	1.60	18	2.6	29	30	22	64	7
摩洛哥	40	3663.5	0.47	1.23	82	2.4	30	27	24	66	7
马达加斯加	51	2697	0.35	2.69	46	4.1	20	40	33	57	3
科特迪瓦	53	2553	0.33	2.51	80	4.8	19	42	32	55	3
喀麦隆	54	2531	0.33	2.57	54	4.6	19	42	32	55	3
尼日尔	57	2318	0.30	3.88	18	7.2	15	50	33	47	2
布基纳法索	59	2032	0.26	2.89	74	5.2	18	45	33	53	2
马里	61	1969	0.26	3.04	16	5.9	16	47	33	50	3
塞内加尔	71	1674	0.22	2.76	87	4.6	19	43	32	54	3
乍得	73	1581	0.20	3.00	13	5.8	17	47	34	51	3
几内亚	75	1340	0.17	2.65	55	4.7	19	42	32	55	3
卢旺达	77	1279	0.17	2.35	519	3.8	20	39	32	57	3
贝宁	78	1180	0.15	2.75	105	4.9	19	42	32	55	3
突尼斯	79	1178	0.15	1.06	76	2.1	33	24	21	67	9

续表

地区/国家	人口数全球排名	人口总数（万人）	占世界总人口份额（%）	年增长率（%）	人口密度（人/公里）	生育率（%）	年龄中位数	0~14岁人口百分比	10~24岁人口百分比	15~64岁人口百分比	65岁及以上人口
布隆迪	80	1158	0.15	3.21	451	5.6	18	45	31	52	3
多哥	102	819	0.11	2.45	151	4.4	19	41	32	56	3
刚果（布）	117	554	1.07	2.64	16	4.6	19	42	31	55	3
中非共和国	126	483	0.06	1.86	8	4.8	18	42	34	54	4
毛里塔尼亚	128	466	0.06	2.67	5	4.6	20	39	31	57	3
加蓬	147	211	0.03	2.01	8	3.7	23	36	28	60	4
赤道几内亚	155	136	0.02	3.52	48	4.6	22	37	29	60	3
毛里求斯	158	127	0.02	0.24	626	1.4	37	17	22	71	12
吉布提	160	98.5	0.01	1.47	43	2.8	25	30	30	66	4
科摩罗	163	85	0.01	2.23	457	4.2	20	39	31	58	3
塞舌尔	201	9.5	0.00	0.49	208	2.3	36	22	19	68	9

数据来源：Worldometers, Population of Africa (2019), https://www.worldometers.info/world-population/africa-population/。

在上述三种人口类型的国家中，毛里求斯、塞舌尔两国拥有较高的中、小学入学率，明显高于其他国家（突尼斯等无统计数据）。绝大多数国家的入学率尤其是中学入学率属于最不发达国家水平，非洲法语国家大多数青少年受教育情况特别不理想（见表2）。

表2 非洲法语国家中、小学入学状况

地区/国家	2017年小学净入学率（%）男	女	小学性别平等指数 2009~2018	2017年中学净入学率（%）男	女	中学性别平等指数 2009~2018	地区/国家	2017年小学净入学率（%）男	女	小学性别平等指数 2009~2018	2017年中学净入学率（%）男	女	中学性别平等指数 2009~2018
全球	92	90	0.98	66	66	1.00	吉布提	62	56	0.89	38	32	0.83
较发达的地区	97	97	1.00	93	93	1.01	赤道几内亚	44	45	1.02	—	—	—
欠发达地区	91	89	0.98	62	62	0.99	加蓬	—	—	—	—	—	—
最不发达国家	83	80	0.96	38	36	0.95	几内亚	86	71	0.83	40	26	0.66
西非和中非	79	71	0.90	39	34	0.86	马达加斯加	—	—	—	28	30	1.08
阿尔及利亚	100	98	0.98	—	—	—	马里	71	63	0.89	32	26	0.80
贝宁	100	90	0.90	53	40	0.75	毛里塔尼亚	75	78	1.05	26	25	0.97
布基纳法索	78	76	0.98	29	29	1.01	毛里求斯	95	97	1.02	82	88	1.08
布隆迪	96	98	1.02	26	32	1.21	摩洛哥	97	97	1.00	64	63	0.99
喀麦隆共和国	99	91	0.92	50	44	0.88	尼日尔	71	62	0.87	24	17	0.73
中非共和国	77	60	0.79	16	10	0.61	卢旺达	94	94	1.01	25	30	1.18
乍得	71	55	0.77	—	—	—	塞内加尔	71	79	1.12	35	39	1.10
科摩罗	85	84	0.99	41	45	1.09	塞舌尔	—	—	—	87	90	1.03
刚果（金）	—	—	—	—	—	—	多哥	95	89	0.94	48	33	0.69
刚果（布）	84	91	1.09	—	—	—	突尼斯	99	98	0.99	—	—	—
科特迪瓦	93	85	0.91	45	33	0.75							

数据来源：联合国人口基金（UNFPA）：《2019世界人口状况》，第15~163页。https://china.unfpa.org/sites/default/files/pub-pdf/.

从人口社会学观点来看，人口急增、负增都有可能带来人口结构的恶化，特别是围绕教育、健康和就业等领域产生的挑战可能带来人口结构的巨大变化，从而对社会各方面产生巨大影响。从非洲法语国家的普遍情况来看，人口结构中低位的年龄中位数要最终转化为人口红利，还有赖于这些国家人口性别、教育、就业等要素结构方面的发展优化及整体水平的提升。年龄中位数数值在20以上的国家已经进入人口红利的机会窗口期，一旦错过，当数量庞大的年轻一代步入贫困的老年，这种要素的利好就会成为社会的负担。

从目前人口结构来看，非洲法语国家普遍存在错过窗口期的风险：入学率普遍偏低，社会所能提供的就业机会有限，失业率尤其是青年失业率高企。

（三）性别结构

联合国人口基金（UNFPA）最新发布的《2019世界人口状况》报告聚焦性与生殖健康及其权利。报告指出，成千上万的妇女在是否以及何时怀孕等问题上缺乏选择权，这"影响到生活的方方面面，包括教育、收入和安全，让妇女无法主宰自己的未来"。报告同时认为，性别不平等、无法获得性健康和生殖健康服务，以及冲突和自然灾害仍是阻碍女性实现自身权利的主要因素。该报告还强调，"性与生殖健康及权利同人口和发展的其他几乎所有方面——包括城镇化、移民、老龄化、家庭结构的变化、年轻人的权利等方面——存在密切联系"。[1]

据统计，全世界有43个国家的妇女育有4个或4个以上的子女，其中38个在非洲。在这些国家，妇女生育选择权的缺失，导致妇女成为男性和社会的附庸，散失社会权利，同时在很大程度上影响妇女人口红利的转化和开发。

在广大非洲法语国家中，性别结构超越了社会人口再生产的衡量意义。

---

[1] UNFPA：《2019世界人口状况》，第21页。

人口增长无疑与同龄男女性别人数比例有关，但更取决于超高的生育率。尼日尔、刚果（金）、布隆迪、马里、乍得等超高的生育率（见表1）是人口增长的主要原因，也是性别结构中性别不平等的表征，与这些国家的传统陋习的延续有关，也与后期教育和社会公平问题分不开。

表3　非洲法语国家早婚早育及割礼情况

单位：%

地区/国家	15~19岁女孩的生育率（‰）2006~2017年	18岁前涉及童婚的比例 2006~2017年	15~19岁女孩进行割礼的比例 2004~2017年	地区/国家	15~19岁女孩的生育率（‰）2006~2017年	18岁前涉及童婚的比例 2006~2017年	15~19岁女孩进行割礼的比例 2004~2017年
全球	44	21	—	吉布提	21	5	90
较发达地区	14	—	—	赤道几内亚	176	30	—
欠发达地区	48	—	—	加蓬	91	22	—
最不发达国家	91	40	—	几内亚	146	51	95
西非和中非	114	42	22	马达加斯加	152	41	—
阿尔及利亚	12	3	—	马里	174	52	83
贝宁	94	26	2	毛里塔尼亚	71	37	63
布基纳法索	129	52	58	毛里求斯	24	—	—
布隆迪	58	20	—	摩洛哥	32	—	—
喀麦隆共和国	119	31	1	尼日尔	210	76	1
中非共和国	229	68	18	卢旺达	45	7	—
乍得	179	67	32	塞内加尔	80	31	21
科摩罗	70	32	—	塞舌尔	66	—	—
刚果（金）	138	37	—	多哥	85	22	2
刚果（布）	147	27	—	突尼斯	7	2	—
科特迪瓦	129	27	27				

数据来源：UNFPA：《2019世界人口状况》，第15~163页。

多数国家传统陋习根深蒂固。由表3可知，几内亚、吉布提、马里、毛里塔尼亚、布基纳法索女孩割礼的比例较高，几内亚、吉布提达到90%及以上。

绝大多数国家早婚早育现象突出。童婚现象在尼日尔、中非共和国、乍得非常普遍，童婚占比一半以上的国家有6个。早育现象十分普遍，中非共和国、尼日尔、乍得、赤道几内亚、马里、马达加斯加等国尤其突出。

中、小学性别平等指数表现不一（见表2）。布隆迪、卢旺达、塞内加尔、塞舌尔、布基纳法索、科摩罗、马达加斯加、毛里求斯、刚果（布）、赤道几内亚指数高，女生入学率甚至高于男生；中非共和国、几内亚、多哥、尼日尔、贝宁、科特迪瓦、马里等国指数低于最不发达国家水平，甚至低于西亚、中非地区世界最低水平数值，性别差异问题堪忧。

（四）人口发展质量

非洲法语国家各国进入人口红利窗口期的时间差异大，各国人口红利窗口时间普遍较长，大约为35年（见表4）。2018年7月，第二届中非人口与发展会议在广东省广州市举行。会议主题为"南南合作与实现非洲人口红利"，会议聚焦于学习和借鉴中国人口红利经验，开发非洲人口红利，实现经济和社会发展。[①] 非洲法语国家的总人口约为4.3亿人，约占非洲总人口的33%。根据进入人口红利窗口期的先后顺序（见表4），非洲法语国家可以分为以下三类。

第一类是最早进入人口红利窗口期的国家，包括毛里求斯、突尼斯、塞舌尔、阿尔及利亚、摩洛哥和吉布提6国，这些国家人口增长率和生育率均较低，除吉布提外都已经进入人口红利窗口期。毛里求斯在1990年进入人口红利窗口期，是非洲法语国家最早进入的，该国取得的经济发展成就在该地区尤为突出，但由于其生育率已经低于替代水平，未来的总人口数将逐渐

[①] 刘书君、顾志强：《中非进一步加强人口与发展领域南南合作》，《人口与计划生育》2018年第8期，第6页。

下降。①

第二类是较早进入人口红利窗口期的国家（2040~2060年），包括加蓬、卢旺达、赤道几内亚、科摩罗、中非共和国、马达加斯加、喀麦隆、几内亚、毛里塔尼亚和多哥10国。其中卢旺达、马达加斯加、喀麦隆、几内亚、多哥等都是劳动年龄人口数量较多的国家。

第三类是较晚进入人口红利窗口期的国家（2060年以后进入），包括刚果（金）、塞内加尔、乍得、刚果（布）、贝宁、布基纳法索、马里、科特迪瓦、布隆迪和尼日尔10国。其中，刚果（金）和尼日尔是劳动年龄人口数超过1亿的国家，刚果（金）在2065年和2100年的劳动年龄人口数将分别达到1.6亿人和2.4亿人。表4仅显示到2100年的数据，但这并不表示非洲法语国家的人口红利窗口期在2100年结束，2100年之后毛里塔尼亚、多哥、乍得、贝宁、布基纳法索、马里、科特迪瓦和尼日尔8国依然处于窗口期。

表4　1990~2100年非洲法语国家人口红利[1]窗口期和15~64岁人口数量

国别	开始时间（年份）	结束时间（年份）	窗口时间（年）	15~64岁人口数量（万人）
毛里求斯	1990	2025	35	70~89
突尼斯	2000	2035	35	618~872
塞舌尔	2000	2030	30	5~6
阿尔及利亚	2005	2045	40	2196~3627
摩洛哥	2010	2040	30	2118~2860
吉布提	2020	2065	45	66~90
加蓬[2]	2040	2075	35	197~289
卢旺达	2045	2075	30	1336~1764
赤道几内亚	2050	2090	40	190~291
科摩罗	2055	2100	45	101~142

① 梁益坚、王锦：《撒哈拉以南非洲人口红利及国家政策取向》，《西亚非洲》2018年第6期，第55页。

续表

国 别	开始时间（年份）	结束时间（年份）	窗口时间（年）	15~64岁人口数量（万人）
中非共和国	2055	2095	40	620~892
马达加斯加	2060	2095	35	4045~6021
喀麦隆	2060	2100	40	3739~5819
几内亚	2060	2095	35	2036~3009
毛里塔尼亚	2060	2100+	40	668~1012
多哥	2060	2100+	40	1138~1668
刚果（金）	2065	2100	35	16670~24581
塞内加尔	2065	2100	35	2776~4091
乍得	2070	2100+	30	3016~4062
刚果（布）	2070	2100	30	1031~1483
贝宁	2070	2100+	30	2100~2884
布基纳法索	2070	2100+	30	3899~5331
马里	2070	2100+	30	4049~5495
科特迪瓦	2075	2100+	25	4970~6743
布隆迪	2075	2100	25	2582~3527
尼日尔	2090	2100+	10	10755~12496

注1：关于人口红利的概念、计算方法等请参见梁益坚、王锦《撒哈拉以南非洲人口红利及国家政策取向》，《西亚非洲》2018年第6期，第44~68页。

注2：加蓬在1950~1955年、2040~2075年两个时间段满足人口红利窗口期的两个条件（15岁以下的人口比例低于30%和65岁以上的人口比例低于15%）。

数据来源：梁益坚、王锦：《撒哈拉以南非洲人口红利及国家政策取向》，《西亚非洲》2018年第6期。

总体来看，非洲法语国家的人口红利窗口期主要有以下特点。其一，各国进入人口红利窗口期的时间点差异大。毛里求斯是最早进入人口红利窗口期的国家，与最晚进入人口红利窗口期的尼日尔相差整整100年。其二，非洲法语国家人口红利窗口时间普遍较长，窗口时间大约为35年。非洲法语国家是否能够成功利用人口红利与教育、就业机会、城市化进程和生态环境等因素息息相关。

非洲法语国家人类发展指数（HDI）普遍较低，但总体上呈缓慢增长趋势，其全球排名总体上升（见表5）。人类发展指数由联合国开发计划署在《1990年人类发展报告》中提出，将每个国家人民的健康、教育及收入三个维度的信息统筹为一个数，用以衡量联合国各成员国经济社会发展水平，以及各个国家的人类发展水平。

表5 1990~2017年部分年份非洲法语国家人类发展指数

全球排名（2017年）	国家	年份及数值								排名变化	人均HDI年均增长率（%）			
		1990	2000	2010	2012	2014	2015	2016	2017	2012~2017	1990~2000	2000~2010	2010~2017	1990~2017
62	塞舌尔	—	0.72	0.75	0.77	0.79	0.79	0.79	0.80	4	—	0.39	0.92	—
65	毛里求斯	0.62	0.67	0.75	0.77	0.78	0.78	0.79	0.79	3	0.84	1.06	0.78	0.91
85	阿尔及利亚	0.58	0.64	0.73	0.74	0.75	0.75	0.75	0.75	-3	1.10	1.24	0.49	0.99
95	突尼斯	0.57	0.65	0.72	0.72	0.73	0.73	0.73	0.73	2	1.39	0.91	0.38	0.95
110	加蓬	0.62	0.63	0.67	0.68	0.69	0.69	0.70	0.70	1	0.20	0.51	0.77	0.46
123	摩洛哥	0.46	0.53	0.62	0.64	0.65	0.66	0.66	0.67	3	1.47	1.51	1.13	1.40
137	刚果（布）	0.54	0.49	0.56	0.57	0.60	0.61	0.61	0.61	2	-0.91	1.30	1.21	0.46
141	赤道几内亚	—	0.52	0.58	0.59	0.59	0.59	0.59	0.59	-4	—	1.19	0.23	—
151	喀麦隆	0.44	0.43	0.51	0.53	0.54	0.55	0.55	0.56	1	-0.21	1.61	1.35	0.87
158	卢旺达	0.25	0.34	0.49	0.50	0.51	0.52	0.52	0.52	3	2.98	3.77	1.11	2.78
159	毛里塔尼亚	0.37	0.44	0.49	0.50	0.51	0.51	0.52	0.52	3	1.69	0.96	0.95	1.22
161	马达加斯加	—	0.46	0.50	0.51	0.51	0.51	0.52	0.52	-5	—	1.01	0.43	—
163	贝宁	0.35	0.40	0.47	0.49	0.51	0.51	0.51	0.51	2	1.36	1.74	1.22	1.46
164	塞内加尔	0.37	0.38	0.46	0.48	0.49	0.49	0.50	0.51	5	0.36	1.84	1.47	1.20
165	科摩罗	—	—	0.48	0.49	0.50	0.50	0.50	0.50	-2	—	—	0.63	—
165	多哥	0.40	0.43	0.46	0.47	0.48	0.50	0.50	0.50	5	0.50	0.71	1.41	0.81
170	科特迪瓦	0.39	0.39	0.44	0.45	0.47	0.48	0.49	0.49	3	0.16	1.16	1.55	0.89

续表

全球排名(2017年)	国家	年份及数值							排名变化	人均HDI年均增长率(%)			
		1990	2000	2010	2012	2014	2015	2016	2017	2012~2017	1990~2000	2000~2010	2010~2017	1990~2017
172	吉布提	—	0.36	0.45	0.46	0.47	0.47	0.47	0.48	-1	—	2.15	0.82	—
175	几内亚	0.28	0.33	0.40	0.43	0.44	0.44	0.45	0.46	2	1.75	2.09	1.83	1.90
176	刚果（金）	0.36	0.33	0.41	0.42	0.44	0.44	0.45	0.46	3	-0.68	2.02	1.70	0.93
182	马里	0.23	0.31	0.40	0.41	0.41	0.42	0.42	0.43	0	2.92	2.72	0.81	2.30
183	布基纳法索	—	0.29	0.37	0.39	0.40	0.41	0.42	0.42	2	—	2.74	1.76	—
185	布隆迪	0.30	0.30	0.40	0.41	0.42	0.42	0.42	0.42	-3	0.23	2.68	0.77	1.27
186	乍得	—	0.30	0.37	0.39	0.40	0.41	0.41	0.40	—	—	2.20	1.22	—
188	中非共和国	0.32	0.31	0.35	0.37	0.35	0.36	0.36	0.37	0	-0.26	1.27	0.64	0.54
189	尼日尔	0.21	0.25	0.32	0.34	0.35	0.35	0.35	0.35	0	1.82	2.35	1.54	1.95

数据来源：联合国开发计划署：《1990~2017年人类发展指数趋势》，http://hdr.undp.org/en/composite/trends。

联合国开发计划署将人类发展指数划分为四个等级，分别为超高人类发展指数（高于0.8）、高人类发展指数（0.7~0.79）、中等人类发展指数（0.5~0.69）和低人类发展指数（低于0.5）。根据上述指标，2017年26个非洲法语国家中，仅有塞舌尔、毛里求斯、阿尔及利亚、突尼斯和加蓬5国处于高人类发展指数国家之列；另有摩洛哥、刚果（布）、赤道几内亚等11国属于中等人类发展指数国家，科特迪瓦、吉布提等10国属于低人类发展指数国家（见表5）。值得关注的是，卢旺达和马里在1990~2017年实现了超过2%的人均HDI年均增长率，而赤道几内亚和马达加斯加的人均HDI年均增长率低于0.5%，在人类发展指数的全球排名也不断下降。从横向来看，2017年，全球人类发展指数的平均值为0.72，而在非洲法语国家中仅有塞舌尔、毛里求斯、阿尔及利亚和突尼斯4国超过全球平均水平，其余22国均低于世界水平，在全球排在最后五位的是布隆迪（0.417）、乍得（0.404）、南苏丹（0.388）、中非共和国（0.367）和尼日尔（0.354），其中4个为非洲法语国家。从纵向来看，非洲法语国家人口生活质量改善效果并不乐观，2012～2017年，马里、乍得、中非共和国和尼日尔4国的人类发展指数排名在低水平徘徊，改善民生的相关措施效果并不明显。马达加斯加、赤道几内亚、阿尔及利亚、布隆迪、科摩罗和吉布提6国排名更是呈下滑趋势。

贫困是非洲国家普遍存在的问题之一，其多维贫困指数（MPI）偏高，低于生活贫困线的人口规模较大。多维贫困指数是由牛津大学贫困与人类发展研究所（OPHI）为人类发展报告办公室（HDRO）设计的一项衡量贫困发生率和贫困强度的指标，在2010年被纳入人类发展指数中。MPI指数选取三个维度测量贫困，共包括健康、教育和生活水平3个关键领域的10个维度指标。MPI既能反映多维贫困发生率和发生的强度，还可以反映不同地区或国家在不同维度上的贫困程度。

表6　非洲法语国家多维贫困指数

国家	多维贫困指数 调查年份	指数	多维贫困人口 人数比例（%）	贫困人口（各国调查年份）千人	贫困人口（2017年）千人	易受多维贫穷影响的人口比例（%）	高程度多维贫困人口比例（%）	生活在收入贫困线以下的人口比例（%） 国家贫困线	每天生活费低于1.9美元
	2007~2018	数值	(%)	千人	千人	(%)	(%)	2007~2018	2007~2017
突尼斯	2011/2012	0.005	1.32	144	153	3.75	0.19	15.20	0.3
阿尔及利亚	2012/2013	0.008	2.11	805	868	5.80	0.28	5.50	0.50
加蓬	2012	0.066	14.80	261	301	17.50	4.71	33.4	3.4
摩洛哥	2011	0.085	18.57	6101	6636	13.15	6.49	4.80	1.00
吉布提	2006	0.170	34.63	276	326	18.50	15.68	23.00	22.50
科摩罗	2012	0.181	37.37	303	297	22.30	16.10	42.40	17.90
刚果（布）	2014/2015	0.112	24.30	1212	1277	24.30	9.40	46.50	37.00
科特迪瓦	2016	0.236	46.11	10926	11192	17.57	24.51	46.30	28.20
喀麦隆	2014	0.243	45.30	10081	10903	17.32	25.60	37.50	23.80

续表

国家	多维贫困指数 调查年份 2007~2018	指数 数值	多维贫困人口 人数比例 (%)	贫困人口(各国调查年份) 千人	贫困人口(2017年) 千人	易受多维贫穷影响的人口比例 (%)	高程度多维贫困人口比例 (%)	生活在收入贫困线以下的人口比例(%) 国家贫困线 2007~2018	每天生活费低于1.9美元 2007~2017
多哥	2013/2014	0.249	48.20	3481	3755	4.30	1.80	55.10	49.20
毛里塔尼亚	2015	0.261	50.60	2115	2235	18.60	26.30	31.00	6.00
卢旺达	2014/2015	0.259	55.40	6329	6644	5.70	22.20	38.20	55.50
塞内加尔	2017	0.288	53.20	8428	8428	6.40	32.80	46.70	38.00
几内亚	2016	0.336	61.95	7668	7867	17.20	37.70	55.20	35.30
贝宁	2017/2018	0.368	66.80	7672	7465	14.70	40.90	40.10	49.50
赤道几内亚	2014	0.373	67.42	1163	1224	19.06	40.47	69.30	67.10
刚果（金）	2013/2014	0.389	72.00	54590	60230	16.80	43.90	63.90	77.60
布隆迪	2016/2017	0.403	74.20	8067	8067	16.30	45.30	64.90	71.80
马达加斯加	2008/2009	0.453	77.79	15975	19885	11.78	57.10	70.70	77.60
马里	2015	0.457	78.11	13640	14479	10.90	56.60	41.10	49.70
中非共和国	2010	0.465	79.36	3530	3697	13.12	54.72	62.00	66.30
布基纳法索	2010	0.519	83.80	13083	16091	7.40	64.84	40.10	43.70
乍得	2014/2015	0.533	85.70	12002	12765	9.90	66.10	46.70	38.40
尼日尔	2012	0.590	90.50	16042	19431	5.11	74.80	44.50	44.50
毛里求斯	—	—	—	—	—	—	—	—	—
塞舌尔	—	—	—	—	—	—	—	—	—

注：因塞舌尔和毛里求斯未在本次联合国开发计划署调查范围内，故无两国相关数据，因此本节未将两国纳入讨论范围内。

数据来源：联合国开发计划署：《2019年全球多维贫困指数（MPI）》，http://hdr.undp.org/site/default/files/mpi_2019_publication.pdf。

根据联合国开发计划署的报告，除毛里求斯和塞舌尔，2017年非洲法语国家的贫困人口共计2.17亿，约占非洲法语国家人口总量的54%。突尼斯和阿尔及利亚两国生活条件相对优越，两国的多维贫困指数均低于

0.01，贫困人口占总人口的比例较小，分别为1.32%和2.11%，生活在贫困线以下的人口较少，社会局势相对稳定。几内亚、贝宁、赤道几内亚、刚果（金）、布隆迪、马达加斯加、马里、中非共和国、布基纳法索、乍得和尼日尔11国的社会生活水平较差，贫困人口占本国总人口的60%以上，其中布基纳法索、乍得和尼日尔3国贫困人口占比甚至超过80%，马达加斯加、马里、中非共和国、布基纳法索、乍得和尼日尔6国的严重贫困人口占本国总人口的50%以上。然而，纵观非洲法语国家历年减贫态势，结合各国制定的国家贫困线标准，非洲法语国家的贫困问题均不同程度地得到缓解。但不可否认的是，赤道几内亚、刚果（金）、布隆迪、马达加斯加和中非共和国等国仍然是贫困重灾区，生活在国家贫困线以下的人口仍超过本国人口的60%。

二 社会结构变化问题突出

非洲经济自2016年开始复苏，2018年增速达到3.5%，2019年稳定在3.4%，是当今世界增速最快的地区之一。西非地区增长3.7%，较上年提升0.3个百分点。非洲法语国家卢旺达（8.7%）是2019年非洲增长最快的经济体，此外，科特迪瓦（7.4%）、贝宁（7.1%）2019年的增速也跻身世界前十。[①]非洲法语国家经济指数虽持续高速增长，但这些国家的发展仍显不足，问题重重，失业率、贫困率居高不下。

据非洲发展银行统计数据显示，非洲经济增长对就业的吸纳能力明显呈负相关关系。[②] 非洲经济的增长得益于其他因素，如大宗出口商品价格反弹、非资源密集型经济的推动、密集资本市场带来的更多发展选择等，而并非主要来自国内就业和生产的发展。因此，虽然非洲国家经济持续增长，但并未创造更多就业，失业随人口增长而加剧，并进一步加剧贫困和

---

①、② African Development Bank Group, *African Economic Outlook 2020* (*AEO 2020*), 2020, https://www.afdb.org/en/knowledge/publications/african-economic-outlook.

社会的分化。

（一）就业结构

非洲人口增长与就业压力受经济增长模式影响，矛盾异常尖锐。据估计，非洲的劳动力人口预计将从2018年的7.05亿人增加到2030年的近10亿人。随着大量年轻人加入劳动力市场，就业压力将大大加剧。以目前的劳动力增长速度，非洲每年需要创造大约1200万个工作机会来防止失业率上升。到2030年，非洲的劳动力预计将增加近40%，其中只有一半能获得工作机会，这意味着近1亿年轻人失业，那么到2030年消除极端贫困的发展目标将成为一项不可能完成的任务，"与世界人口增长的相关问题将成为今天年轻一代将要面对的最严重问题之一"。①

表7 部分非洲法语国家15岁以上人口就业率、失业率统计（2018年）

单位：%

地区/国家	总就业率	男性就业率	女性就业率	总失业率	地区/国家	总就业率	男性就业率	女性就业率	总失业率
世界	58.4	71.4	45.3	5.0	吉布提	56.0	63.7	48.2	11.1
非洲	59.1	68.1	50.3	6.8	赤道几内亚	56.4	61.2	49.8	9.2
北非	40.8	64.8	17.1	11.8	加蓬	41.9	51.9	31.3	19.5
撒哈拉以南非洲	64.0	69.0	59.1	5.9	几内亚	62.3	62.2	62.4	3.6
阿尔及利亚	36.3	60.6	11.7	12.2	马达加斯加	85.0	87.9	82.1	1.7
贝宁	69.7	71.8	67.6	2.1	马里	64.2	74.2	54.4	9.6
布基纳法索	62.6	72.2	53.3	6.1	毛里塔尼亚	41.5	57.5	25.4	10.3
布隆迪	77.8	76.1	79.5	1.5	毛里求斯	54.2	68.4	40.5	6.9
喀麦隆	73.7	79.0	68.5	3.4	摩洛哥	41.3	64.3	19.2	9.0
中非共和国	67.4	75.1	60.1	6.5	尼日尔	78.5	90.1	67.2	0.3
乍得	69.7	76.4	63.1	2.2	卢旺达	83.1	82.8	83.3	1.0

---

① UNFPA：《2019世界人口状况》，第38页。

续表

地区/国家	总就业率	男性就业率	女性就业率	总失业率	地区/国家	总就业率	男性就业率	女性就业率	总失业率
科摩罗	42.5	49.0	35.9	3.7	塞内加尔	43.4	55.1	32.6	6.5
刚果（金）	61.0	63.2	58.8	10.4	塞舌尔	—	—	—	—
刚果（布）	62.1	64.6	59.5	4.2	多哥	76.4	77.8	75.0	1.7
科特迪瓦	55.9	64.7	46.8	2.5	突尼斯	39.3	60.9	18.6	15.5

数据来源：ILO, Employment – to – population ratio, unemployment rate—ILO modelled estimates, November, 2018。

根据表7可知，从非洲法语国家情况来看，几内亚、贝宁、布隆迪、喀麦隆、尼日尔、乍得、卢旺达、科摩罗、多哥、科特迪瓦、马达加斯加失业率较低；阿尔及利亚、突尼斯、加蓬、吉布提、刚果（金）、毛里塔尼亚失业率高过非洲平均水平，加蓬的失业率高达19.5%，相当于非洲平均水平的3倍、世界平均水平的4倍。

发展中国家劳动力市场最显著的特征之一，是大规模非正式部门和非正式就业的存在，在非洲法语国家，该特征尤为明显（见表8）。家内劳动、打零工等现象普遍存在，但其生产力和工资低，工作不稳定。这种非正式就业虽大大推高了其就业率，但对经济平稳增长的贡献度极其有限。

表8 2011~2017年部分非洲法语国家非正式就业情况

单位：%

国　家	年份	非正式就业	国　家	年份	非正式就业
贝宁	2011	94.5	马里	2016	90.5
布隆迪	2014	89.4	毛里求斯	2017	52.2
喀麦隆	2014	82.4	尼日尔	2011	86.4
刚果（金）	2015	90.3	卢旺达	2017	68.2
科特迪瓦	2016	87.7	塞内加尔	2015	90.4
马达加斯加	2015	83.9	多哥	2014	91.8

数据来源：ILO, METADATA, Informal employment。

从非洲法语国家行业就业分布情况来看（见表9），劳动力集中在农业和服务业，工业就业比重远低于这两个门类。其中，吉布提、几内亚、马达加斯加、马里、毛里塔尼亚、布隆迪、中非共和国、尼日尔、乍得、卢旺达、科摩罗、刚果（金）就业集中于农业；赤道几内亚、加蓬、阿尔及利亚、布基纳法索、毛里求斯、摩洛哥、塞内加尔、刚果（布）、多哥、突尼斯就业以服务业为主。北非地区的阿尔及利亚、毛里求斯、摩洛哥、突尼斯，以及撒哈拉以南的刚果（布）、布基纳法索的工业劳动力较为集中，水平略低或高于世界工业就业情况，但比之农业和服务业，对国内总就业率贡献并不大。

表9 2018年部分非洲法语国家行业就业分布率

单位：%

地区/国家	农业	工业	服务业	地区/国家	农业	工业	服务业
世界	28.3	23.0	48.8	吉布提	49.9	8.1	42.0
非洲	50.9	13.1	36.0	赤道几内亚	27.5	18.5	54.0
北部非洲	26.3	25.0	48.7	加蓬	37.6	10.0	52.5
撒哈拉以南非洲	55.1	11.1	33.8	几内亚	66.5	6.9	26.6
阿尔及利亚	9.3	30.7	60.0	马达加斯加	68.2	7.4	24.4
贝宁	41.4	19.4	39.2	马里	65.3	6.5	28.2
布基纳法索	28.7	33.0	38.3	毛里塔尼亚	55.4	11.1	33.5
布隆迪	92.0	2.1	6.0	毛里求斯	7.1	27.1	65.8
喀麦隆	46.3	14.1	39.6	摩洛哥	38.1	21.6	40.3
中非共和国	72.8	9.2	18.0	尼日尔	75.9	8.1	16.0
乍得	81.6	3.1	15.3	卢旺达	66.6	8.8	24.6
科摩罗	56.9	14.0	29.1	塞内加尔	32.0	13.6	54.4
刚果（布）	35.8	22.3	41.9	塞舌尔	—	—	—
刚果（金）	68.7	10.5	20.9	多哥	34.5	19.5	46.0
科特迪瓦	48.0	6.2	45.8	突尼斯	15.0	32.8	52.1

数据来源：ILO，Employment by sector。

鉴于非洲这种增长模式和经济发展方式，非洲发展银行认为需要对经济结构进行调整，进一步优化增长模式，以创造更多就业。① 非洲法语国家要创造就业，首先必须在加大农业投资、发展农业价值链方面下足功夫，以便减轻粮食的依赖度，同时创造更多就业机会，做好减贫工作，减轻城市化压力，为制造业和服务业的发展奠定基础。其次，更重要的是要进行工业化和经济多样化建设，发展劳动密集型产业和实现规模经济。非洲法语国家电力、运输等基础设施的发展和投融资的内部重视以及外部优惠正好能为经济转型提供条件。最后，面对经济结构转型，对人力资本进行积极有效的投资，使迅速增长的青年人口能成功进入生产性技术部门更是关键。

（二）收入分配与消费结构

从非洲法语国家的 GDP 增长来看，消费是最大的动力。② 大多数增长较快的国家主要依赖消费作为增长引擎。然而，从 2015 年 51% 的贡献度到 2018 年 49% 的贡献度，非洲消费指数与发达国家，甚至绝大多数发展中国家差距明显。非洲国家面临较大消费压力。

表 10　非洲法语国家收入（消费）百分比份额

单位：%

国别	年份	基尼系数	最低的10%	最低的20%	第二个20%	第三个20%	第四个20%	最高的20%	最高的10%
阿尔及利亚	2011	27.6	4.0	9.4	13.7	17.5	22.3	37.2	22.9
贝宁	2015	47.8	1.0	3.2	9.6	14.2	20.8	52.1	37.6
布基纳法索	2014	35.3	3.6	8.3	11.7	15.0	20.6	44.3	29.6
布隆迪	2013	38.6	2.8	6.9	11.0	15.0	20.8	46.3	31.0
喀麦隆	2014	46.6	1.7	4.5	8.5	13.7	21.6	51.7	35.0
中非共和国	2008	56.2	1.2	3.3	7.0	11.1	17.7	60.9	46.2
乍得	2011	43.3	1.8	4.9	9.7	14.8	21.8	48.8	32.4
科摩罗	2013	45.3	1.6	4.5	9.1	13.9	22.2	50.4	33.7

---

① African Development Bank Group, *African Economic Outlook 2018*, 2018, p. iii.
② African Development Bank Group, *AEO 2019*, 2019, p. 11.

续表

国别	年份	基尼系数	最低的10%	最低的20%	第二个20%	第三个20%	第四个20%	最高的20%	最高的10%
刚果（金）	2012	42.1	2.1	5.5	10.0	14.5	21.6	48.4	32.0
刚果（布）	2011	48.9	1.6	4.2	8.2	13.2	20.7	53.7	37.9
科特迪瓦	2015	41.5	2.1	5.7	10.2	14.6	21.6	47.8	31.9
吉布提	2013	44.1	1.7	4.9	9.7	14.6	20.9	50.0	34.1
赤道几内亚	—	—	—	—	—	—	—	—	—
加蓬	2005	42.2	2.3	5.8	10.1	14.4	21.1	48.7	33.1
几内亚	2012	33.7	3.0	7.6	12.2	16.4	22.4	41.5	26.4
马达加斯加	2012	42.6	2.2	5.7	10.0	14.1	20.7	49.5	33.5
马里	2009	33.0	3.3	8.0	12.1	16.2	22.5	41.3	25.7
毛里塔尼亚	2014	32.6	3.0	7.5	12.4	16.9	23.0	40.2	24.9
毛里求斯	2012	35.8	3.0	7.4	11.8	15.7	21.2	43.9	29.0
摩洛哥	2013	39.5	2.7	6.7	10.7	14.7	20.9	47.0	31.9
尼日尔	2014	34.3	3.2	7.8	11.8	15.8	22.0	42.4	27.0
卢旺达	2016	43.7	2.4	6.0	9.8	13.6	19.8	50.8	35.6
塞内加尔	2011	40.3	2.3	6.1	10.3	15.0	21.7	46.9	31.0
塞舌尔	2013	46.8	1.9	5.4	9.8	13.3	18.4	53.0	39.9
多哥	2015	43.1	1.9	5.0	9.5	14.4	22.4	48.6	31.6
突尼斯	2015	32.8	3.2	7.8	12.3	16.5	22.5	40.9	25.6

注：最低的20%包含最低的10%，最高的20%包含最高的10%。

数据来源：World Bank, GINI index (World Bank estimate), http://wdi.worldbank.org/table/1.3#。

从表10非洲法语国家收入结构数值来看，绝大多数国家收入分配极不均匀，贫富悬殊，社会分配结构问题突出。在26个非洲法语国家中，15个国家的基尼系数超过国际警戒线（40）。中非共和国甚至达到56.2的罕见数值。其他国家也多处于30多的高位，阿尔及利亚最低，也有27.6。

根据以上数据，贝宁、喀麦隆、中非共和国、科摩罗、刚果（布）、吉布提、加蓬、马达加斯加、卢旺达、塞舌尔等国内20%高收入群体占了50%以上的分配份额。中非共和国10%的高收入人群甚至占有全国分配总额的46.2%。此外，在中非共和国，20%的高收入者，其收入约是国内20%最低收入者的18.5倍。阿尔及利亚的这一数值最低，约为4倍。

非洲法语国家国内分配结构不均衡、不公平并形成了贫富悬殊的社会经济状况，不利于中间阶层的成长。这些国家的消费压力与分配结构直接关联。缓解消费压力，就必须改革分配制度，建立健全社会保障制度。

（三）社会阶层结构

从收入分配结构来看（见表10），多数非洲法语国家的社会阶级分层总体呈现一头独大的状态，不利于社会中低收入阶层的成长和社会的公平、公正与均衡发展。

在现代社会，这种垂直型社会分层现象往往与水平型职业分布相一致，可以根据各国特征按职业划分为：国家和社会管理者阶层、经理人员阶层、私营企业主阶层、专业技术人员阶层、办事人员阶层、个体工商户阶层、商业服务业员工阶层、产业工人阶层、农业劳动者阶层、无业人员阶层等。从非洲社会阶层情况来看（见表11），经理人阶层比例与国家经济地位呈正相关关系，高收入国家的经理人阶层占比高，低收入国家占比低，同时反映了大中型企业的存量状况；技工及相关工作人员阶层则与国家经济地位呈负相关关系，越是低收入国家占比越大；除这二者外，其他职业阶层分布基本都受国家经济地位的正相关影响。值得注意的是，从事农、林、渔业的农业劳动者阶层在非洲也与国家经济地位呈正相关，中高收入国家的农业劳动者从业阶层占比较大。

表11 2018年非洲国家职业就业分布状况

单位：%

地 域	经理人	专业人员	技术人员	办事人员	服务和销售人员	技工和相关工作人员	机械设备操作及组装人员	农、林、渔业生产人员
世界	4.8	9.3	7.2	5.0	15.9	37.5	12.3	8.0
非洲	2.3	4.5	5.8	2.6	12.6	58.0	10.3	4.1

续表

地　域	经理人	专业人员	技术人员	办事人员	服务和销售人员	技工和相关工作人员	机械设备操作及组装人员	农、林、渔业生产人员
非洲（低收入国家）	0.8	2.6	2.1	0.9	12	72.1	7.4	2.3
非洲（中低收入国家）	3.5	6.3	10.4	3.5	12.1	45.1	13.4	5.7
非洲（中高收入国家）	6.2	8.2	7.3	8.9	20.1	27.3	14.2	7.9

数据来源：ILO，Employment by occupation—ILO modelled estimates，November 2018。

表12为非洲法语国家的就业类型分布。按雇主、雇员、自营及家内劳动分层，非洲法语国家中，北非地区的阿尔及利亚和突尼斯，印度洋岛国科摩罗、毛里求斯和马达加斯加，以及中非地区的喀麦隆等，雇主阶层占比较高，均高于3%的世界平均值，但都大大低于北非地区7%的平均值。其余国家中，只有刚果（金）、科特迪瓦、吉布提、加蓬的雇主阶层占比相对较高，剩余国家占比极低，布隆迪、乍得、卢旺达甚至只有0.1%~0.2%。这显然与非洲法语国家国内企业发展状况有关，由于发展情况糟糕，企业对国家经济、社会各方面的作用微乎其微，作为雇主阶层的企业主对国家和社会发展的影响有限。

从雇员分布情况来看，企业蓝领、白领数目与企业家数目呈正相关分布。这一阶层一般工作、收入较稳定，是中产阶层的重要来源，对社会稳定作用显著。除吉布提、赤道几内亚、加蓬、阿尔及利亚、毛里塔尼亚、毛里求斯、摩洛哥、科摩罗、突尼斯的雇员阶层占比较高外，其他非洲法语国家占比严重低位，几内亚、马里、布隆迪、中非、乍得几个国家的占比甚至在10%以下。

自营和家内劳动就业分布方面，绝大多数非洲法语国家占比大，远高于世界平均值，有的甚至大大高于撒哈拉以南非洲均值。这两个阶层中，自营个体经济从业者的经营目的大部分是解决就业，他们的经营环境恶劣，风险高，不稳定。他们对国家经济和社会秩序可能起到不良作用，但又是需要保护的弱势群体。家内劳动者阶层主要包含农业劳动者阶层和失业者群体。

表 12　2018 年非洲法语国家就业类型分布

单位:%

地区/国家	雇员	雇主	自营	家内劳动	地区/国家	雇员	雇主	自营	家内劳动
世界	52.0	3.0	34.1	10.9	吉布提	50.5	2.3	41.8	5.5
非洲	87.2	3.3	8.6	0.9	赤道几内亚	42.4	1.8	44.8	11.0
北非	63.9	7.0	19.4	9.8	加蓬	66.1	2.4	30.4	1.1
撒哈拉以南非洲	22.6	2.5	51.4	23.4	几内亚	8.4	1.7	59.0	30.9
阿尔及利亚	69.1	4.2	24.8	2.0	马达加斯加	10.9	3.8	44.9	40.4
贝宁	10.7	1.3	72.2	15.8	马里	9.8	0.6	61.6	28.0
布基纳法索	12.9	0.7	45.9	0.5	毛里塔尼亚	44.5	2.7	44.1	8.7
布隆迪	5.3	0.1	65.2	29.5	毛里求斯	79.4	4.3	14.2	2.1
喀麦隆	23.2	3.1	59.8	14.0	摩洛哥	48.6	2.6	28.0	20.8
中非共和国	5.4	1.0	51.9	41.7	尼日尔	10.0	0.9	58.4	30.6
乍得	6.7	0.2	66.4	26.7	卢旺达	31.3	0.1	39.5	29.2
科摩罗	30.3	5.1	51.4	13.2	塞内加尔	34.1	0.9	41.9	23.2
刚果（布）	22.0	1.1	71.5	5.4	塞舌尔	—	—	—	—
刚果（金）	18.3	2.0	60.4	19.3	多哥	21.1	1.5	52.2	25.2
科特迪瓦	25.7	2.0	58.9	13.5	突尼斯	72.3	3.5	7.1	17.1

数据来源：ILO, Status in employment—ILO modelled estimates, November 2018。

一个国家的社会分层是其社会经济状况的反映，与职业、收入相关，调整其社会阶层结构中的不合理因素将有利于社会、经济的发展。非洲法语国家社会阶层结构主要分为两类，一类以北非法语国家、印度洋岛国以及喀麦隆为代表，工商业阶层占多数。另一类是以布隆迪、马里、布基纳法索、尼日尔为典型的绝大多数撒哈拉以南非洲法语国家，问题较为突出：雇主阶层人数极少，不能有效发挥对社会的影响；雇员阶层作为社会稳定的重要因素人数占比低，难以发挥作用。相反，过于庞大的自营个体经济体量不利于秩序、竞争和稳定，给管理带来压力。数量占比偏高的家内劳动者，除经营农业外，基本等同于失业，无法对社会做出更大贡献。这种缺乏效率和生机的社会阶层结构必须做出调整，一方面要鼓励发展雇主、雇员和农民阶层，另一方面要整改、规范和限制不利于社会发展稳定的自营及失业者，营造社会垂直、水平流动的有利条件，优化社会结构。

三 社会公平与医疗卫生

（一）社会公平

社会公平，尤其是男女平等的实现程度是衡量一国社会发展进步的重要指标，下文将从妇女政治参与度、受教育水平、就业率三个维度，剖析非洲法语国家的社会公平现状。相较而言，非洲法语国家妇女政治地位和政治参与率相对较低，男女受教育水平差距大，男性在经济上占据主导地位。

性别不平等指数（GII）揭示了女性在生殖健康、教育、政治代表权和劳动力市场中所面临的不平等。GII 值越大，性别差距越大。总体而言，根据联合国开发计划署的统计（见表13），除突尼斯、毛里求斯和卢旺达3国外，其余非洲法语国家性别不平等指数普遍较高，孕（产）妇死亡率较高，医疗卫生水平较低。

从政治参与度来看，非洲法语国家妇女政治参与度普遍较低，女性议会席位占比基本为10%～15%，刚果（金）、科特迪瓦、中非共和国、摩洛哥、贝宁和科摩罗6国妇女参政不足问题尤为严峻。据统计，2017年，上述6国妇女议会席位占比均不足10%。但值得一提的是，卢旺达和塞内加尔对妇女的政治权利较为尊重，两国女性议会席位占比分别高达55.7%和41.8%。

从受教育水平来看，总体而言，非洲法语国家教育普及率不高、分布差异大，男女受教育程度也不均衡。具体而言，毛里求斯、卢旺达、布隆迪、阿尔及利亚、刚果（布）、尼日尔和喀麦隆7国的教育普及度较高，男女受中等教育的比例相当。但其他国家整体教育水平不高，男女受中等教育的比例差距较大，其中以摩洛哥、塞内加尔较为典型，男性受教育率约为女性的2倍，但令人诧异的是，加蓬受中等教育程度的女性比男性高出15个百分点。

从就业率来看，非洲法语国家劳动不公平现象较为明显。虽然卢旺达、布隆迪、多哥、喀麦隆、刚果（布）、贝宁和马达加斯加7国的男女就业率相对均衡，但绝大多数国家如突尼斯、阿尔及利亚、马里和毛里塔尼亚，男性劳动参与率普遍高于女性，这说明男性的经济状况好于女性。除个别国家外，女性失业率普遍较高，劳动力参与率也较低，且大多数无偿看护和家务工作由女性承担，这限制了她们对有偿工作的选择。

表13　2017年非洲法语国家性别不平等指数

性别不平等指数			孕（产）妇死亡数	青少年生育率	议会席位比例（%）	受过中等及以上教育人口占比（%）		劳动人口占比（%）	
国家	数值	2017年世界排名	（每100000名活产婴儿）	（每1000名15~19岁妇女的生育率）	妇女占比	（25岁及以上的百分比）		（15岁及以上的百分比）	
						女性	男性	女性	男性
突尼斯	0.298	63	62	7.7	31.3	41.2	52.7	24.3	70.6
毛里求斯	0.373	84	53	26.6	11.6	34.3	67.3	45.1	72.7
卢旺达	0.381	85	290	25.7	55.7	12.6	17.0	86.0	86.3
阿尔及利亚	0.442	100	140	10.1	21.3	37.5	37.9	15.2	67.3
布隆迪	0.471	114	712	26.8	37.8	7.5	10.5	80.2	77.5
马里	0.482	119	121	31.1	18.4	28.0	34.8	25.0	74.1
塞内加尔	0.515	124	315	72.7	41.8	11.1	20.1	45.5	69.9
加蓬	0.534	128	291	95.3	17.4	65.6	49.8	42.9	59.4
多哥	0.567	140	368	89.1	17.6	26.3	52.5	75.8	79.4
喀麦隆	0.569	141	596	105.8	27.1	32.5	39.2	71.2	81.2
刚果（布）	0.578	143	442	111.8	14.0	46.7	51.0	67.4	72.0
布基纳法索	0.610	145	371	104.3	11.0	6.0	11.7	58.2	75.2
贝宁	0.611	146	405	86.1	7.2	18.2	32.7	68.7	73.1
毛里塔尼亚	0.617	147	602	79.2	25.2	12.2	24.5	31.0	67.7
尼日尔	0.649	151	553	192.0	17.0	4.3	8.9	67.5	90.7
刚果（金）	0.652	152	693	124.2	8.2	36.7	65.8	71.4	73.5
科特迪瓦	0.663	155	645	132.7	9.2	17.8	34.1	48.1	66.2
中非共和国	0.673	156	882	103.8	8.6	13.2	30.8	63.3	80.0

续表

国　家	性别不平等指数 数值	性别不平等指数 2017年世界排名	孕（产）妇死亡数（每100000名活产婴儿）	青少年生育率（每1000名15～19岁妇女的生育率）	议会席位比例（%）妇女占比	受过中等及以上教育人口占比（%）（25岁及以上的百分比）女性	受过中等及以上教育人口占比（%）（25岁及以上的百分比）男性	劳动人口占比（%）（15岁及以上的百分比）女性	劳动人口占比（%）（15岁及以上的百分比）男性
摩洛哥	0.678	157	587	169.1	8.8	7.3	16.4	60.8	82.5
乍得	0.708	158	856	161.1	12.8	1.7	10.0	64.8	77.6
科摩罗	—	—	335	65.4	6.1	—	—	36.0	50.2
吉布提	—	—	229	18.8	10.8	—	—	49.5	68.5
赤道几内亚	—	—	342	155.6	19.7	—	—	55.7	61.8
几内亚	—	—	679	135.3	21.9	—	—	63.0	65.4
马达加斯加	—	—	353	109.6	19.6	—	—	83.6	89.4
塞舌尔	—	—	—	56.9	21.2	—	—	—	—

注：性别不平等指数（GII）主要衡量人类发展的三个重要方面：生殖健康方面的性别不平等，以孕（产）妇死亡率和青少年生育率衡量；赋权，以女性所占议会席位的比例和25岁及以上至少接受过中等教育的成年女性和男性的比例来衡量；经济状况，以劳动力市场参与度表示，并以15岁及以上的女性和男性人口的劳动力参与率来衡量。参见 http：//hdr.undp.org/en/content/gender‐inequality‐index‐gii。

数据来源：笔者根据联合国开发计划署的性别不平等指数制作，详见 http：//hdr.undp.org/en/composite/GII。

（二）医疗卫生

非洲是疾病种类繁多的大陆之一，占世界人口15%的非洲大陆拥有世界25%的疾病发病总量，而医疗卫生方面的支出只占世界卫生总支出的约3%。[1] 在医疗卫生领域，艾滋病和疟疾是困扰非洲法语国家的主要疾病，下文将结合各国医疗支出份额、艾滋病和疟疾感染率、艾滋病发病年龄与致死率几项指标，分析非洲法语国家的医疗卫生现状。

---

[1] 胡美：《中国对非洲卫生援助的战略意义》，《中国投资》2018年第20期，第3页。

表14 非洲法语国家医疗卫生支出、新感染艾滋病人数和疟疾发病率统计

国家	2015年卫生支出（GDP的百分比）（%）	2017年新感染艾滋病病毒人口数量（人）	2017年新感染艾滋病病毒儿童数量（0~14岁）（人）	2017年艾滋病死亡人数（UNAIDS估计）（人）	2017年疟疾发病率（每1000名，易感者）
阿尔及利亚	7.06	1200	100	200	0
贝宁	3.99	4000	660	2500	367.91
布基纳法索	5.45	4300	660	2900	411.99
布隆迪	8.24	3100	690	1700	194.50
喀麦隆	5.11	28000	4500	24000	303.80
中非共和国	4.78	7700	1100	5200	387.32
乍得	4.58	5800	1300	3100	188.61
科摩罗	8.05	100	—	100	3.97
刚果（布）	4.27	15000	4800	17000	307.62
刚果（金）	3.43	7900	1700	4900	197.63
科特迪瓦	5.44	30000	3800	24000	138.86
吉布提	4.39	560	100	560	0.03
赤道几内亚	2.70	4100	540	1900	343.26
加蓬	2.68	3100	500	1300	168.87
几内亚	4.54	8100	1500	5100	336.72
马达加斯加	5.24	5300	500	1600	90.90
摩洛哥	5.80	9900	2000	6300	386.16
毛里塔尼亚	4.64	500	100	700	53.91
毛里求斯	5.54	—	—	—	—
马里	5.53	990	100	500	—
尼日尔	7.17	1700	540	1800	358.65
卢旺达	7.90	7400	860	3100	505.57
塞内加尔	3.97	1600	500	2100	64.62
塞舌尔	3.39	—	—	—	—
多哥	6.65	4900	1200	4700	370.86
突尼斯	6.74	500	100	200	—

数据来源：World Bank, Health Nutrition and Population Statistics, https://databank.worldbank.org/data/source/health-nutrition-and-population-statistics。

在医疗支出份额方面，各国对医疗卫生重视不够，具体体现在医疗卫生支出在各国 GDP 份额中占比较低（见表 14），2015 年仅有布隆迪、科摩罗、卢旺达、尼日尔和阿尔及利亚 5 国超过 7%，贝宁、塞内加尔、刚果（金）、塞舌尔、赤道几内亚和加蓬医疗卫生支出最低，均不超过 GDP 的 4%，赤道几内亚甚至不足 3%，这也反映了该地区的社会发展水平。

在疾病感染方面，感染艾滋病病毒人口居高不下，疟疾发病率高。据 2017 年新感染艾滋病病毒人口统计显示（见表 14），科特迪瓦、喀麦隆和刚果（布）3 国艾滋病问题最为严重，新感染人口高达 1.5 万人以上，且新生儿童是感染艾滋病群体的重灾区，分别为 3800 人、4500 人和 4800 人。根据联合国艾滋病规划署的估计，2017 年 3 国艾滋病死亡人数分别为 2.4 万人、2.4 万人和 1.7 万人。

疟疾是非洲高发疾病之一，非洲法语国家的疟疾发病率除个别国家外普遍较高，其中卢旺达和布基纳法索的疟疾发病率最高，分别为 50.55% 和 41.20%，科摩罗、吉布提和阿尔及利亚的疟疾发病率均低于 3‰。

2014 年以来，"埃博拉"肆虐非洲大陆，刚果（金）、刚果（布）、科特迪瓦和加蓬等法语国家也未能幸免，造成了大量民众死亡。

非洲法语国家的医疗水平和能力较低，普遍依靠医疗援助。中国积极参与非洲法语国家的医疗卫生事业，通过援建医院、提供药品和医疗设备、派遣医疗队、培训医疗人员、与非洲法语国家共同开展疾病防治交流合作等形式，支持受援国进一步改善医疗卫生条件，提高疾病防控水平，加强公共卫生能力建设。

小　结

非洲法语国家的发展正面临来自内部深层社会结构调整的要求。越来越多来自非洲的声音呼吁人口结构调整以应对庞大的劳动力队伍，主张社会结构转型以实现可持续包容发展的目标，最重要的是消除失业、贫困。这些主张正在以国家、国际组织计划和宣言的形式进行表达，成为共识，但离真正变为实践，尚需时日。关于非洲发展问题的探讨从来不缺乏理论和经验，而是缺少自主意识。作为非洲大陆上问题最严峻的地区，非洲法语国家随着法国和西方对非洲内部事务的淡化，或将迎来一个"非洲特色"的发展模式和发展时代，成为这些国家未来发展的转折。

非洲法语地区文化发展形势

夏 艳 刘国强

摘 要：独立以后的非洲法语国家十分重视文化发展，虽然不同国家的文化现状有所不同，但非洲法语区文化是法语文化与非洲文化在文学、宗教、艺术等方面从历史到现实的丰富多彩的结合体。文化不仅推动非洲法语国家逐渐进入良性循环，还唤醒了非洲人民的自觉，从而推动了非洲社会的发展。近年来，以塞内加尔为代表的非洲法语国家在推动文化产业发展的过程中不断培养人才、完善文化设施、推动文化立法、促进地方文化发展和新兴媒体发展。2018 年以来，文化资源的整合发展和现代经营构成了非洲法语国家促进社会进步的有效工具，同样也是这些国家迎接发展挑战和战胜贫困的工具。

关键词：非洲法语国家 黑人性 文化发展

作者简介：夏艳，云南大学非洲研究中心讲师；刘国强，云南大学非洲研究中心硕士研究生。

塞内加尔首任总统列奥波尔德·赛达·桑戈尔曾经多次强调"文化是发展的始与终"。独立后的非洲法语国家十分重视文化发展，文化发展不仅有利于非洲政治的稳定，而且助力非洲经济的发展。2008 年以来世界经济增速受国际金融危机影响明显放缓，非洲大陆却连续保持着高于世界平均水平的经济增长速度，一举从"绝望的大陆"变为"希望的大陆"。这其中，文化发挥着不容忽视的重要作用。2016 年 7 月著名泛非杂志《新非洲》评选出了"50 位非洲文化名人"，其中有一半以上是非洲法语国家的文化名人。这些文化名人虽然来自文学、艺术、历史、哲学等不同领域，但无一例外地都用自己的文化行动捍卫着非洲的尊严,推动着非洲政治、经济和文化的发展。他们始终心系非洲,并坚持用文化的力量改变非洲的社会生态和国际地位。

一 独立后非洲法语国家的文化发展

广阔的撒哈拉沙漠将非洲横截为两部分,即北非和撒哈拉以南非洲。二者在语言、文化、人种等方面都有巨大的差异,因而人们习惯于将非洲文化分为北非文化和撒哈拉以南非洲文化。撒哈拉以南非洲文化在构造上有自己的特点,其文化结构存在松散性,原因是不同国家的语言、生活习惯、宗教信仰、社会发展水平、生产和生活方式等差别很大。尽管差异性如此之大,撒哈拉以南非洲仍然是一个公认的相对完整独立的文化区域。它在纷繁复杂中呈现了内在统一,在多样性中呈现出了共通性。第一,部落文化是其重要特征之一,是撒哈拉以南非洲传统社会占主导地位的文化;第二,从文化传承的方式上看,撒哈拉以南非洲文化属口传文化,鲜有文字文化;第三,从文化的主体来看,传统的撒哈拉以南非洲文化以大众文化为主,精英文化发展不充分。[1] 20世纪以前非洲口传文化的主要内容是部落传说,也有关于家族的传说。著名的长篇英雄史诗《松迪亚塔》(*Sundiata*)由世袭的史官、民间艺人格里奥(Griot)等口耳相传至今,根据几内亚民间艺人的口述写成,由几内亚文学家、历史学家用法文记录并整理成书,于1960年出版,全称为《松迪亚塔》,或《曼丁人的史诗》。

殖民时期法国在殖民地实行"文化同化"政策,导致非洲人接受法语文化更彻底,但反抗也更为激烈,由此开创了非洲独立运动早期的精神内涵,并掀起了非洲独立的解放热潮。殖民宗主国的殖民政策并不相同,法国在撒哈拉以南非洲殖民地采取直接统治的政策,英国则尽量利用当地部落首领进行间接统治。法国把它在撒哈拉以南非洲的殖民地看成法国的一部分并视为

---

[1] 李保平:《论黑非洲传统文化的基本特征》,《北京大学学报》(哲学社会科学版)1993年第6期,第100页。

法国的海外省，力图全面同化殖民地社会，使殖民地在社会文化各个方面都法兰西化。而英国则视其为附属物，与英国本土有根本区别。

非洲法语区文化与非洲英语区文化的不同也由此形成。一方面，和英国较为温和的间接统治相比，法国的直接统治更加强硬，因此法语文化对殖民地人民的强制融入使其影响更深；另一方面，非洲人接受法语文化更彻底，导致其反抗也更为激烈，直至开创了非洲独立的精神要义，同时掀起了非洲独立的解放热潮。殖民地时期，撒哈拉以南非洲的文化中心是法属殖民地塞内加尔，其文化以受到法语文化深刻影响并首倡"黑人性"的塞内加尔首任总统、法兰西学院院士桑戈尔为代表。由于桑戈尔的出现，非洲人在法语文学上才获得了和欧洲人同等的地位。1966年春天，桑戈尔在首届非洲黑人国际文化艺术节朗读了他的诗歌 *Négritude*（《黑人的精神》）。首届非洲黑人国际文化艺术节获得的成功，使得非洲人对自己的文化未来充满了自信和希望。

（一）文学

在早期法国殖民时期，法语文学就像特洛伊木马一样来到非洲，呈现出一种入侵的强势合作力量与当地的没落传统被同化的复杂形态。第一部由非洲人用法语写成的小说是1920年由拉鲁斯出版社出版的《马利克的三个愿望》(*Les Trois volontes de Malic*)。这本书的作者艾哈迈迪·马巴特·迪亚涅（Ahmadou Mapate Diagne）在书中传递了一个大胆的意识形态信息，即法国各方面都优于非洲大陆，非洲人应该抛弃他们过时的信仰，勇敢地加入法国带领下的新殖民主义。殖民时期在非洲法语区发生的最重要的文化冲突是法国文化和非洲本土文化之间的冲突。然而，法国殖民者不断输出的意识形态使得非洲法语国家的传统文化无法受到应有的尊重，许多非洲人加入了诋毁他们自己历史成就的行列。[①]

[①] Kamal Salhi, "Rethinking Francophone Culture: Africa and the Caribbean between History and Theory", *Research in African Literatures* 35 (2004), pp. 9 – 29.

非洲法语国家的黑人文化在经历了近代几个世纪西方文化的扩张冲击并导致普遍衰竭变迁之后，于20世纪开始了具有现代意义的复兴与重构过程。这一过程大体以60年代西方殖民统治的结束和非洲国家独立为界，并以此分为两个阶段。独立和建国前可称为黑人自我意识觉醒的撒哈拉以南非洲文化复兴阶段。20世纪上半叶撒哈拉以南非洲文化复兴的核心主题，首先是要促成非洲黑人自我意识的觉醒，唤起殖民地社会黑人民众对于自己文化个性和文化归属的自尊与自信。① 1947年，由塞内加尔作家阿辽纳·迪奥普倡议的学术杂志《非洲存在》在巴黎问世，成为非洲法语文学崛起的标志。在这些法语作家中，桑戈尔是最重要的一位。

在文学领域，桑戈尔的最大贡献是将"黑人性"（Negritude）思想融入作品中，不仅使其逐步深入人心，也为后续的黑人文学创作指引了方向。早在撒哈拉以南非洲国家独立之前，撒哈拉以南非洲文学就在思想上受其启蒙，高扬民族自信的"黑人性"思想为政治解放做了准备。② 1949年，卢旺达作家萨维里奥·耐吉兹吉（Saverio Naigiziki）凭借其作品《卢旺达逃亡》（*Escapade Rwandaise*）获得布鲁塞尔殖民区文学奖。1952年，诗人亚历克西·卡加梅（Alexis kagame）以卢旺达口语文学格律创作了24卷法语长诗《神圣田园》（*La divine pastorale*）。4年之后，他的代表作《班图—卢旺达哲学》（*La philosophie bentu – rwandaise de letre*）问世，作者通过对大量文学、历史和哲学资料的梳理以及对班图哲学与西方哲学的比较分析，呼吁将传统班图哲学作为构架社会的思想基石。这部具有时代意义的作品使班图哲学再次被点燃了生命力，成为撒哈拉以南非洲人民去殖民化运动的思想阵地之一。③

1970年，绝大多数非洲国家完成了去殖民化的过程。我们将这一时期定义为"去殖民化时期"，此时法语文学的主基调是抨击非洲殖民统治。例如在作家塞萨尔的作品《返乡笔记》（*Cahier dun retour au pays natal*）中反对

---

① 刘鸿武：《黑非文化的现代复兴与民族国家文化重构》，《历史教学》1993年第10期，第7页。
② 夏艳：《种族主义与黑非洲文学：从传统到现代》，《外国文学评论》2011年第1期，第204页。
③ 焦旸：《论去殖民化时期黑非洲文学的发展》，《学术交流》2015年第4期，第210页。

意识形态的同化，要求回归非洲价值观。黑人意识本质上是20世纪三四十年代法语黑人知识分子创作的意识形态文学中所传达的黑人意识概念。作为对非洲文化重新评估的一部分，它鼓励人们意识到并拒绝西方在政治、社会和道德上的统治，以实现一场"有效的文化革命"。[1]

从长期来看，非洲法语文学发展并不是没有希望。去殖民化时期的撒哈拉以南非洲文学不仅是人民反对殖民统治的思想武器，而且是人们对推翻殖民统治后美好生活的向往和寄托。在去殖民化后期，撒哈拉以南非洲文学作品的思想倾向再次发生变化，它逐步摆脱了对白人文学的依附，在传承古老非洲文明的基础上，在与西方文化的碰撞中，实现了文学跨国度的横向联合和跨历史的纵向飞跃，淳朴而厚重的黑人文明与严谨而思辨的白人文化交织融汇，在世界文学百花园中绽放。

（二）宗教

早期非洲法语地区的传统宗教是非洲人的精神寰宇和文化身份的重要标识，它对非洲人的生活和居住在非洲大陆之外的黑人及其后裔都产生了巨大而又深远的影响。撒哈拉以南非洲的宗教相信死亡意识和循环轮回。他们认为家庭和部落中死去的人的幽灵可以从地下世界钻出来，借助于动物或植物等外在介质，从而在生者的世界里继续活动，并会在家庭或部落遇到危险时通过梦境等一系列征兆来不断影响今人做出选择。他们认为死去的人离活着的人并不太远，后者就像大群的见证人时刻注视着自己的家族和与家族有关的每件事，如家族成员的健康和繁衍。非洲的许多民族都相信死者会以托梦或灵魂的形式重返人间。因此，非洲传统宗教的影响已经根深蒂固地存在于非洲人心里。

公元7世纪以前，传统宗教在非洲一直处于一统天下的地位。进入7世纪中叶，伊斯兰教传入非洲后虽然对传统宗教产生了一定冲击，但传统宗教

---

[1] Kamal Salhi, "Rethinking Francophone Culture: Africa and the Caribbean between History and Theory", *Research in African Literatures* 35 (2004), pp. 9–29.

的主导地位未发生动摇。基督教在撒哈拉以南非洲的传播始于15世纪中叶"地理大发现"之后。1493年5月，教皇亚历山大六世发表通谕，赋予葡萄牙在非洲大陆传教的特权，由此揭开了基督教在非洲传播的帷幕。伊斯兰教和基督教的传播，不可避免地会对以传统信仰为内核的非洲价值观构成冲击和影响。就宗教环境而言，传统宗教面临的挑战主要来自外来宗教。原因在于，非洲传统宗教是一种没有经书典籍的口头文化（oral culture），基督教和伊斯兰教在影响或改变非洲人观念的同时，也在一定程度上侵蚀了传统宗教的活力与特性。

在非洲，不论是伊斯兰教还是基督教都经历了一个吸收传统宗教因素，走本地化道路的过程。近几百年来，尽管撒哈拉以南非洲地区受阿拉伯伊斯兰文化和欧洲文化的影响，近半数的黑人信奉了伊斯兰教或基督教，但由于社会结构和文化水平的制约，很多人在信仰一神教的同时并没有放弃原始多神教，而是以原始宗教的观念理解伊斯兰教和基督教，使其与原先信仰的原始多神教产生奇妙结合。撒哈拉以南非洲人信仰的基础，仍然是传统的以祖先崇拜、鬼魂信仰、巫术图腾为特征的原始多神教。① 伴随着伊斯兰教和基督教的传播，外来文化及其价值观念已经程度不同地渗透到当今非洲人生活的诸多领域。外来宗教对传统宗教的侵蚀亦显而易见，但需要指出的是，伊斯兰教和基督教在任何一个非洲国家都未能真正取代传统宗教，它们更多是与传统宗教相融合。

在非洲近现代史上不时发生的宗教改革运动和宗教净化运动便印证了基督教和伊斯兰教在非洲的本地化过程。诚然，外来宗教在与非洲传统相融合的过程中亦保持其固有特点，但不容置疑的事实是，伊斯兰教和基督教在本地化过程中都不同程度地吸纳了非洲传统宗教或是民间文化的许多方面，诸如占卜、魔法、巫术和妖术等传统信仰。在以独立教会著称的非洲"新宗教运动"中，不仅在崇拜、牧职、修灵、礼仪和音乐等方面都融合了非洲元

---

① 王向远：《黑非洲文学的区域性特征简论》，《苏州科技学院学报》（社会科学版）2012年第3期，第42页。

素，而且在以往由白人把持的神学领域也出现了"非洲化"趋势，并涌现出了一批具有国际影响的非洲神学家。塞拉利昂学者哈里·索耶尔（Harry Alphonso Ebun Sawyerr）、刚果（金）学者贝内泽·布琼（Benezet Bujo）、喀麦隆学者安格伯特·姆旺格（Engelbert Mveng）等人在关于非洲神学的论述中都强调，宗教信仰必须回应非洲人的生活状况，必须根植于真正的非洲文化处境之中，必须与非洲传统宗教相结合。[1] 外来宗教的影响和冲击既没有改变传统价值观念的内核，也没有动摇其在非洲人心目中的地位。一方面这是基于文化传承的惯性和民族自尊心，另一方面还在于外来宗教一经传入便程度不同地与非洲悠久的文化传统相互影响或相互融合。

（三）艺术

非洲法语国家大部分位于撒哈拉沙漠以南的非洲地区，在这块辽阔的土地上诞生了木雕、面具等多种艺术表达形式。非洲传统艺术是极其独特且富有魅力的，它是非洲古代文明的重要组成部分，也在世界范围内形成了独具一格的风格。非洲传统艺术形式经过长期演变和历代工匠的经验积累，形成了敦厚、简洁、洗练的定型化特征，鲜明地反映了非洲的民族艺术特质以及不同地域孕育的不同艺术文化和表现形式。[2] 非洲的艺术之所以独特，源于它的地域文化、民族特征及宗教信仰、图腾崇拜等民族精神象征。作为非洲传统文化和传统政治文化的重要内核，传统宗教和非洲人的道德伦理、生活习俗关系密切，是他们探讨人与自然、社会、神灵之间关系及其和谐相处的工具。自然崇拜、祖先崇拜、图腾崇拜、部落神崇拜等，是非洲传统宗教信仰的主要内容，其核心是万物有灵和祖先崇拜。长期以来，非洲传统社会一直处于无文字的状态，神话传说、史诗、谚语等口传文化，舞蹈、音乐、绘画、服装、面具、文身、仪式等其他各种非语言非文字方式，是非洲人进行

---

[1] 张宏明：《传统宗教在非洲信仰体系中的地位》，《西亚非洲》2009年第3期，第16页。
[2] 王雪垠、解基程：《浅析黑非洲传统艺术中图案的纹样与色彩》，《品牌》2015年6月，第131页。

信息传递、人际交往和文化承传的重要手段。①

　　非洲大陆原始时期的艺术作品都是反映风俗、部落、宗族的集体作品。灵性在原始艺术中占据重要地位。大多数工艺品在精神生活和物质生活中占据主宰地位。许多面具被用作护身符或者是与祖先沟通的媒介。后来，殖民者的入侵带来了殖民者所在国的艺术，打破了原有的黑人文化模式。这一时期出现的艺术作品受到了殖民观念的影响，美学体现得尤为明显。以刚果（金）艺术发展历程为例，这一时期的刚果（金）艺术家们已经失去了创作表现部落生活的艺术作品的敏感性和自由。在经过长期的奴役和殖民之后，非洲迎来了20世纪60年代的独立，大多数非洲国家获得了独立。紧随而来的是一场由非洲思想家组成的泛非组织发起的文化革命运动，他们的目的是还原被西方人篡改的历史真相。②

　　西方殖民者的入侵，使刚果（金）的民族文化横遭摧残，大量艺术珍品被掠往西方国家或流散到世界各地。蒙博托·塞塞·塞科（Mobutu Sese seko kukungwendo Wazambanga）是刚果（金）艺术事业的推动者，他非常重视和支持刚果文化的发展。刚果（金）独立后，特别是20世纪70年代初，蒙博托提出恢复和发扬民族"真实性"的口号，采取了一系列发展民族文化和消除殖民影响的措施，重视发掘和推广民族文化遗产。1967年实施的第一份文案宣告了人民革命运动的诞生。这条法令的宗旨是保护和修复刚果（金）古迹及国家民俗。蒙博托时期出现了不少知名艺术家，当时国家最重要的举措就是推广扎伊尔文化政策。1974年艺术家们聚集在一起，成立了一个叫作"先锋组织"的艺术流派，目的是将古老美学资源和现代刚果艺术融为一体。因此，这一流派下的艺术作品都带有"班图"标签。对于刚果（金）的各个部落来说，艺术是一代代传承下去的财富。进入后蒙博托时期，刚果（金）的艺术出现停滞僵化的局面。艺术不再像从前那样得

---

① 隋立新：《传统宗教文化视阈下的非洲面具艺术》，《艺术科技》2016年第5期，第203页。
② 段建国：《刚果（金）的雕刻及雕塑艺术家》，《美与时代》2008年第2期（上半月），第17页。

到总统和政府的资金支持,成了资助的"弃儿"。另外,刚果(金)东部地区发生的政治冲突,导致政治格局动荡不安,在一定程度上阻碍了国家的发展,尤其是造型艺术的发展。政乱平息一段时间之后,刚果(金)的艺术家和思想家多次出国访学,刚果(金)艺术渐渐走出国门。后来,新的艺术媒介逐渐影响了刚果(金)。[1] 所以,这一时期刚果(金)艺术发展的重点就是走出国门,在世界舞台上传播除了大众画派、先锋画派和传统画派之外的其他艺术形式。

总之,撒哈拉以南非洲包括非洲法语国家和地区的艺术是非洲人民的宝贵遗产。其艺术形式多种多样,在社会生活中表现当地的风土人情;在创作上注意装饰和实用相结合;在艺术构思上突出夸张想象和奇特造型,以及粗线条的勾勒,从而形成一种具有独特风格的民族艺术。正因如此,它那稚拙、朴素和强烈的表现力在20世纪初引起欧洲艺术家们的注意,并对西方现代艺术家及其艺术的发展产生了相当大的影响。[2]

二 近年来非洲法语国家文化发展概况

文化长久以来一直都是法国外交影响力的核心。2013年7月,法国外交部长法比尤斯就法国21世纪对外文化新政做了进一步解读。法比尤斯认为,在法国没有文化寸步难行,对于外交也一样。法国是最早有意识地将文化作为外交辅助手段的国家之一。2013年是法语联盟成立130周年,自成立以来,它一直是法国推广法语的主要执行机构,是法国海外法语教学的主力军。如今,推广法语依旧是法国文化外交的基石。面对非洲人口的逐年增多,法比尤斯强调,法语在非洲的影响力将随着当地人口的增长而提高,讲

---

[1] 泰索:《刚果雕塑艺术如何面对全球化的影响》,硕士学位论文,中国美术学院,2016,第12页。
[2] 王雪垠、解基程:《浅析黑非洲传统艺术中图案的纹样与色彩》,《品牌》2015年6月,第131页。

法语的人数也将从现在的2.2亿人增至7亿人。①数字化的普及使得法国对外文化推广有了新方向，为了更有效地传播法语，使人们对法国有更为直接、形象的认识，自20世纪80年代以来，法国逐渐建立了一个覆盖全球五大洲的对外视听网络。"无形"的视听网络与法语联盟、文化中心和学院等构成的"有形"的文化网络相辅相成。然而，客观而言，近年来预算不足影响法国文化外交的影响力。法国外交部对外行动预算一直处于下降趋势，根据法国公共财政计划，2018～2020年外交预算将减少5.9%，2019年文化和影响力外交预算将下调0.6个百分点。②

2016年作为"非洲记忆的传承人"和"现代化的生产者"被评选出来的"50位非洲文化名人"中，有一半以上是非洲法语文化名人。其中塞内加尔历史学家马马杜·迪乌夫（Mamadou Diouf）是著名的后殖民主义学者，以对非洲尤其是对以塞内加尔为首的非洲法语国家后殖民史的学术研究而著称。迪乌夫毕业于巴黎一大，获历史学博士学位，曾先后在达喀尔大学和美国密歇根大学任教，自2007年起担任纽约哥伦比亚大学国际和公共事务学院非洲研究中心主任。迪乌夫继承了爱德华·萨义德的"东方主义"思想，致力于通过后殖民主义研究打破东西方话语权的不平衡，推动全社会对文化多样性的尊重，从而促使非洲早日实现政治、经济的自主和全面发展。

贝宁艺术史学家玛莉-塞西尔·津苏（Marie-Céline Zinsou）是贝宁前总理、著名金融学家莱昂内尔·津苏的女儿和前总统埃米尔·德兰·津苏的侄女，其家族因埃米尔的垮台而在20世纪70年代被迫离开贝宁。津苏在法国出生并长大，但从小便听闻父母讲述自己的祖国。2003年，在获得巴黎美国大学艺术史文凭后，津苏申请去贝宁SOS儿童村任教，并感受到当地孩子们

---

① 中国文化报：《法国21世纪对外文化新政又有新动向》，2013年7月25日，中国文化网，http://cn.chinaculture.org/portal/pubinfo/200001003005/20130725/d04fa643dc174bdd88de090ae109fdd5.html。
② 张黎：《法国与非洲国家文化产业合作述评》，《法语国家与地区研究》2019年第2期，第45页。

对艺术的热爱，然而艺术资源的极度匮乏让他们甚至没有机会观看一场真正的展览。受此触动，津苏于2005年在科托努自筹资金成立津苏基金会，致力于促进当地艺术教育的发展。十年来，津苏基金会举办了近百场公益性艺术展览，在全国开设了六所图书馆，并于2013年在贝宁历史名城维达成立了撒哈拉以南非洲（南非除外）第一座非洲现代艺术博物馆。

喀麦隆策展人、作家和艺术评论家西蒙·贾米（Simon Njami）是著名的非洲当代艺术杂志《黑期刊》（*Revue Noire*）的创始人之一，也是第一批在国际舞台上推广非洲当代艺术家的策展人。他在2001~2007年连续多年担任巴马科非洲摄影双年展艺术指导，2004~2007年策划的大型非洲当代艺术展"非洲的再混合"（Africa Remix）先后在德国、英国、法国、日本、瑞典和南非成功展出，2007年策划了威尼斯双年展第一座非洲馆，2008年参与组织在约翰内斯堡举办的全球首次非洲当代艺术博览会，2014~2015年在德、美两国成功策划了由40位非洲艺术家参加、以但丁史诗《神曲》命名的展览，2016年担任第12届达喀尔双年展艺术指导。

进入21世纪，法国文化在外交上继续得到重视并不断完善，非洲法语国家的文化也在不断丰富的过程中得到发展，不同的国家在文化的不同方面呈现出不同的现状和特点，可谓多姿多彩。

（一）刚果（金）

刚果（金）是非洲面积第二大的国家，人口8130万（2017年），曾是比利时的殖民地，语言政策和语言习惯受到比利时法语的影响。独立后的刚果（金）选择了法语来消除部族主义和多元化语言。

刚果（金）的口头文学源远流长，内容包括谚语、格言、寓言、诗歌、民间故事和历史传说等。20世纪20年代由比利时学者整理出版的《丛林故事集》和《非洲故事集》等书，是刚果（金）口头文学的集大成之作。此外，刚果（金）的爵士乐一直以来享誉非洲和世界。刚果（金）爵士乐起源于20世纪50年代在金萨沙等城市流行起来的管弦乐。60年代末，吸收了通俗音乐、迪斯科音乐和当地多种乐风演变而成的"苏库马"摇滚乐逐渐成为刚果（金）爵士乐的主流。刚果（金）的舞蹈艺术也在世界上享有盛誉。刚果（金）几乎人人都会跳舞，舞蹈已经融入刚果（金）的大街小巷，舞蹈也展现出了刚果（金）人乐观豁达的天性。[1]

刚果（金）历史文化较为悠久。其丰富多彩的民间文艺，精美绝伦的铜雕、栩栩如生的木雕和别具一格的面具等，堪称世界艺术宝库中的珍品。[2]刚果（金）最知名的是传统木雕艺术，金沙萨的著名木雕家有90多人、铜雕家有20多人，其中包括著名雕塑家思图巴（Kamanda Ntumba）、木雕铜雕和石雕家恩吉纳莫（Nginamau）、铜雕家里耀娄（Liyolo）等人。刚果（金）的雕塑既有社会功能，也有审美价值。刚果（金）艺术家用这些简单的工具，依靠自己独具的匠心和灵巧的双手，创造出了各种各样具有地方风味和民族特色的木雕作品。刚果（金）的库巴族、邦德族、雅卡族等部族留下了数千件面具和雕像艺术品，这些历史文化遗产对刚果（金）现代雕塑艺术的发展有着深远的影响。[3]

刚果（金）是非洲第二大基督教国家，也是非洲拥有天主教徒人数最多的国家。由于在殖民历史中受传教士的影响，当今大多数刚果（金）人将天主教作为他们信仰的主要宗教，全国超过一半的人口是天主教徒。罗马天主教会作为一个有组织的宗教团体在刚果（金）国内非常活跃。刚果（金）的天主教会掌控着国内许多学校、医院和基金会。[4]此外，天主教会在刚果（金）政坛中占据着举足轻重的地位。争端四起时，它们是和平的呼吁者；党派僵持时，它们是调解者和润滑剂；为民主、正义而斗争时，它们是组织者和先锋队；民主化进程中，它们是恪尽职守的监督者。教会不仅是政府力量的调停者，还在执政党与反对派就选举时间及权力交接等问题僵持不下时

---

[1] 李智彪：《列国志·刚果民主共和国》，社会科学文献出版社，2004，第252~258页。
[2] 参见 https://www.fmprc.gov.cn/web/gjhdq_676201/gj_676203/fz_677316/1206_677680/1206x0_677682/。
[3] 段建国：《刚果（金）的雕刻及雕塑艺术家》，《美与时代》2008年第2期（上半月），第18页。
[4] 参见 https://www.everyculture.com/Bo-Co/Democratic-Republic-of-the-Congo.html。

进行斡旋，主持两派之间的对话。可以说，刚果（金）的教会在公共领域的影响力、政教关系中的地位、宗教领袖的威望以及教会自身的势力上，都使其成为刚果（金）政治舞台上一支不容忽视的重要力量。未来，教会依然是刚果（金）政治生活中一支举足轻重的力量，在刚果（金）政治发展中起到其他因素不可比拟的调和及推进作用。①

姆万扎·穆吉拉（Fiston Mwanza Mujila）于1981年出生于刚果（金）的卢本巴希，是一位诗人和剧作家，在卢本巴希大学攻读文学与人文科学之前，曾在天主教学校学习。姆万扎·穆吉拉现居奥地利格拉茨，正在攻读浪漫语言博士学位。他的作品获得了无数奖项，包括2010年贝鲁特第六届法语国家音乐学院金奖（Gold Medal at the 6th Jeux de la Francophonie）以及2010年最佳文剧剧院奖（Best Text for Theater）。他的小说《电车83》（*Tram 83*）获得2014年法国之声奖学金（French Voices 2014），2016年又获得德国国际文学奖。正如他在一首诗中描述的那样，他的文本描述了一种对和平、自由和面包的渴望。② 2019年10月20日至11月21日首届青年刚果（金）双年展在金沙萨举行，来自刚果（金）和散居国外的年轻艺术家们为促进新艺术网络的发展献计献策。③

（二）刚果（布）

刚果（布）的现代文学颇有声望，涌现出了一批著名作家，并在国际上多次获奖。刚果（布）历史上只有口头民间文学，第二次世界大战前夕才开始出现知识分子用法语书写的文学作品。较有影响的作家是契卡亚·德·鲍埃比尔（Tchicaya de Boepire）和莫里斯·巴唐比卡（Maurice Battambica）。

---

① 郭佳：《基督教会在非洲国家政治危机中的角色评析——基于刚果（金）的个案研究》，《世界宗教文化》2018年第3期，第36页。
② 参见 http://frenchculture.org/books-and-ideas/authors-on-tour/6694-fiston-mwanza-mujila。
③ 《青年刚果（金）双年展》，https://prohelvetia.org.za/en/2019/08/19/young-congo-biennale/。

让·马龙加（Jean Malonga）在 1954 年发表的小说《姆弗姆·马·马皂诺传奇》开创了黑人文学风格的新道路。另一位先驱作家契卡亚·尤·唐西（Tchicaya U Tam'si）是撒哈拉以南非洲最伟大的诗人之一。①

第二次世界大战后，刚果（布）作家用法语、班图语和佛兰德语撰写了各种不同类型的文学作品。该国最著名的两位作家是瓦伦丁-伊夫·穆丁布（Valentin-Yves Mudimbe）和安托万-罗杰·博兰巴（Antoine-Roger Bolamba），他们是专门研究民间传说和神话的诗人和社会学家。② 传统的刚果（布）音乐伴随着一系列活动，包括长时间的表演，并经常与观众互动。20 世纪 80 年代布拉柴维尔与金沙萨一起，创造出被称为刚果音乐或伦巴舞的当代非洲音乐。这种流派将传统的非洲节奏和乐器与其他文化的乐器混合在一起，在整个非洲乃至全世界广受欢迎。③

泛非音乐节总部位于布拉柴维尔，创办于 1998 年，每两年举办一届，由刚果（布）政府主办，旨在推广并发展非洲音乐和文化。2017 年在布拉柴维尔举办的泛非音乐节组织了若干场活动，音乐表演会集了非洲音乐的优秀人才。④

刚果（布）的传统艺术包括面具、木制雕像、库巴王国艺术、纺织品和编织艺术。刚果（布）生产陶器、篮子、藤条、木制家具、纺织品和木雕。最流行的雕刻是逼真的人物形象。其中，用钉子或金属片刺穿的动物或人物雕刻被用于巫师进行的仪式。刚果（布）的面具种类繁多，面具由雕刻的木质底座制成，饰有各种材料，如贝壳、珠子、羽毛、动物皮、高岭土和植物纤维等，刚果（布）被认为是非洲传统艺术的中心。

法籍刚果（布）裔作家阿兰·马班库（Alain Mabanckou）被《新非洲》评为 2019 年度 100 位最具影响力的非洲人之一。自 2006 年以来他一直在加州大学洛杉矶分校教授法国和非洲文学。他 1966 年出生于刚果（布）黑角，

---

① 张象、车效梅：《列国志·刚果》，社会科学文献出版社，2005，第 235 页。
② 参见 http://journeymart.com/de/congo-republic/culture.aspx。
③ 参见 https://www.britannica.com/place/Republic-of-the-Congo/Cultural-life。
④ 参见 https://www.fespam.africa/apropos。

是 2006 年的雷诺多文学奖得主，2012 年他的全套作品获得法兰西学院大奖。① 2018 年马克龙还曾邀请他一起为法语推广献计献策。

（三）科特迪瓦

科特迪瓦旧称象牙海岸，是一个文化多元的国家。木雕是科特迪瓦最普遍和最常见的艺术品。科特迪瓦的木雕人像在非洲相当出名，表现手法具有科特迪瓦人特有的生活韵律和气质，粗犷夸张、抽象变形、线条简洁都超越常规。② 科特迪瓦传统音乐的特点是一系列的旋律和节奏同时发声，没有一个占主导的音乐和节奏。音乐已经融入科特迪瓦人的日常生活，死亡、婚姻、出生等都用音乐庆祝。

木雕面具也是科特迪瓦木雕艺术的杰出代表之一。科特迪瓦的面具兼具多样性和复杂性，它构思新颖，造型生动，风格原始质朴，其他非洲国家无法与之相提并论。科特迪瓦的面具被认为具有某种"灵性"，它们主要象征较小的神灵或死者的灵魂，因而被认为是神圣的，并具有一定的危险性。人们相信每个面具都有灵魂或生命力量，当一个人的面部与面具内部接触时，该人就被视为面具所代表的实体。因此，只有某些有权势的人才能拥有，并且只有经过特殊训练的人才可以佩戴，其他人佩戴仪式面具是危险的。③ 科特迪瓦盛产象牙，因此象牙雕刻也是科特迪瓦自古以来就非常流行的艺术品。

近几十年来，科特迪瓦涌现出了一批很有成就的当代艺术家。摄影师阿纳尼亚斯·雷基·达戈（Ananias Leki Dago）、雕塑家克里斯蒂安·拉蒂尔（Christian Lattier）曾获得达喀尔"世界黑人艺术节"大奖。目前，阿比让的国家象牙海岸博物馆收藏了 19 件拉蒂尔的雕塑。

科特迪瓦有着丰富多彩的音乐，在不同的部落和地区有着不同的音乐风

---

① 《2019 年最具影响力 100 名非洲人之一》，https：//newsroom. ucla. edu/dept/faculty/professor - 2019 - most - influential - africans。
② 张林初、于平安、王瑞华：《列国志·科特迪瓦》，社会科学文献出版社，2004，第 188 页。
③ 参见 https：//en. wikipedia. org/wiki/Culture_ of_ Ivory_ Coast。

格。此外，科特迪瓦的传统音乐融入了许多西方音乐风格，同时西方的音乐也"科特迪瓦化"了，形成了多元音乐。

科特迪瓦当代艺术较为发达，其现代文学有小说、诗歌、戏剧等，其中小说占主要地位。约瑟·格博（Josué Guébo）出生于 1972 年，是科特迪瓦的短篇小说作家、剧作家、散文家和儿童文学作家。作为非洲当代诗歌的主要人物，他的诗集《想念兰佩杜萨岛》（Songe à Lampedusa）赢得了 2014 年契卡亚·尤·唐西（Tchicaya U Tam'si）非洲诗歌奖。格博于 2011～2016 年担任科特迪瓦作家协会主席。托德·弗雷德森是诗集《十字绣块》（The Crucifix - Blocks）的作者，也是法语西非文学的翻译者。2017 年他翻译的约瑟·格博的诗集《想念兰佩杜萨岛》由内布拉斯加州出版社出版。①

（四）吉布提

吉布提是一个多民族国家，索马里语、阿拉伯语和法语是该国的三种官方语言。伊斯兰教是吉布提的官方宗教，在该国有一千多年的历史。大约 94% 的居民信仰伊斯兰教，其余 6% 的居民是基督徒。讲索马里语的伊萨（Somali-Issa）族和讲阿法尔语的阿法尔（Afar）族是吉布提最大的民族。② 吉布提有着悠久的诗歌传统，诗歌通常围绕歌、赞美和浪漫等主题创作。③ 此外，吉布提还有历史悠久的伊斯兰文学传统。

很多吉布提的原创艺术都是通过口头传承的，其形式主要为歌曲。传统的阿法尔音乐类似于埃塞俄比亚等非洲之角其他国家的民间音乐。吉布提游牧民族的诗歌和歌曲记录着吉布提的历史，可追溯到数千年前，当时吉布提人用生皮和香料交换古埃及、印度和中国的香水和香料。此外，吉布提的口传文学也很有音乐性。它包括婚礼歌曲、战争和赞美诗。④ 索马里族拥有以索马里传统民间传说为文本的丰富音乐遗产。巴尔沃（Balwo）是一种以爱

---

① 参见 https：//blackbird. vcu. edu/v15n2/poetry/guebo - j/index - guebo. shtml。
② The World Factbook，"Djibouti，" February 5，2013.
③ Mohamed Diriye, Abdullahi, *Culture and Customs of Somalia*, Greenwood Press, 2001, pp. 75 - 76.
④ "Djibouti - Culture Overview"，*Expedition Earth*，February 27，2004.

情为主题的索马里音乐,在吉布提很受欢迎。① 2018 年非洲之角音乐节是吉布提在每年 12 月中旬举办的特别的音乐庆典,以不同类型艺术家的表演为特色。该活动旨在引起全球对非洲之角音乐的关注。该活动不仅有助于促进非洲文化,而且有助于为促进和平与发展的价值观提供平台。②

2019 年 3 月 28 日,由中国作家协会主办、鲁迅文学院承办的第四届国际写作计划在北京开幕,吉布提作家切赫·瓦塔朗诵了自己的作品,使文学在不同的文化和语言体系中彰显崭新的生命力。③

(五)乍得

乍得是一个宗教多元化的国家。根据皮尤研究中心 2010 年的数据,乍得 55.7% 的人口是穆斯林,22.5% 是天主教徒,另有 17.6% 是新教徒。④ 穆斯林主要集中在乍得北部和东部,泛灵论者和基督徒主要居住在乍得南部和盖埃拉(Guéra)。乍得宪法规定宗教自由并且不同的宗教团体并存。乍得的官方语言是阿拉伯语和法语,但有超过 100 种的方言,其中乍得阿拉伯语已成为一种通用语言。乍得拥有 200 多个不同的民族。⑤ 萨拉人和阿拉伯人是乍得最大的两个民族。

乍得是一个有着古老文化传统的国家,由于人种和语言种类繁多,因此拥有丰富的音乐、舞蹈、岩画、木雕等艺术遗产。乍得的音乐使用一些不寻常的乐器:如金德(Kinde)是一种弓形的琴,Kakaki 是一种长锡喇叭,Hu Hu 是一种使用葫芦作为扬声器的弦乐器。其他乐器及其组合更多地与特定

---

① Mohamed Diriye Abdullahi, *Culture and Customs of Somalia*, Greenwood Publishing Group, 2001, pp. 170 – 172.
② 参见 https://www.musicinafrica.net/directory/festhorn – music – festival.
③ 王觅:《第四届国际写作计划在京开幕》,2019 年 3 月 28 日,中国作家网,http://www.chinawriter.com.cn/n1/2019/0328/c403993 – 31001385.html。
④ "Table: Christian Population as Percentages of Total Population by Country", Pew Research Center, April 16, 2018.
⑤ "Background Note: Chad Archived 18 January 2017 at the Wayback Machine", United States Department of State, September 2006.

种族群体联系在一起,例如萨拉人喜欢口哨、竖琴和鼓。① 音乐团体查里爵士(Chari Jazz)于1964年成立,带动了乍得的现代音乐。此外,非洲旋律(African Melody)和查拉尔国际(International Challal)等知名团体试图将现代性和传统融为一体。到1995年,人们开始有兴趣发展并促进以乍得艺术家为主体制作的CD和录音带的发行。盗版和对艺术家权利缺乏法律保护,仍然是乍得音乐产业进一步发展需要关注的问题。

与其他萨赫勒国家一样,乍得文学经历了经济、政治的干扰和精神的干旱,并影响到著名作家。乍得作家被迫流亡,产生了以政治压迫和历史话题为主题的文学。自1962年以来,20位乍得作家撰写了大约60部小说作品,其中最具国际知名度的作家有约瑟夫·卜拉欣·赛义德(Joseph Brahim Seïd)、巴巴·穆斯塔法(Baba Moustapha)、安托万·班吉(Antoine Bangui)和库尔西·拉姆科(Koulsy Lamko)。2003年,乍得唯一的文学评论家艾哈迈德·塔博耶(Ahmat Taboye)出版了《乍得文学选集》(Anthologie de la littérature tchadienne),使外界能够进一步了解乍得的青年文学,并弥补了乍得文学出版社和宣传机构的缺失。②

乍得导演马哈曼特 - 萨雷·哈隆(Mahamat-Saleh Haroun,1961 -)是乍得历史上第一位电影导演,也是为数不多的享有国际声誉的非洲导演。他毕业于法国自由电影学院,此后在波尔多技术学院学习新闻学,曾当过新闻记者,20世纪90年代初期投身电影创作后佳作不断,先后执导了《来自纽约的信》《再见非洲》《爸爸出走了》《旱季》《尖叫的男人》《格里格里》《希赛因,一个乍得悲剧》等多部影片。其作品多以乍得1965~1979年内战或全球化为背景,关注非洲历史和社会现实,获得了国际社会的广泛认可,其中《再见非洲》获第56届威尼斯电影节最佳导演处女作奖,《旱季》获第63届威尼斯电影节评委会特别奖及第20届瓦加杜古泛非电影电视节铜马

---

① "Chad: A Cultural Profile", October 1, 2006.
② Debra Boyd-Buggs, Joyce Hope Scott, *Camel Tracks: Critical Perspectives on Sahelian Literatures*, Lawrenceville: Africa World Press, 1999, pp. 12, 132, 135.

奖和最佳摄影奖,《尖叫的男人》获第 63 届戛纳电影节评委会奖和第 67 届威尼斯电影节罗伯特·布列松奖。2011 年,哈隆受邀担任第 64 届戛纳电影节评委。2013 年,联合国教科文组织向哈隆颁发了费德里科·费里尼奖章,以表彰他在电影领域的突出贡献。2019 年卢克索非洲电影节(LAFF)主席兼编剧赛义德·福阿德(Sayed Fouad)在第八届电影节上宣布,LAFF 决定表彰乍得导演马哈曼特－萨雷·哈隆对非洲电影的贡献,向世界展示了非洲电影在国际上的地位。①

三 非洲法语国家文化发展趋势——以塞内加尔为例

塞内加尔文化底蕴深厚,首都达喀尔早在殖民时期便是法国西非殖民地首府,被打造成西部非洲的政治、文化和新闻中心。1960 年塞内加尔独立后,桑戈尔便提出"文化是发展的始与终"。在其任内,塞内加尔文化拨款曾一度占国家财政预算的 10%,文学、音乐、舞蹈、戏剧、造型艺术等各个门类获得空前发展,吸引了众多非洲乃至欧美艺术家前来交流、创作,举办展览和演出,塞内加尔也由此成为撒哈拉以南非洲的文化高地。1966 年首届非洲黑人国际文化节在塞内加尔召开,桑戈尔朗读了他的诗歌,艺术节的成功标志着非洲人对自己的文化及未来充满了自信和希望。20 世纪 90 年代,塞内加尔爆发严重经济危机,政府大幅缩减文化开支,高度依赖政府财政拨款的文化行业饱受冲击。近些年来,受全球金融危机影响,文化行业更是步履维艰。2010 年 12 月第三届非洲黑人国际文化节在塞内加尔举办,承载着塞内加尔成为非洲有影响力的大国、世界黑人文化领导者的强烈愿望。非洲黑人国际文化节的目的是探索黑人世界的物质和非物质文化遗产,重申艺术节和知识分子在非洲复兴过程中的作用。2012 年,马基·萨勒总统执政后提

---

① 《LAFF 向乍得董事 Mahamat‐Saleh Haroun 致敬》,http://cncc.bingj.com/cache.aspx?q=mahamat‐saleh+haroun&d=5012609263339712&mkt=en‐US&setlang=en‐US&w=Qq52z2iNRNnneK2‐MrQo1bcX_L9BTEwl。

出"塞内加尔振兴计划",受到国际社会广泛关注和支持,文化领域开始显现出新的发展趋势。

(一)推动文化产业发展

长期以来,塞内加尔文化高度依赖政府财政拨款,寻求企业赞助,或向驻塞内加尔国际组织和外交使团化缘,文化热度虽然很高,但是文化产业发展滞后,文化从业者普遍生存困难。近年来,随着国际文化产业热的兴起,塞内加尔文化界开始重新思考行业出路,意识到政府无法为整个行业发展买单,文化自主化、产业化乃是长久之计。2015年4月,塞内加尔文化和新闻部(简称"文化部")艺术司司长昆杜尔在就任后接受采访时表示,政府将通过加强培训等方式支持文化发展,但艺术家们需要养成"企业思维",摒弃"求助逻辑"。5月,塞内加尔文化部和旅游部共同发布《2015·国家文化和旅游日程》,详细梳理遍布全国的重要文化场所、历史遗迹和文化活动,以促进文化繁荣和重振旅游经济。6月,塞内加尔艺术和文化节推广协会在联合国教科文组织达喀尔代表处举办以"寄望文化"为主题的研讨会,与会的文化部和促进投资部代表及文化界人士纷纷呼吁大力发展文化产业,实现"文化产品和服务效益化",培养文化企业的自我造血功能,并要求政府为文化企业的发展提供政策、服务和资金支持。

目前,塞内加尔官方和文艺界关于文化产业的讨论方兴未艾,政府作为文化管理者的角色与责任被进一步厘清,文化行业显现出产业化发展的良好势头。

(二)培养人才、完善文化设施

塞内加尔历任总统均高度重视文化基础设施建设,前总统瓦德更是将自己的文化政策概括为"文化工程",在任期间先后修建了非洲纪念广场、非洲复兴纪念碑、国家大剧院等大型基础设施。达喀尔拥有剧院、广场、画廊、博物馆和文化中心等各种文化活动场所,极大地促进了当地文化繁荣。

然而，重建设、轻维护、疏管理的现象导致文化设施使用率低下，这一方面是因为后续维护资金不到位，另一方面则是因为相关管理和技术人才的缺乏。因此近年来，塞内加尔政府在加强文化基础设施建设的同时，大力培养文化管理和技术人才。在加大力度支持国立艺术学校、达喀尔大学艺术与文学高等学院及圣路易大学文明、宗教和艺术学院发展的同时，积极举办各类短期文化艺术、灯光、音响和舞台监督培训班，特别是通过开展国际合作，培训急需的文化管理和技术人才。

1990年出生的穆罕默德·姆布加·萨尔（Mohamed Mbougar Sarr）是一位年轻的塞内加尔法语作家，已经成为法语文坛的一颗新星。他在2018年2月出版的第一部小说《塞因特土地》（Terre Ceinte）获法国之声奖（The French Voices Awards）。24岁时，他的第一部小说《塞因特土地》就在日内瓦的非洲书展上获得了艾哈迈杜·库鲁马奖（Ahmadou Kourouma Prize）；[1] 2015年，姆布加的处女作赢得了当年梅蒂斯小说大奖（the Grand Prix of the 2015 Métis Novel）。[2] 他的《心灵的沉默》（Silence of the Heart）一书荣获2018年世界文学奖，成为该奖项最年轻的获奖者。[3]

（三）推动文化立法、维护从业者权益

由于经济长期低迷，塞内加尔文化也随之进入寒冷的冬天，这使本就脆弱的文化艺术品市场进一步萎缩，"如何以艺术为生"成为困扰近50万名文化从业者的现实问题。为此，塞内加尔政府采取一系列措施，加强文化立法，加大文化援助力度，维护文化从业人士的社会权益。

2015年4月，萨勒总统正式签署《〈著作权和邻接权法〉实施条例》。

---

[1] 参见https://thisisafrica.me/senegals-mohamed-mbougar-youngest-winner-2018-world-literature-prize/。

[2] 参见https://www.jamesmurua.com/mohamed-mbougar-sarr-wins-french-voices-award-2017/。

[3] 该书由"非洲存在"出版社出版。《非洲存在》是一家最早创立的著名泛非杂志，1947年创办，至今仍出版。它还是一家出版社，成立于1949年，至今仍在营业。

该条例充分借鉴相关国际条约,不仅保护创作人的著作权,还保护表演者、录音录像生产者、广播电视台和出版社等文学艺术创作附属人的邻接权。该条例还提出对私人复制进行征税和建立著作权集体管理协会,通过会员制使权利所有人直接参与版税的征收、分配与管理,以保证艺术家的合法收入和权益。

(四)促进地方文化发展

达喀尔长期以来是塞内加尔全国文化的中心,几乎集中了所有文化基础设施和文化资源,各种文化活动丰富多彩,与内陆地区形成鲜明对照。然而,随着塞内加尔政府地方分权改革的进一步推进,如何扩大地方文化自主权利、促进地方文化发展成为塞内加尔政府和文化界人士的新课题。

为此,塞内加尔文化部主要做了两项工作。一方面,在赋予地方政府更多文化自主权的同时,文化部致力于建设覆盖全国的博物馆和文化中心网络,为地方文化发展创造有利条件。另一方面,文化部在外埠设立一些重大艺术节分会场,并积极支持地方举办各类艺术节。2017年后各种地方性艺术节如雨后春笋般建立,其中圣路易五彩河流当地艺术节、考拉克戏剧与欢笑艺术节、捷斯轨道戏剧节和鲁菲克音乐节深受群众喜爱,社会反响不断扩大,彰显出地方文化发展的潜力与活力。

(五)推进新兴媒体发展

根据国际电联2006年6月16日在日内瓦召开的区域性无线电通信大会上签署的关于在2015年6月17日实现广播电视数字化目标文件,塞内加尔政府加快电视数字化建设,发挥信息技术在国民经济发展中的重要作用,积极推动文化产业数字化发展。2015年6月17日,塞内加尔政府正式宣布从模拟电视时代过渡到数字电视时代,建立起覆盖全国70%领土的地面数字电视网络,成为首个按期实现电视数字化的撒哈拉以南非洲法语国家。数字化为塞内加尔广播电视的发展带来了机遇,同时对节目数量和质量也提出了更高要求。为此,萨勒总统要求相关部门尽快草拟数字电视运营的法律、法规，呼吁艺术家们创作出更多高水准的电视节目。与此同时，塞内加尔政府积极推进新兴媒体发展，目前塞内加尔网民人数已接近人口总数的50%，脸书、推特等已成为年轻人重要的社交工具。

此外，塞内加尔政府一直重视推动各种艺术和文学表现形式的发展。为支持文化的积极参与者，政府建立了一项扶助基金，支持艺术家的创新和为国家文化发展做出贡献的文化界人士。塞内加尔政府还为举办一些国家级和国际性的文化活动提供了大部分经费，如两年一届的国家艺术和文化节，两年一届的非洲现代艺术双年展，促进书籍出版的达喀尔国际书展，以及达喀尔电影双年节等。在这些国家文化活动中，值得一提的是有着20多年历史、两年一届的达喀尔国际书展。该书展由书籍和阅读司组织，是撒哈拉以南非洲最重要的书展，为推动塞内加尔和整个非洲的出版提供了平台。

塞内加尔政府创办的非洲现代艺术双年展是非洲大陆唯一旨在促进非洲视觉艺术发展的平台，该艺术展从2000年开始举办，为非洲艺术家提供了各种创作和交流的机会，已经受到越来越多的重视。[1] 非洲现代艺术双年展一直是追寻非洲文化根源的当代艺术平台。2018年非洲现代艺术双年展于5月3日至6月2日在达喀尔举行。此次艺术展以"红色时刻"（The Red Hour）为主题，代表着"解放、自由和责任"。在国际展览和其他几个官方网站中，将为儿童创造一个艺术空间，向他们介绍非洲大陆的当代艺术。[2] 双年展主要展示了来自33个国家的75位艺术家的作品，体现了来自非洲大陆及其侨民的艺术多样性和普遍性。

结　语

总体而言，非洲法语区文化是法语文化与非洲文化在文学、宗教、艺术

---

[1] 外联局：《国家与文化：塞内加尔的观点》，2011年11月25日，中国文化网，http://cn.chinaculture.org/portal/pubinfo/200001004001/20120618/df920a93227341168a426088685d9aed.html。

[2] 参见https://www.contemporaryand.com/exhibition/dakart-2018/。

等方面从历史到现实的丰富多彩的结合体。虽然不同国家的文化现状有所不同，但近年来非洲法语文化名人用自己的实际行动展示了文化对于非洲大陆的重要意义是相同的：它不仅促进了非洲经济的良性发展，而且唤醒了非洲人民的自觉，推动了非洲社会的发展。同其他非洲法语国家一样，塞内加尔政府努力使文化成为国家发展的最大机遇，而不是附属品。从独立到2018年，由于一直对文化高度重视，塞内加尔在非洲法语国家乃至世界上赢得了声誉。塞内加尔坚信有关发展的一切政策都要从根本上顾及文化，因为文化能够增强国家间共存的能力，并有利于持续发展。同样对于非洲法语国家来说，文化资源的有机整合和现代经营是促进社会进步的有效途径，也是国家迎接发展挑战和战胜贫困的有效途径。非洲法语国家只有努力发展文化及其产业，才能不断提高传统文化的声望和生命力。

国家发展

科特迪瓦发展报告

邓荣秀　李　洁

摘　要：2017~2018年，科特迪瓦组建新政府、通过新宪法和国家建设的过程较为顺利，国内政治形势基本保持稳定，但仍不时发生游行示威活动，政党和政党联盟内部出现分裂。为营造更好的商业投资环境，科特迪瓦政府进行经济结构性改革，制定了一系列国家发展计划，鼓励私营企业发展，并积极吸引外资，使科特迪瓦经济增长率居世界前列。联合国驻科特迪瓦行动团已正式撤出。科特迪瓦继续保持与中国、法国、美国等国家的友好关系，并加强了在军事、外交、经济等方面的合作。随着国内经济的发展，科特迪瓦政府开始大力扶持教育事业，制定和施行了"全民教育计划"，以提高科特迪瓦青年的竞争力。此外，科特迪瓦政府还积极致力于抗击疾病、改善民众生活质量，以塑造良好的国家形象。

关键词：科特迪瓦　政治发展　经济发展　社会发展

作者简介：邓荣秀，云南大学非洲研究中心博士研究生；李洁，云南大学非洲研究中心硕士研究生。

自2011年选举危机结束后，科特迪瓦在政治、经济和社会等领域都取得了长足发展。在政治上，科特迪瓦国内虽不时传出不稳定的声音，但总体局势较为平稳；在经济方面，政府致力于经济的快速发展，并制定了相关发展计划，以保持经济的平稳快速增长；在社会领域，随着其国内经济的发展，科特迪瓦政府加大了对教育、医疗等领域的投入，以改善民众的生活质量，并提高民众识字率，进而为其经济发展提供动力。

一 政治局势：国内政局总体稳定

科特迪瓦国内政治局势整体较为稳定。2011年4月，前总统劳伦特·巴博（Laurent Gbagbo）被捕，5月新总统阿拉萨内·德拉马内·瓦塔拉（Alassane Dramane Ouattara）宣誓就职，并于6月组建新政府，标志着科特迪瓦2010年竞选时出现的"一国两主"危机结束。① 2015年10月，瓦塔拉以高达83%的得票率赢得总统选举，获得连任。瓦塔拉继续整顿社会秩序，推动"真相、和解和对话委员会"的民族和解工作，着力进行宪法的修改。其目标是努力提高民众的生活水平，实现经济转型，为青年创造更多的就业机会、提高妇女地位等。具体而言，科特迪瓦国内的政治动向主要有以下几个方面。

第一，通过新宪法并进行国民议会选举。2016年10月科特迪瓦举行全民宪法公投，以93.4%的支持率通过新宪法。11月8日，瓦塔拉总统签署2016/886号法令，正式通过新宪法。② 新宪法决定增设参议院，实行国民议会和参议院并行的两院制。参议院共设99个席位，其中2/3通过选举产生，1/3由总统任命，且参议院与国民议会共享立法职能。同时新宪法决定设立副总统一职，规定总统缺位时由副总统继任。此外，新宪法还放宽了总统候选人的标准，删除了总统候选人的父母必须是科特迪瓦人的条款，取消了总统候选人必须年满35岁和小于75岁的条款，这就意味着已经77岁高龄的现任总统瓦塔拉可以继续参加竞选。同年12月，科特迪瓦举行新一届国民议会选举，在255个议席中，由科特迪瓦共和人士联盟（Rassemble-

---

① 科特迪瓦于2010年10月、11月举行了两轮总统选举，反对党共和人士联盟候选人阿拉萨内·德拉马内·瓦塔拉和人民阵线党候选人、离任总统巴博进入第二轮。12月初，科特迪瓦独立选举委员会宣布瓦塔拉当选，而宪法委员会则宣布巴博连任，二人随后分别宣誓就职并各自组建政府，出现"一国两主"的选后危机。双方对立最终升级为全国范围的武装冲突。2011年4月巴博被捕，选后危机宣告结束。
② 《对外投资合作国别（地区）指南——科特迪瓦（2018年版）》，第2页。

ment des Républicains，执政党)、科特迪瓦民主党（Parti Démocratique de Côte d'Ivoire，参政党）和未来力量运动联盟（Mouvement des Forces d'Avenir）组成的执政联盟获得167席，独立人士获得76席，科特迪瓦民主和平联盟（Union pour la Démocratie et la Paix de Côte d'Ivoire）6席，科特迪瓦联盟（Union pour la Côte d'Ivoire）和人民阵线（Front Populaire Ivoirien，主要反对党）各3席。执政联盟获得国民议会65.5%的席位。

第二，组建新一届政府。2017年1月9日，瓦塔拉总统发表讲话，表示总理达尼埃尔·卡布兰·敦坎（Daniel Kablan Duncan）已递交辞呈，并将签署关于总理辞职和解散政府的总统令。10日，瓦塔拉总统在国民议会会议上宣布任命敦坎担任该国的首位副总统，同时签署总统令，任命原总统府秘书长阿马杜·戈恩·库利巴利（Amadou Gon Coulibaly）为新一任总理。11日，瓦塔拉再签署总统令，通过了新一届内阁成员名单。与上一届36名内阁成员相比，新一届内阁由29名成员组成，其中包括新设立的负责职业培训和技术教育的国务秘书职位。其中有5名女性，如计划与发展部长尼娅雷·卡巴（Nialé Kaba），有8人是首次进入内阁。同时，新内阁中出现了重要职位的人事变动，如外交部长由原总统办公室主任马塞尔·阿蒙·塔诺（Marcel Amon-Tanoh）担任。由此可以看出，科特迪瓦新内阁的人员构成中，大多是总统瓦塔拉自己的亲信。2017年1月，科特迪瓦新一届国民议会正式成立，原议长索罗·基格巴福里·纪尧姆（Soro Kigbafory Guillaume）获得连任。[①]2018年3月举行的参议院选举中，执政联盟获得50席，独立人士获得16席。本届参议院于2018年4月成立，原总统府负责政治对话和机构关系的部长让诺·阿胡苏·夸迪奥（Jeanmot Ahoussou Kouadio）当选首任参议长。

第三，采取一系列措施进行国家建设，维护社会稳定。2012～2015年的国家发展计划（National Development Plan 2012 - 2015）取得了一系列成就，在基础设施建设方面，相继完成了阿比让到大巴萨姆的高速公路、阿比让港

---

① 《科特迪瓦国家概况》，2019年1月，中华人民共和国外交部，https：//www.fmprc.gov.cn/web/gjhdq_676201/gj_676203/fz_677316/1206_677922/1206x0_677924/。

口的扩建和圣佩德罗港口项目建设，对于完善其国内的交通设施具有积极意义。2016~2020年的国家发展计划（National Development Plan 2016 – 2020）将通过减少贫困、提高人民生活水平，以及国内工业的产业化而让科特迪瓦成为非洲新兴经济体。①

尽管如此，科特迪瓦国内仍不时出现不稳定的声音。主要表现在以下三个方面。其一，对薪酬待遇不满所引发的军队动荡。2017年1月，士兵因不满薪资待遇等问题而发动军事叛乱，波及范围从科特迪瓦第二大城市布瓦凯（Bouake）一直蔓延到其经济中心阿比让（Abidjan），时任国防部长阿兰·理查德·东瓦伊（Alain Richard Donwahi）和几名随行人员被扣押。军队表示本意并非叛变，只是想与政府谈判薪资问题。虽然这并未酿成全国范围内的军事政变，但是如果该问题迟迟不加以解决的话，此类破坏社会稳定的事件仍会频繁发生。其二，国内游行示威活动显著增加。2018年3月，由于对工作条件和行政部门不满，科特迪瓦教师和科研人员协会（National Association of Teachers and Researchers in Côte d'Ivoire）组织公立大学教师及科研人员举行游行示威活动，最终以科特迪瓦安全部门逮捕50名抗议者而告终。同年6月，国家体育学院一名学生的意外死亡引发学生游行示威，以表达对学校缺少医务人员、生活条件恶劣等的不满，最终警察使用催泪瓦斯驱散抗议人群。②此外，国内还出现了对新闻媒体人士的逮捕活动，对国内媒体造成重创。③该国的游行示威活动大多以暴力而非和平对话方式解决。其三，政党和政党联盟内出现了分裂倾向。2010年以来，科特迪瓦民主党主席亨利·科南·贝迪埃（Henri Konan Bedie）与瓦塔拉结成竞选联盟，该党成为主要的参政党。2018年10月，贝迪埃宣布将结束与瓦塔拉的十年联

---

① *Republic of Côte d'Ivoire Accelerating 2030 Agenda*, Republic of Côte d'Ivoire, April 2018, pp. 7 – 8.
② "Republic of Côte d'Ivoire Joint Submission to the UN Universal Periodic Review 33rd Session of the UPR Working Group", *CIVICUS &CIDDH*, October 4, 2018, pp. 9 – 10.
③ "Republic of Côte d'Ivoire Joint Submission to the UN Universal Periodic Review 33rd Session of the UPR Working Group", *CIVICUS &CIDDH*, October 4, 2018, pp. 7 – 8.

盟，转而支持前总统巴博。瓦塔拉表示自己将会考虑重新参与2020年总统选举。2019年1月，国际刑事法庭宣判于2011年4月被捕的巴博无罪释放。若人民阵线与民主党联合，就意味着反对党人民阵线的实力将大为壮大，如果巴博参加总统选举，有可能获胜，这将给科特迪瓦的政坛和大选增加诸多不确定因素。

虽然近年来科特迪瓦国内形势平稳，少有危机和政变，不过，随着巴博被释放以及民主党与人民阵线联合，其政党之间的力量对比将发生显著变化。2018年3月，阿比让的反对派联盟组织游行抗议，要求科特迪瓦政府对独立选举委员会（Independent Electoral Commission）进行改革，并对该委员会的组织机构和决议举行抗议游行。最终警察通过使用催泪瓦斯驱散人群，逮捕了12人，并禁止了该游行示威活动。① 如果科特迪瓦政府处理不好政党之间的矛盾，很有可能出现类似2010年的选举危机，甚至会引发全国范围内的武装冲突，这将阻碍科特迪瓦的和平发展进程。

二 经济举措：制定发展计划促发展

自独立以来，科特迪瓦实行以"自由资本主义"和"科特迪瓦化"为核心内容的自由经济体制，在20世纪六七十年代实现了经济的迅速发展，创造了非洲的"经济奇迹"。80年代起受到西方经济危机和1999年国内军事政变的影响，科特迪瓦经济形势急剧恶化。直至2007年内战结束后，经济发展困境才得以缓解。2011年大选危机结束后，新政府积极开展经济重建工作，大力扶持港口、石油等重点部门的发展，并振兴咖啡、可可等支柱产业，整顿金融市场，开展基础设施建设，改善投资环境，积极争取外援和投资，其新经济政策取得了一定成效。2012～2015年的经济年均增长率约为

---

① "Security Forces in Ivory Coast Avert Planned Opposition Protests", *African News*, March 22, 2018, https://www.africanews.com/2018/03/22/security－forces－in－ivory－coast－s－capital－avert－planned－protest－by－opposition/.

9.2%，国家收入增加了86亿美元。① 2018年出口额达128.2亿美元，进口额为125.8亿美元，贸易顺差为2.4亿美元。②

为了确保经济的可持续增长，大力鼓励私营企业的发展，进行结构性改革，瓦塔拉连任总统后提出经济结构转型构想，并制定了2016~2020年国家发展计划。③ 该计划确定了科特迪瓦经济增长的四个支柱：一是第一产业的农业及农业企业；二是第二产业的矿业、石油、天然气和电力；三是交通和商业；四是电信行业，并计划2016~2020年年均经济增长率达到8.7%，且主要由第二、第三产业来带动。该计划还指出，将确保投资占国内生产总值的比重由2015年的19.3%提高到2020年的24.5%，以改善其国内的财政赤字状况。

为改善国内经济状况，国家发展计划还确立了国家发展战略步骤：一是提高政府机构治理质量；二是加快人力资本开发并提高社会福利；三是加快推进经济结构转型；四是推进基础设施建设与环境保护的协调发展；五是加强区域一体化与国际合作。除了阿比让港口的扩建外，阿比让的地铁建设也是其交通基础设施的重点项目。由世界银行援建的阿比让—拉各斯公路项目，以及两个新兴工业区的建设都是其国家发展计划的重点项目。这些对于改善科特迪瓦国内投资环境、创造就业机会都具有重要作用。④

科特迪瓦当局为营造良好的投资环境大力推进改革，以吸引尽可能多的投资。根据世界银行提供的投资环境报告，2014~2015年，科特迪瓦位于世界锐意改革国家的前十名，同时也是非洲最具投资吸引力的十个国家之一。其主要措施有：首先，科特迪瓦投资促进中心为投资者提供一站式服务，简化行政手续，提高办事效率；其次，出台对投资者较为优惠的政策法规，如

---

① 多索·阿达玛：《科特迪瓦的机会》，王晓波译，《中国投资》2018年第4期，第74页。
② "Exports of Goods and Services (Current US $) – Cote d'Ivoire", The World Bank, https：//data.worldbank.org/indicator/NF. EXP. GNFS. CD; "Imports of Goods and Serrives (Current US $) – Cote d'Ivoire", The World Bank, https：//data.worldbank.org/indicator/NF. IMP. GNFS. CD? locations = CI.
③ Republic of Côte d'Ivoire Accelerating 2030 Agenda, Republic of Côte d'Ivoire, April 2018.
④ Republic of Côte d'Ivoire Accelerating 2030 Agenda, Republic of Côte d'Ivoire, April 2018, pp. 7 – 8.

境外和境内的投资者享有同等待遇、所有形式的私有财产都受保护等。此外，科特迪瓦具有可靠的能源供应、密集的运输网络、较多的工业园区和高素质的劳动力等优势。①

近年来，科特迪瓦的经济增长率位居世界前列。2017年其国民经济实现较快增长，国内生产总值（GDP）达432.1亿美元（按购买力平价计算为901.2亿美元），人均国内生产总值为1778美元（按购买力平价计算为3951美元）。2019年GDP的实际增长率为7.4%，并且有望在2020～2021年保持在7%以上。②科特迪瓦的经济严重依赖农业，该国是世界上最大的可可豆生产国和出口国，也是咖啡、棕榈油及腰果的重要生产国和出口国。可可和咖啡的出口收入是其主要的外汇来源。2017年科特迪瓦的腰果产量为71.12万吨，居世界首位。③另外，棉花也是其重要的经济作物，2017年的产量为32.8万吨，位居非洲第四位。全国劳动人口中有60%从事与农业相关的劳动，2018年该国农业产值占国内生产总值的19.77%。④但科特迪瓦目前仍不能实现粮食自给，大米年消费的60%仍需进口。

表1　2016～2018年科特迪瓦主要经济数据

科特迪瓦	2016年	2017年	2018年
国内生产总值（亿美元）	353.0	380.5	430.1
人均国内生产总值（美元）	1481.7	1577.2	1715.5
国内生产总值增长率（%）	8.0	7.7	7.4

数据来源："Côte d'Ivoire", The Word Bank, https://data.worldbank.org/indicator/NY.GDP.MKTP.CD?location=CI。

---

① 多索·阿达玛：《科特迪瓦的机会》，王晓波译，《中国投资》2018年第4期，第74～75页。
② "Côte d'Ivoire Economic Outlook", African Development Bank Gronp, https://afdb.org/en/countries/west-africa/cote-divoire.
③ 董朝菊：《科特迪瓦：2017年腰果产量居世界首位》，《中国果农信息》2018年第9期，第43页。
④ "Ivory Coast: Share of Economic Sectors in the Gross Domestic Product（GDP）from 2008 to 2018", Statista, https://statista.com/statista/452068/share-of-economic-sectors-in-the-gdp-in-ivory-coast/.

近年来科特迪瓦的工业发展也十分迅速。农产品加工业是其主要的工业部门，此外还有棉纺织业、炼油、化工和木材加工等。作为西非的电力大国，近年来其电力行业发展迅速，2017年的发电量为98.03亿千瓦时（千瓦时是能量变量单位，相当于平时说的"度"，1千瓦时=1度），电力出口11.87亿千瓦时，为科特迪瓦创造了约1.65亿美元的外汇收入。[①] 2017年的装机容量达2200兆瓦。随着2014年科特迪瓦国民议会通过的新矿业法的实施，其采矿业得以迅速发展。2017年采矿业产值增长11.5%，超过10亿美元，黄金和锰的产量分别达到25.4吨和51万吨。2018年该国工业产值约占国内生产总值的25.24%。

科特迪瓦的服务业以商业和运输业为主。作为非洲交通最发达的国家之一，其海运和公路运输业较为发达。阿比让自由港是西非最重要的天然良港和集装箱码头之一，也是布基纳法索、马里等西非内陆国家的主要出海口和进出口货物的集散地。科特迪瓦国内98%以上的进出口贸易都通过海运完成。科特迪瓦公路网四通八达，是西非地区公路最发达的国家，总长近8.3万公里，占整个西非经济货币联盟道路里程的45%。科特迪瓦在交通运输方面的投资旨在促进贸易发展，为产品开辟新市场、创造新商机。其中，阿比让运输项目将通过修复港口周边道路、改善道路网等措施降低运输成本、提高运作效率。[②]

三　军事与外交：和平进程顺利开展、 积极维持与大国的友好关系

由于科特迪瓦国内局势稳定且和平进程开展顺利，联合国驻科特迪瓦行动团（下称"联科团"）已完成任务并正式撤出科特迪瓦。联合国于2004

[①] 《对外投资合作国别（地区）指南——科特迪瓦（2018年版）》，第23页。
[②] "U. S. and Côte d'Ivoire Sign ﹩525 Million Compact", Millennium Challenge Corporation, November 7, 2017, https://www.mcc.gov/news-and-events/release/release-110717-cote-divoire-signing-event.

年4月向科特迪瓦部署联科团,以促进科特迪瓦各方执行其签署的和平协定。在2010年总统选举后出现的政治危机中,联科团致力于保护民众,并对科特迪瓦安全部门进行改革。随着选举危机的结束和国内政治、经济逐渐步入正轨,2016年4月联合国安理会通过决议,决定全面解除对该国的制裁,并于2017年6月将联科团全部从该国撤出。

科特迪瓦积极开展与中国、法国和美国等大国的友好关系。科特迪瓦和中国自1983年建交以来,外交关系发展一直较为顺利。2017年双边贸易额达18.5亿美元,同比增长9.8%。中国主要向科特迪瓦出口化工产品、钢材和建材等,并从科特迪瓦进口农产品、锰矿石和木材等。目前,中国地质工程总公司、中国水利水电建设股份公司等都在科特迪瓦开展了相关业务。除投资外,中国还为科特迪瓦援建了议员之家、剧场、外交部会议厅及学校等。此外,为了增强科特迪瓦国内基础设施规划和建设的能力,中国驻科特迪瓦大使馆为其举办了"科特迪瓦基础设施规划与建设研修班"和"大项目管理研修班"。[①] 中国在科特迪瓦实施了苏布雷水电站、阿比让供水、阿比让—大巴萨姆公路和阿比让港口改扩建等一系列项目。为了增进对双方文化的了解,2018年8月双方还签署了互设文化中心的协定。9月,科特迪瓦总统亲自率团参加中非合作论坛北京峰会,同习近平主席就双边和中非关系发展达成重要共识。

法国作为科特迪瓦的前宗主国,长期以来与科特迪瓦保持着密切关系,并签有外交、军事、经济、文化、技术等各领域合作协定。2017~2018年两国元首多次互访,共同参与重要的国际会议。法国是科特迪瓦最大的援助国、投资国和贸易伙伴国,法国在科特迪瓦的投资占科特迪瓦吸引外资总额的60%。2017年,法国宣布未来三年向科特迪瓦提供20亿欧元的资金支持。法国还多次免除科特迪瓦的债务,主要涉及教育、培训、卫生、交通、基础设施及农业等领域。虽然科特迪瓦内战结束后,法国已失去继续在该国

---

① 《钱丽霞临时代办出席中科基础设施及大项目双边研修班学员行前会》,2018年9月3日,中华人民共和国驻科特迪瓦共和国大使馆,http://ci.chineseembassy.org/chn/sbjw/t15907 71.htm。

驻军的正当理由,但法国军队至今仍继续在科驻扎并升格为"驻科法国军事力量",其基地升格为"前进行动基地"。

美国近年来对科特迪瓦援助增速较快,双边交往密切。2016年美国通用公司和科特迪瓦政府在医疗、饮用水、铁路运输、航空、能源和石油、天然气开采等领域展开广泛合作,投资额预计达30万亿西非法郎。[1] 2017年11月,瓦塔拉总统访美,双方签署了千年挑战计划一揽子协议,科特迪瓦获得美国5.27亿美元的援助,涉及教育、培训、交通等领域,旨在促进科特迪瓦经济增长、削减贫困、创造更多商业机会,促进其国内社会的稳定持续发展。[2]

此外,科特迪瓦还重视发展与非洲其他国家的关系,尤其是与西非地区各国的关系。科特迪瓦一直同布基纳法索有着密切的联系。除两国政要互访外,2017年12月,连接两国首都的阿比让—瓦加杜古—卡亚铁路整修项目开工,这标志着两国关系向更深处发展。科特迪瓦虽然同加纳存在领海争议,但两国主要采取谈判和仲裁的形式加以解决。对于两国尚未划定海域内的油气资源归属问题,两国开展了多轮谈判,并设立争端解决委员会。2017年9月国际海洋法庭对"加纳与科特迪瓦大西洋划界案"宣判,全体法官一致认为双方之间不存在关于海洋边界的默示协议,并采用司法判例惯常适用的等距离/有关情况规则的方法为两国划定了单一海洋界线,两国对此表示接受。[3] 同年11月瓦塔拉总统访问加纳期间,同加纳总统纳纳·阿库福-阿

---

[1] 《美国通用电气集团将加大在科特迪瓦的投资力度》,2016年3月7日,中华人民共和国驻科特迪瓦共和国大使馆经济商务处,http：//ci.mofcom.gov.cn/article/jmxw/201603/20160301273956.shtml。

[2] "U. S. and Côte d'Ivoire Sign $525 Million Compact", Millennium Challenge Corporation, November 7, 2017, https：//www.mcc.gov/news-and-events/release/release-110717-cote-divoire-signing-event.

[3] 在海洋划界案中,尤其是对大陆架和专属经济区的划界,法院一般采用等距离/有关情况规则的方法,即先确认一条临时分界线,然后考虑是否存在一些需要调整、移动中间线的相关情况,最后进行比例失调检验。Dispute Concerning Delimitation of the Maritime Boundary between Ghana and Côte d'Ivoire in the Atlantic Ocean, ITLOS Case No. 23, Judgement of 23 September 2017.

多（Nana Akufo-Addo）举行会谈，并签署了科-加战略伙伴关系协定，合作覆盖可可经济、国防安全、矿产能源、环境交通等领域。

四 教育措施：推行"全民教育计划"

科特迪瓦沿用殖民时期的教育体系，学制基本与法国教育体系保持一致。科特迪瓦采用的是"5+4+3"体制，即小学5年、初中4年、高中3年。其学前教育机构主要集中在城市，且增长迅速。升学都是通过选拔考试来完成（见表2）。科特迪瓦的职业培训和技术教育集中在中等教育阶段，高级工人可以获得高级技术证书资格。

表2 2012~2015年科特迪瓦基础教育阶段升级情况

单位：%

年份	小学毕业会考（CEPE）	初中毕业会考（BEPC）	高中毕业会考（BAC）
2012	79.13	57.43	36.23
2013	67.03	40.22	33.62
2014	79.13	57.43	36.23
2015	82.12	58.62	39.66

数据来源：卡西迪·奥耶尼兰、刘敏：《科特迪瓦教育概览》，《世界教育信息》2016年第13期，第22~24页。

科特迪瓦的初等教育近年来发展形势良好，毛入学率增长迅速。自2000年科特迪瓦建立起对所有学生免费的教育制度以来，入学率显著提升，2013~2014年的入学率达到94.7%。但由于其教育部门经费被大幅削减，学校的基础设施落后，相关设施不能满足学生的需求，由此带来的严重后果是学校招生能力不足，教学质量下降。随着科特迪瓦国内局势的稳定，教育重新成为政府关注的议题。扫盲是政府重要的工作内容之一，并在全国设立了2607个扫盲中心，其中女性参与率达到60%。对女性的教育还包括性健康教育，以减少女性因未成年妊娠而遭受的伤害。自2010年该项目推行以来，未成年妊娠女性的人数从2012~2013年的5076人下降到2014~

2015 年的 3048 人。①

科特迪瓦政府近年来出台了一系列推进教育发展的政策,以改善其适龄儿童受教育环境。2015 年科特迪瓦政府决定施行"全民教育计划",并特别为此出台了一项法令,要求全国在 2015~2016 学年开始施行义务教育,所有 6~16 岁的适龄儿童均应接受相应教育,并计划在未来十年内在国内建设 1.4 万间教室,并于 2015 年先行建设了 3000 间,同时加强了师资力量的培养,推进学校食堂建设。② 此外,科特迪瓦还出台了"2016~2020 年多部门协调营养改善计划",以保障全体国民都能享有最佳营养状态,同时降低 5 岁以下儿童发育迟缓症的患病率,改善儿童营养极度匮乏的状况。2016 年,科特迪瓦政府在教育领域的投入占到当年 GDP 的 5%,居非洲各国之首,但资金利用效率仍有待提高。

此外,国际社会也积极参与科特迪瓦改善教育的行动。2017 年 12 月,中国援助科特迪瓦的项目正式启动。该项目计划建立一所能够容纳 1000 名学生的寄宿制中学,主要包括教学楼、实验楼、宿舍楼、图书馆和运动场等设施。③ 世界银行也与科特迪瓦缔结了 2016~2019 年合作伙伴关系协定,将人力资源开发建设作为主要合作内容,以求实现消除赤贫和促进繁荣共享这两大目标。长期的营养不良使科特迪瓦国内青少年的患病和夭折率较高,并导致智力发育迟缓,学业表现不佳,劳动力水平低下。为了提高青少年的营养水平、智力发展水平和受教育水平,2018 年 1 月 19 日,世界银行决定向科特迪瓦提供总计 6040 万美元的资金,以改善青少年的成长条件。④

---

① 卡西迪·奥耶尼兰、刘敏:《科特迪瓦教育概览》,《世界教育信息》2016 年第 13 期,第 22~24 页。
② 《科特迪瓦将继续推进"全民教育计划"》,2015 年 4 月 16 日,中华人民共和国驻科特迪瓦共和国大使馆经济商务处,http://ci.mofcom.gov.cn/article/jmxw/201504/20150400947395.shtml。
③ 《我援科特迪瓦精英学校项目举行开工仪式》,2017 年 12 月 6 日,中华人民共和国驻科特迪瓦共和国大使馆经济商务处,http://ci.mofcom.gov.cn/article/jmxw/201712/20171202682145.shtml。
④ 《世界银行将为科特迪瓦提供资金改善青少年营养》,2018 年 1 月 25 日,中华人民共和国驻科特迪瓦共和国大使馆经济商务处,http://ci.mofcom.gov.cn/article/jmxw/201801/20180102704170.shtml。

五 社会发展：积极改善民生

科特迪瓦政府积极致力于改善民生，主要包括改善饮用水、排水及电力等方面的设施，并加大医疗保障力度。自科特迪瓦政府实施农村地区供电国家计划（PRONER）以来，该国的农村供电率迅速提升。2017年底，8000个村落中已有4600个通电，到2018年底有超过5000个村落通电。[①] 科特迪瓦与中国签订了"科特迪瓦电网发展和改造项目"，主要内容包括：建造11座高压变电站，并对15个原有高压变电站进行改造和扩建，预计2020年完工，到时将有400万人口因此享受到供电服务，科特迪瓦全国通电率将由48%提升到100%。[②]

科特迪瓦总统瓦塔拉在2017年12月的第19届"国际抗击艾滋病大会"上宣布，该国政府将在2018~2020年投入210亿西非法郎（约合3800万美元）防治艾滋病。科特迪瓦政府在2013~2017年已为此投入了320亿西非法郎（约合5790万美元），其抗艾工作目前取得显著成效，2012~2016年艾滋病与性传播疾病患病率已由3.7%降为2.7%。瓦塔拉表示，政府力争到2020年将患病率由2.7%降为1%。[③] 2018年7月西非开发银行与科特迪瓦签署三项贷款协议，550亿西非法郎主要用于以下三个项目。首先，提供155亿西非法郎贷款以整顿科特迪瓦北部的水利农业项目，提升该地区的食品安全，减少贫困。其次，为阿比让城市饮用水供应系统加强项目提供100亿西非法郎贷款，该项目计划通过建造水库等工事，保证阿比让居民的饮用水需求。最后，为顾鲁（Gourou）流域综合治理项目提供295亿西非法郎贷款，加强阿比

---

① 该供电计划于2013年7月由科特迪瓦部长会议通过，旨在提升农村供电率，改善地区间供电不平衡的情况，并承诺到2020年为人口在500人以上的村落实现通电。
② 《科特迪瓦电网发展和改造项目举行开工仪式》，2018年7月12日，中华人民共和国驻科特迪瓦共和国大使馆经济商务处，http://ci.mofcom.gov.cn/article/jmxw/201807/20180702765146.shtml。
③ 《第19届国际抗击艾滋病大会在科特迪瓦阿比让召开》，2017年12月6日，中华人民共和国驻科特迪瓦共和国大使馆经济商务处，http://ci.mofcom.gov.cn/article/jmxw/201712/20171202681409.shtml。

让自治区排水网络，以改善社会经济条件和居民卫生情况。这些项目均属于科特迪瓦 2016~2020 年国家发展规划的范畴。科特迪瓦政府 2019 年度的预算为 73343 亿西非法郎（约合人民币 892.28 亿元），主要用于改善民众生活，普及饮水和电力设施，整治环境与治安，增加青年就业等。①

为打击国内非法淘金问题，科特迪瓦采取了两项新举措。一是"惩"，即成立专门的部队打击非法采金活动及一切违反矿业法的行为。部队配备了无人机和卫星监视设备，以便更好地监控各个矿区，及时发现并摧毁非法采金点。二是"建"，即由矿业开发公司开办采矿工程学校，为自愿从事采矿的劳动者提供手工或半工业化采矿技术培训，学员一经培训合格即可前往采矿点工作。科特迪瓦第一所采矿工程学校已于 2019 年初开学，致力于培养采金技术人员。②

除此之外，科特迪瓦还致力于改善国内医疗卫生问题。2018 年 11 月 5 日，西非经济共同体投资和发展银行与科特迪瓦签署了 2000 万美元的贷款协议，帮助科特迪瓦重建医疗机构，改善初高中学生的医疗保健服务系统。该贷款将用于在其国内设立 105 个保健中心、8 所综合性医院，并重建 25 个保健中心，通过优先干预保健、教育和供水等部门改善国内民众的生活条件。③

---

① 《科特迪瓦部长会议通过 2019 年 73343 亿西郎预算草案》，2018 年 10 月 1 日，中华人民共和国驻科特迪瓦共和国大使馆经济商务处，http://ci.mofcom.gov.cn/article/jmxw/201810/20181002792306.shtml。
② 《科特迪瓦出台打击非法淘金新举措》，2018 年 11 月 22 日，中华人民共和国驻科特迪瓦共和国大使馆经济商务处，http://ci.mofcom.gov.cn/article/jmxw/201811/20181102808946.shtml。
③ "EBID Signs ＄20m Loan Agreement with the Republic of Côte d'Ivoire", The ECOWAS Bank for Investment and Development, December 12, 2018, http://www.bidc-ebid.com/wpen/blog/ebid-signs-20m-loan-agreement-with-the-republic-of-cote-divoire/.

刚果（金）发展报告

朱力轲　李昊哲

摘　要：2017～2018 年，刚果（金）国内形势日趋平稳，政府需要处理好政党之间、国内各地区之间及与周边国家的矛盾，但可能出现的新危机会带来全国范围内的武装冲突，阻碍刚果（金）的和平发展进程。从经济层面来看，刚果（金）以采矿为支柱的基础产业将继续是经济增长的主要推动力，但容易受到国内局势的影响。从外交层面来看，刚果（金）保持与中国、法国、比利时等国的密切关系，加强与各方在军事、外交、经济等方面的合作。伴随着国内经济的发展，刚果（金）在良好的政治环境下，社会、教育等领域也将迎来新的发展机遇。

关键词：刚果（金）　政治发展　经济发展　社会发展

作者简介：朱力轲，云南大学非洲研究中心博士研究生；李昊哲，云南大学非洲研究中心硕士研究生。

一　政治局势

自 2001 年约瑟夫·卡比拉（Joseph Kabila Kabange）担任总统后，在国际社会的大力推动下，刚果（金）政府采取了一系列改革措施，国内政治局势逐步走向稳定。目前，刚果（金）国内的政治动向主要有以下几个方面。

（一）刚果（金）政党的流变

自 1990 年 4 月扎伊尔实施多党制以来，已成立 400 多个政党，但在卡比拉政府执政期间，许多政党被废止。2001年5月，卡比拉总统颁布了《政党和政治组织组织法》，正式取消了政党禁令，并规定所有政党都需要重新登记。[①] 截至2018年5月，刚果（金）内政部登记的政党有599个，政党联盟有77个。[②] 其中，主要党派如表1所示。

表1　刚果（金）主要党派

政党名称	成立时间	概况
卢蒙巴主义统一党（le Parti lumumbiste unifié, PALU）	1964年8月22日	刚果（金）最有影响力的卢蒙巴主义政党。组织机构和成员遍及全国，在班顿杜、下刚果等西部省份影响较大。在国民议会中占有17个席位，在参议院中占有3个席位
民主与社会进步联盟（Union pour la Démocratie et le Progrès Social, UDPS）	1982年2月15日	蒙博托政权后期和刚果（金）过渡政府期间最具影响力的反对党。在各省设有基层组织，在金沙萨、下刚果省和东、西开赛省较具影响力。党主席齐塞克迪为政坛元老。2001～2003年曾参加内部政治对话并签署《全面包容性协议》，但抵制2006年大选，未参加政府和议会。该党在国民议会中占有42个席位，为议会第二大党、第一大反对党
刚果解放运动（Mouvement pour la Libération du Congo, MLC，简称"刚解运"）	1998年11月10日	总部设在赤道省，在首都金沙萨及全国主要大城市建有分支机构。在国民议会中有21个席位，在参议院有14个席位，是议会第五大党，也是目前议会第二大反对党
争取重建与民主人民党（le Parti du Peuple pour la Reconstruction et la Démocratie, PPRD）	2003年3月31日	现为刚果（金）第一大党。是为支持约·卡比拉赢得过渡期后大选而成立的政党，也是支持约·卡比拉总统的主要政党。在现国民议会中有67个席位，在参议院中有21个席位
蒙博托主义民主者联盟（Union des Démocrates Mob-utistes, UDEMO）	2005年10月	由前总统蒙博托长子恩赞加·蒙博托为参加2006年总统选举而创建。小蒙博托在2006年总统选举第一轮投票中仅获4.77%的选票，后率领UDEMO与支持约·卡比拉参选的总统多数派联盟结盟，支持约·卡比拉在第二轮投票中胜出

---

① 《刚果民主共和国概况》，2006年11月9日，人民网，http://world.people.com.cn/GB/8212/72474/72476/5019822.html。
② 《对外投资合作国别（地区）指南——刚果（金）（2018年版）》，第10页。

续表

政党名称	成立时间	概况
多数派联盟（L'Alliance pour la Majorité Présidentielle，AMP）	2011年4月5日	支持约·卡比拉竞选连任的政党联盟，以争取重建与民主人民党成员为主。在2012年3月的立法选举中，AMP在国民议会获339席，取得压倒性多数的优势

数据来源：《对外投资合作国别（地区）指南——刚果（金）（2018年版）》，第10~11页。

（二）重视加强制度建设，促进政局稳定

制度建设是保证政局稳定的关键。卡比拉执政以来，大力完善各项制度，保证了政权的长久稳定，具体可分为以下几个方面。

（1）颁布新宪法。2006年2月18日，卡比拉总统颁布了新宪法。[1] 宪法规定：国家机构由总统、政府、议会两院和法院组成。

（2）确立司法独立。根据新宪法，国家的司法权独立于立法和行政权。

（3）改组政府。2012年4月18日，卡比拉总统任命玛塔塔·蓬塔·宗蓬（Matata Punta Jomphon）为新总理，玛塔塔于2012年4月28日就职。2017年4月7日，刚果（金）总统卡比拉任命布鲁诺·奇巴拉（Bruno Tshibala）为新总理，组建新政府。[2]

（三）政府联合各方力量，缓和东部局势

刚果（金）东部的冲突已经持续了20多年。2009年1月，刚果（金）与卢旺达达成协议，卢旺达派遣部队参与镇压该国东部非法武装部队的战斗。2008年12月，卢旺达民主解放力量和苏丹政府一道，对在东北地区活跃的武装反对派——上帝抵抗军（Lord's Resistance Army）采取了统一的军事行动。2009年3月，乌干达部队从刚果（金）撤出。自此，

---

[1] Mpfariseni Budeli and A. M. B. Mangu, "Towards Democratic Consolidation in Africa? A look at the 28 November 2011 elections in the Democratic Republic of Congo", *International Journal of Liability and Scientific Enquiry*, 6 (2013), p.132.

[2] 《布鲁诺·奇巴拉被任命为刚果（金）新总理》，2017年4月8日，新华网，http://www.xinhuanet.com/2017-04/08/c_1120772983.htm。

在各方的努力下，刚果（金）东部地区的局势有了显著改善。① 2016年4月，在刚果（金）中南部的大开赛地区爆发了一场新的冲突，政府与传统酋长之间的紧张关系导致卡萨纳纳萨普叛乱组织②人员的大量出现。③ 这样的武装对峙在2017年激增，南北基伍省和坦噶尼喀省的冲突也在不断升级。④ 参与战斗的武装部队包括刚果（金）武装部队（FARDC），还有超过120名的非政府武装人员。此外，剩余最大的武装力量之一，卢旺达解放民主力量（Democratic Force for the Liberation of Rwanda），在2017年仍有500～1000名战斗人员。⑤ 1999年开始执行维和任务的联合国驻刚果（金）特派团（联刚团）也继续在该国开展行动。但近两年，该国安全形势不容乐观，根据刚果（金）东部监测暴力事件的基伍安全追踪器（Kivu Security Tracker）的数据，2019年，袭击者在北基伍和南基伍省杀害了至少720名平民并绑架了1275人以换取赎金。2019年6月初，东北部伊图里省（Ituri）再次遭受武装袭击，造成200名平民死亡，约30万人流离失所。⑥

（四）2018年总统大选

在2018年底的刚果（金）总统大选上，几位参选者在选举结束后发出

---

① "DR Congo: Chronology", Human Rights Watch, August 21, 2009, https://www.hrw.org/news/2009/08/21/dr-congo-chronology.
② 卡萨纳纳萨普叛乱组织（Kamwina Nsapu rebellion），是位于肯尼亚西南部的武装反政府组织。
③ "Congo-Kinshasa: Kamuina Nsapu Insurgency Adds to Dangers in DR Congo", *All Africa*, 21 March 2017, https://allafrica.com/stories/201703220739.html.
④ OCHA, "Democratic Republic of the Congo - Overview", November 2017, p.1, https://reliefweb.int/report/democratic-republic-congo/democratic-republic-congo-overview-november-2017.
⑤ "DR Congo: New 'Kivu Security Tracker' Maps Eastern Violence", *Human Rights Watch News Release*, December 7, 2017, https://www.hrw.org/news/2017/12/07/dr-congo-new-kivu-security-tracker-maps-eastern-violence.
⑥ "Democratic Republic of Congo - Events 2019", Human Rights Watch, http://www.hrw.org/word-report/2020/country-chapters/democratic-republic-congo.

了不和谐的声音。由于时任总统卡比拉没有资格连任第三届总统,① 卡比拉所在的执政党——争取重建与民主人民党（PPRD）支持前内政部长埃马纽埃尔·沙达里（Emmanuel Shadary）作为候选人参与竞选总统,② 卡比拉作为独立候选人正式参选。在这场大选中,菲利克斯·齐塞克迪（Félix Tshisekedi）以 38.6% 的选票获胜,击败了反对党候选人马丁·法尤卢（Martin Fayulu）和执政党推荐的埃马纽埃尔·沙达里。法尤卢声称,齐塞克迪和即将离任的卡比拉总统操纵了此次总统选举的投票过程,并在刚果（金）宪法法院对投票结果提出了质疑。许多选举观察员包括来自该国罗马天主教会的观察员,也对官方结果表示怀疑。尽管如此,法院于 2019 年 1 月 20 日驳回了他的上诉,宣布齐塞克迪获得总统选举的胜利。③ 菲利克斯·齐塞克迪于 2019 年 1 月 24 日宣誓就任刚果（金）第五任总统,这是该国自 1960 年脱离比利时独立以来首次实现和平的权力交接。④

总体而言,自约瑟夫·卡比拉任总统后,通过新宪法、选举议会、加强制度建设等一系列改革措施,刚果（金）的整体政治局势逐步走向稳定。但是,国内仍不时出现不稳定的声音,主要表现在以下两个方面。

其一,国内的游行示威活动明显增加。2015 年 1 月,反对派指责政府企图延长卡比拉执政期限,为其修宪连任创造条件,在首都金沙萨组织游行示威,并演变为大规模骚乱。⑤ 2017 年 4 月,卡比拉总统任命反对派人士西尔

---

① "DRC crisis: aide says Kabila not standing in elections", *The Guardian*, February 7, 2018, https://www.theguardian.com/world/2018/feb/07/joseph-kabila-will-not-stand-in-next-drc-elections-aide-says.
② "Joseph Kabila says he will not run again in Congo", *The Economist*, August 8, 2018, https://www.economist.com/middle-east-and-africa/2018/08/08/joseph-kabila-says-he-will-not-run-again-in-congo.
③ "African support grows for Tshisekedi as DR Congo president", newzimbabwe.com, January 21, 2019, https://www.newzimbabwe.com/african-support-grows-for-tshisekedi-as-dr-congo-president/.
④ "Pro-Kabila camp wins DRC legislative poll, recount sought for presidency", *AFP*, January 12, 2019.
⑤ 《刚果民主共和国国家概况》,2018 年 8 月 20 日,环球网,http://world.huanqiu.com/hot/2018-08/12774550.html?agt=15438。

维斯特·伊伦坎巴为过渡政府总理，遭激进反对派反对。① 11月，刚果（金）独立选举委员会公布大选时间表，定于2018年12月举行总统、国民议会、省议会"三合一"选举。2017年12月至2018年3月，刚果（金）天主教会支持的"世俗协调委员会"在全国范围内多次组织大规模游行示威，要求卡比拉总统切实履行"全国包容性政治解决方案"并公开承诺不参加此次大选，警方同抗议者发生冲突并造成人员伤亡。2018年9月，刚果（金）独立选举委员会公布最终总统候选人名单，现任总统卡比拉不再参选。2018年12月30日，刚果（金）举行大选，登记选民逾4600万名，全国各地共设投票站75000个，共21位候选人参选。② 投票进程总体顺利，未发生严重暴力冲突。但投票结束后，刚果（金）政府以维护公共秩序、避免虚假选举结果在社交网络上肆意传播进而威胁国家安全为由切断全国互联网、电话短信和电台信号。

其二，执政党联盟内出现分裂。蒙博托主义民主者联盟出现分裂，该党创始人之子小蒙博托在2006年总统选举中得票率过低，后率领该党与约瑟夫·卡比拉参选总统的多数派联盟结盟，约瑟夫·卡比拉当选总统后，小蒙博托曾任农业、渔业和畜牧业国务部长及副总理兼劳工部长，但于2011年被解职。此后，该党脱离执政联盟，沦为反对党。③

虽然近年来刚果（金）的国内形势日趋平稳，但是如果当局不能处理好政党之间、国内各地区之间及与周边国家的矛盾，很有可能会出现新的危机，甚至会带来全国范围内的武装冲突，阻碍刚果（金）的和平发展进程。

二 经济形势

联合国贸易和发展会议（UNCTAD）2018年11月24日发布的《2018

---

① "DR Congo's Tshisekedi Names New Prime Minister", *France 24*, May 20, 2019, https://www.france24.com/en/20190520-dr-congos-tshisekedi-names-new-prime-minister.
② 《刚果民主共和国国家概况》，2019年4月，中华人民共和国外交部，https://www.fmprc.gov.cn/web/gjhdq_676201/gj_676203/fz_677316/1206_677680/1206x0_677682/.
③ 《对外投资合作国别（地区）指南——刚果（金）（2018年版）》，第11页。

年世界最不发达国家报告》指出，刚果（金）是世界上最不发达国家之一。① 刚果（金）是非洲最大的法语国家，拥有丰富的自然资源，拥有近7700万居民，但居住在城市的人口不足40%。刚果（金）拥有8000万公顷的可耕地和1100多种矿物和贵金属，如果能够摆脱政治不稳定，就有可能成为非洲大陆最富有的国家之一和非洲经济增长的推动器。②

刚果（金）经济缺乏多样性，经济增长在很大程度上依赖于采掘业。2017年，采掘业占出口总额的99%，占政府总收入的34%，占国内生产总值（GDP）的26%。因此，刚果（金）必须实现经济结构的多样化，以实现可持续性经济增长。基础设施落后限制了刚果（金）贸易一体化的进程。事实上，由于铁路、港口、航空运输等基础设施较差，该国的进出口贸易成本在非洲最高。根据世界银行《2019年营商环境报告》的数据，刚果（金）在190个国家中排名第184位，加大改善营商环境的力度势在必行。③

战略矿产是刚果（金）收入的重要来源，也是其发展的重要推动力。2018年刚果（金）政府颁布了一项法令，正式宣布钴、锗和铌钽铁矿为其战略矿产。根据刚果（金）通过的《矿业法修正案》，战略矿产需缴纳的税费高达10%。④ 刚果（金）的采矿业是一个高回报的产业。该国拥有大量未开发的黄金、钴和高品质的铜储备。根据美国地质勘探局《2016年矿产商品摘要报告》，刚果（金）是全球最大的钴生产国，2015年占全球产量的51%，同时也是全球第二大工业钻石生产国，贡献了全球约24%

---

① *The Least Developed Countries Report 2018*, United Nations Conference on Trade and Development, November 20, 2018, https://unctad.org/en/PublicationsLibrary/ldcr2018_en.pdf.
② "The World Bank in DRC – Overview", https://www.worldbank.org/en/country/drc/overview.
③ "Democratic Republic of Congo Economic Outlook", *African Economic Outlook (AEO) 2019*, Dec. 22, 2018, https://www.afdb.org/en/countries/central-africa/democratic-republic-of-congo/democratic-republic-of-congo-economic-outlook/.
④ 《刚果（金）正式宣布钴、锗和铌钽铁矿为战略矿产》，2018年12月7日，中华人民共和国驻刚果民主共和国大使馆经济商务处，http://cd.mofcom.gov.cn/article/jmxw/2018 12/20181202814540.shtml。

的产量，仅次于占全球工业钻石产量约30%的俄罗斯。①

矿业是刚果（金）经济的重要支柱。1997年和1998年的两次战争均发生在矿产资源丰富的东部地区，当地生产遭到严重破坏，产量骤减，矿业在国内生产总值中的比重一度跌至7%。② 近年来，随着国内局势不断缓和，矿业生产出现恢复性增长，2016年矿业产值占国内生产总值的28.36%。2013~2017年，刚果（金）的铜、钴、钻石、黄金和原油等主要矿产品的产量均有所增加（见表2）。由于运营成本低于南非等传统黄金生产国，刚果（金）的黄金开采受到矿业公司的关注。③ 以铜和黄金为例，分别由2013年的92万吨和8429千克增加至2017年的114万吨和31592千克。值得关注的是，在五年中，黄金产量增加了近3倍（见表2）。④

表2 2013~2017年刚果（金）主要矿产品产量

年份 矿产品	2013年	2014年	2015年	2016年	2017年
铜（吨）	919588	1030129	1039007	1023687	1141376
钴（吨）	76517	75560	83529	68822	90319
钻石（千克拉）	17474	14907	15754.8	14746.4	18902.8
黄金（千克）	8429	23937	31878	30178	31592
原油（千桶）	8351	8355	8247	8063	9125

数据来源：刚果（金）中央银行、矿业部等。

据刚果（金）农业部统计局统计，近几年，刚果（金）全国粮食总产量每年约3600万吨。2014年主要产量如下：木薯3487万吨，红薯48万吨，玉米203万吨，稻谷102万吨。⑤ 刚果（金）粮食不能完全自给，据刚果

---

① "Congo, Democratic Republic – Mining and Minerals", export.gov, July 20, 2017, https://www.export.gov/article? Id = Congo – Democratic – Republic – Mining – and – Minerals.
② 《刚果民主共和国经济》，2015年4月1日，中华人民共和国驻刚果民主共和国大使馆，http://cd.chineseembassy.org/chn/gbgk/t1250928.htm。
③ "Congo, Democratic Republic – Mining and Minerals", export.gov, July 20, 2017, https://www.export.gov/article? Id = Congo – Democratic – Republic – Mining – and – Minerals.
④ 《对外投资合作国别（地区）指南——刚果（金）（2018年版）》，第19页。
⑤ 《刚果（金）中孔果省成为国际热带农业研究所推广黄木薯种植的扩大试点地区》，2016年6月2日，中华人民共和国商务部，http://www.mofcom.gov.cn/article/i/jyjl/k/201606/20160601331861.shtml。

（金）海关统计，2013年进口大米和面粉分别为16万吨和7.1万吨，只有少量经济作物供出口，每年进口食品费用达15亿美元。[1] 根据《2019年全球粮食危机报告》(Global Report on Food Crises, 2019)，刚果（金）是世界第二大粮食不安全国家，有1560万人面临粮食安全问题。[2]

2011～2015年，刚果（金）宏观经济保持平稳增长，GDP年均增长率保持在7.7%以上，GDP按美元现行价格计算保持在年均197亿美元以上，人均GDP总体呈增长趋势，除2011年和2015年出现小幅下滑外，其余三年均实现了增长。进出口总值翻了一番，宏观经济呈恢复性增长势头。2015年经济表现良好，GDP增长率为6.9%，外汇储备为14.05亿美元（相当于5.8周的进口用汇量）。2016年，刚果（金）经济总体保持增长，但增幅有所下滑，GDP增长率为2.4%，通胀率为20%。[3] 2017年，刚果（金）GDP增长率为3.4%，增速超过2016年。[4] 2018年，刚果（金）GDP为426.44亿美元，GDP增长率为3.9%，增速高于2017年（见表3）。[5]

表3 2013～2018年刚果（金）宏观经济主要指标

年 份	2013年	2014年	2015年	2016年	2017年	2018年
GDP（亿美元）	326.76	359.18	384.02	393.24	414.47	426.44
GDP增长率（%）	8.5	9.5	6.9	2.4	3.4	3.9
人均GDP（美元）	458	487	504	499	509	507

数据来源：Global Finance, https://www.gfmag.com/global-data/country-data/the-democratic-republic-of-the-congo-gdp-country-report。

---

[1] 《刚果民主共和国经济形势概述》，2012年2月2日，中华人民共和国驻刚果民主共和国大使馆经济商务处，http://cd.mofcom.gov.cn/article/ddgk/201202/20120207947134.shtml。

[2] "Democratic Pepublic of the Congo – Situation Report", Arpil, 2020, http://reliefweb.int/report/democratic-republic-congo/democratic-republic-congo-situation-report-april-2020.

[3] 《刚果（金）2016年经济增长率仅2.5%》，2017年1月3日，中华人民共和国商务部，http://www.mofcom.gov.cn/article/i/jyjl/k/201701/20170102495209.shtml。

[4] "The Democratic Republic of the Congo Country Report 2017 – Includes The Democratic Republic of the Congo real Gross Domestic Product growth rate, with latest forecasts and historical data, GDP per capita, and GDP composition by sector", GLOBAL FINANCE, April 29, 2019, https://www.gfmag.com/global-data/country-data/republic-of-the-congo-gdp-country-report.

[5] "Democratic Republic of the Congo GDP – Gross Domestic Product", countryeconomy.com, 2018, https://countryeconomy.com/gdp/democratic-republic-cong.

就金融业来说，刚果（金）银行业近年来快速发展，商业银行数量已从2001年的5家增加到2018年的15家。根据德勤2015~2016年对刚果（金）银行业的研究显示，刚果（金）所有银行业指标都在增长。① 面对越来越激烈的竞争，银行也在积极制定战略规划以扩大市场份额。为了更贴近客户并减少中间代理环节，许多银行在城市人流量比较集中的区域安装了自动取款机。2006年6月，Procredit Bank（现为Equity Bank）在刚果（金）首都金沙萨安装了第一台自动取款机。截至2018年8月，金沙萨市24个区中，共有15个区有自动取款机，总数为201台。②

就政府税收来说，为刺激经济发展，刚果（金）税务总局表示，2018年度，国家税法在增值税部分有了重大改革。法律规定免除新企业为创建公司投入的进口设备的增值税。石油生产公司、出口型矿业企业以及在公司创立阶段有巨额投资的公司也在此次改革范围内。改革的目的是减轻公司在创建阶段的资金负担。公司向所属税务部门申请免税证明，并将此证明出示给供货商，便可免交增值税。③ 此外，2018年在金沙萨举办的财政工作会议上，刚果（金）国家税收总局一名负责人表示，上半年税收收入约为19000亿刚果法郎（按当地市场汇率1美元约合1600刚果法郎计算，约合11.9亿美元）。刚果（金）2018年全年税收计划约为27000亿刚果法郎。④

总的来说，由于大宗商品价格上涨和矿业产量增加，2018年刚果（金）经济形势较好。初级生产部门仍然是经济增长的主要推动力，较为发达的采矿业对刚果（金）经济增长提供了有力的支撑。政府债务管理严格控制，

---

① "DR Congo Highlight 2015"，Deloitte，2015，https：//www2.deloitte.com/content/dam/Deloitte/global/Documents/Tax/dttl-tax-drcongohighlights-2015.pdf.
② 《刚果（金）银行业发展迅速》，2018年11月22日，中华人民共和国驻刚果民主共和国大使馆经济商务处，http：//cd.mofcom.gov.cn/article/jmxw/201811/20181102809361.shtml。
③ 《刚果（金）税法改革》，2018年5月18日，中华人民共和国驻刚果民主共和国大使馆经济商务处，http：//cd.mofcom.gov.cn/article/jmxw/201805/20180502745817.shtml。
④ 《刚果（金）2018年上半年超额完成税收计划》，2018年7月21日，中华人民共和国驻刚果民主共和国大使馆经济商务处，http：//cd.mofcom.gov.cn/article/jmxw/201807/20180702768417.shtml。

2017年底为GDP的18.2%。2018年，刚果（金）中央银行将基准利率从20%下调至14%，以促进经济的发展。2018年的通胀率为27.7%，低于2017年的41.5%。预计2019年和2020年的GDP增长率将分别稳定在4.5%和4.6%，以采矿为支柱的基础产业继续是经济增长的主要推动力，但是可能会受到以下因素的影响：刚果（金）商品在国际市场上的价格变动，该国中部和东部安全局势的发展，埃博拉病毒疫情以及生产结构的多样化进程。此外，作为刚果（金）的主要贸易伙伴——中国的产能下降也可能影响其增长速度。①

三 教育发展

刚果（金）在教育上已取得了重大进展。小学毕业率从2002年的29%大幅提高到2014年的70%。然而，刚果（金）仍然是失学儿童人数最多的国家之一。据估计，刚果（金）有350万小学适龄儿童失学，占适龄儿童的26.7%，其中275万生活在农村地区。② 在5~17岁的年龄段中，有近700万青少年失学。由于原材料价格下降造成的经济停滞、社会危机和其他自然灾害以及童工、早婚、早孕和残疾等因素，刚果（金）无法实现普及初等教育。在刚果（金），52.7%的5~17岁的女孩没有上学。此外，该国教育质量和教师素质都比较低，通过对学生成绩的分析，学生的留级率和辍学率很高，合格教师占比低且地域分布不均，极不利于素质教育的推进。③

为了应对这些挑战，刚果（金）制定了"2016~2025年教育计划"，重点是扩大入学机会并保障入学平等，提高学习质量，改善对教育部门的管理。同时，公共教育投入大幅增加，从2010年占公共支出的9%增长到2014

---

① "Democratic Republic of Congo Economic Outlook", *African Economic Outlook* (AEO) 2019, December 22, 2018, https://www.afdb.org/en/countries/central-africa/democratic-republic-of-congo/democratic-republic-of-congo-economic-outlook/.

② "World Bank Project Appraisal Document - March 2016", Global Partnership for Education, June 26, 2019, https://www.globalpartnership.org/country/democratic-republic-congo.

③ "Education - Every Child Has the Right to Go to School and Learn", UNICEF, https://www.unicef.org/drcongo/en/what-we-do/education.

年的18%。在新批准的政府财政预算中，政府承诺到2018年将分配给教育的预算份额提高到20%，并将维持在这一水平，直至2025年。在刚果（金），教育协调机构是联合国儿童基金会（UNICEF）。国家教育项目组由刚果（金）教育部担任主席，由比利时政府、美援署（USAID）、世界银行和联合国教科文组织担任教育合作伙伴。①

据刚果（金）政府统计，截至2013年底，刚果（金）全国共有各类学校66817所（见表4），初级教育普及率高达97.8%，但中等教育的普及率较低，仅有35.6%。此外，由于刚果（金）政府对教育的重视加上殖民时期传承下来的教育体系，刚果（金）民众的识字率达到了75%。为促进教育发展，2015年，刚果（金）新建学校750所。在教育援助方面，美援署向刚果（金）各级教育系统提供了援助，并在2015财政年度按照其"教育战略"的目标1（提高阅读技能）和目标3（在危机环境中接受教育的机会）以及特派团的国家发展合作战略的体系下，取得了令人瞩目的成就。②为加强基础教育，2019年1月上任的齐塞克迪总统承诺拨款26亿美元用于小学教育，该拨款将覆盖5万多所公立小学，惠及数百万儿童。③

表4　2013年刚果（金）各类学校基本情况

	小学	中学		职业初中	职业高中	技术学校	残疾人学校	大学
		初中	高中					
学制	6年	3年	3年	3~5年	3~5年	6年	4~6年	5年
学校数（所）	43218	22698		—	—	—	—	901
学生数（万人）	1260	399.6		—	—	—	—	30
教师数（万人）	28.2	28.2		—	—	—	—	—

数据来源：CIA World Fact Book。

---

① "World Bank Project Appraisal Document – March 2016", Global Partnership for Education, June 26, 2019, https://www.globalpartnership.org/country/democratic-republic-congo.
② "EDUCATION", USAID, https://www.usaid.gov/democratic-republic-congo/education, 2019-05-28.
③ "Can Tshisekedi's Govt Deliver Free Education in DRC?", Africanews, Sep. 8, 2019, https://www.africanews.com/2019/09/08/can-tshisekedi-s-govt-deliver-free-education-in-drc//.

四　外交形势

刚果（金）奉行独立自主的外交政策，反对一切外来干涉，主张在互相尊重主权和领土完整、互利互惠的基础上发展同世界各国的友好合作。刚果（金）重视地区合作，积极参与和推动地区经济和安全合作，是中部非洲国家经济共同体（CEEAC）、南部非洲发展共同体（SADC）、中部非洲经济与货币共同体（CEMAC）、大湖地区国家共同体（CEPGL）等组织的成员。[1]

目前，刚果（金）已同全球90多个国家建立了正式的外交关系，有66个国家在刚果（金）设立了使领馆或代表机构。此外，包括联合国在内的20多个国际组织、机构和非政府组织在刚果（金）设有代表机构和办事处。[2]

（一）与美国关系

美国与刚果（金）的关系非常密切。美国对刚果（金）外交政策的重点是帮助该国成为一个稳定和民主的国家。与邻国和平相处、将国家权力阶梯式扩展到全国各基层单位并满足其公民的基本需要也是美国在刚果（金）工作的重点。美国也是联合国驻刚果（金）稳定特派团的最大捐助国。两国经贸往来密切，美国对刚果（金）的出口产品包括药品、家禽、机械和小麦。美国从刚果（金）进口最多的是石油，占美国从刚果（金）进口总量的90%以上。美国对刚果（金）援助力度较大，这些援助旨在支持改善刚果（金）的医疗条件，帮助构建刚果（金）政府所需的安全体系和治理体系。加强政府机构法制建设、提高粮食安全和农业生产力、增加获得信贷的机会、支持经济复苏和增长、帮助当地居民获得高质量的医疗保健和教育是美国对刚果（金）援助的核

---

[1] 《刚果（金）》，2015年6月23日，中非投资联合会，http://www.china-africa.org/information/1/2015-06-23/213.html。
[2] "U.S. Relations with Democratic Republic of the Congo", U.S. Department of State, October 10, 2018, https://www.state.gov/u-s-relations-with-democratic-republic-of-the-congo/.

心目标。① 此外，美国也对刚果（金）扩大政治影响力。2019年2月，美国国务院对刚果（金）三名选举委员会高官实施签证限制，指控其腐败并阻碍总统选举。②

（二）与比利时关系

比利时作为刚果（金）的前宗主国，与刚果（金）始终保持着密切的联系。从近几年来看，2016年12月，卡比拉宣布推迟选举，比利时政府随即宣布将"重新审查"它与刚果（金）的关系。③ 比利时政府还建议其公民因为政治动乱暂时不要去刚果（金）。④ 2017年4月，由于此前比利时外交部长迪迪埃·雷恩德斯（Didier Reynders）对于卡比拉总统任命新总理布鲁诺·奇巴拉表示不满，⑤ 刚果（金）政府通知了比利时驻刚果（金）大使馆武官：刚果（金）将暂停与比利时的军事合作。

（三）刚果（金）与中国关系

1961年2月20日，刚果（金）和中国建交，后于同年9月18日因故中断。1972年11月24日，刚果（金）和中国实现两国关系正常化。随后，两国关系日益紧密。⑥ 近几年来，两国高层交往频繁。2015年，中国外交部长

---

① "Policy & History", U.S. Embassy in the Democratic Republic of the Congo, https://cd.usembassy.gov/our-relationship/policy-history/, 2019-06-03.
② Human Rights Watch, "Democratic Republic of Congo-Events 2019", https://www.hrw.org/world-report/2020/country-chapters/democratic-republic-congo.
③ "Belgium Says it will 're-examine' Relations with Democratic Republic of Congo after Kabila Fails to Step down", Reuters, December 20, 2016, https://www.reuters.com/article/us-congo-politics-idUSKBN149189? il = 0.
④ "Belgium urges citizens out of Congo on fears of violence", Reuters, December 16, 2016, https://www.reuters.com/article/us-congo-violence-belgium-idUSKBN1452DA.
⑤ "DRC Suspends Military Cooperation with Belgium", News 24, April 15, 2017, https://www.news24.com/Africa/News/drc-suspends-military-cooperation-with-belgium-20170415.
⑥ 《中国同刚果民主共和国的关系》，2019年4月，中华人民共和国外交部，https://www.fmprc.gov.cn/web/gjhdq_676201/gj_676203/fz_677316/1206_677680/sbgx_677684/t6534.shtml。

王毅访问刚果（金），同年7月，刚果（金）外长齐班达访问中国。① 随着两国关系进一步发展，卡比拉总统应邀参加中国人民抗日战争暨世界反法西斯战争胜利70周年纪念活动，此后，刚果（金）和中国于2015年9月将双边关系提升为战略伙伴关系。② 刚果（金）积极参与中国"一带一路"建设。在2017年5月举办的首届"一带一路"国际合作高峰论坛上，中国国家主席习近平宣布，中国将向"一带一路"沿线发展中国家提供紧急粮食援助。中国对包括刚果（金）在内的非洲5国的紧急粮食援助是落实上述对外援助承诺的具体行动。③ 两国领导人最近一次会晤是在2018年9月。时值中非合作论坛北京峰会开幕，刚果（金）总理奇巴拉应邀参加峰会，习近平主席同奇巴拉会见，两国元首就未来如何深化双边关系、促进刚果（金）社会发展和对刚果（金）人道主义援助开展了交流和讨论。④

五 医疗卫生状况

刚果（金）妇女儿童的健康状况不容乐观。刚果（金）是世界上婴儿死亡率第二高的国家（仅次于乍得），10个孩子中有6个孩子活不到5周岁。⑤ 根据联合国儿童基金会的数据，5岁以下儿童中有43.5%发育迟缓。⑥ 为对抗对儿童损伤极大的肺炎，2011年4月，通过全球疫苗免疫联盟的援

---

① 《王毅同刚果（金）外交与国际合作部长奇班达共同主持两国外交部首轮磋商》，2015年7月29日，新华网，http：//www.xinhuanet.com//world/2015-07/29/c_1116083048.htm。
② 《刚果民主共和国总统卡比拉访鄂》，《湖北日报》2015年9月6日，http：//hbrb.cnhubei.com/HTML/hbrb/20150906/hbrb2733091.html。
③ 《习近平：中国将向一带一路发展中国家提供600亿元》，2017年5月15日，搜狐网，http：//www.sohu.com/a/140766000_118622。
④ 《习近平会见刚果民主共和国总理奇巴拉》，2018年9月6日，新华网，http：//www.xinhuanet.com/politics/leaders/2018-09/06/c_1123391314.htm。
⑤ "Democratic Republic of the Congo"，WHO，https：//www.who.int/hac/donorinfo/campaigns/cod/en/，2019-08-17.
⑥ "Democratic Republic of the Congo"，*Scalingupnutrition*，May 29, 2013，https：//scalingupnutrition.org/sun-countries/democratic-republic-of-congo/.

助,刚果(金)首都金沙萨引入了一种新的预防肺炎球菌疾病的疫苗。①刚果(金)产妇健康状况很差。根据2010年的统计,刚果(金)的孕产妇死亡率在世界上排名第17位。②此外,刚果(金)至少有40万人遭受性暴力。

传染性疾病的蔓延也极大地危害刚果(金)人民的健康。2012年,据估计大约有1.1%的15~49岁的成年人感染了艾滋病毒/艾滋病。③疟疾在刚果(金)也是致死率很高的疾病,该国每天有400多名儿童死亡,其中近一半死于疟疾。④黄热病在刚果(金)也是致死率较高的疾病。埃博拉疫情在刚果(金)异常严峻,刚果(金)卫生部长Oly Ilunga表示,自2018年8月以来,埃博拉病毒感染者死亡人数多达1008人。在该国埃博拉疫情日益恶化的背景下,刚果(金)卫生官员一直坚守在疫情中心和治疗中心为患者治疗。⑤也正是由于刚果(金)东部埃博拉疫情的影响,100多万人无法在总统选举中投票,东部三个地区的投票被推迟到2019年3月。⑥

---

① "A Vaccine for the Very Young Takes Aim at Bacterial Diseases", *The New York Times*, April 11, 2011, https://www.nytimes.com/2011/04/12/health/12global.html.

② "The World Fact Book", Central Intelligence Agency, 2015, https://www.cia.gov/library/publications/the-world-factbook/rankorder/2223rank.html.

③ "The World Fact Book", Central Intelligence Agency, 2012, https://web.archive.org/web/20150216040138/https://www.cia.gov/library/publications/the-world-factbook/fields/2155.html.

④ "Democratic Republic of Congo", WHO, https://www.who.int/hac/donorinfo/campaigns/cod/en/, 2019-08-17.

⑤ "The Latest: Ebola Deaths Top 1,000 in Congo Outbreak", *The Washington Times*, May 3, 2019, https://www.washingtontimes.com/news/2019/may/3/the-latest-ebola-deaths-top-1000-in-congo-outbreak/.

⑥ Human Rights Watch, "Demoratic Republic of Congo - Event 2019", https://www.hrw.org/world-report/2020/country-chapters/democratic-republic-congo.

刚果（布）发展报告

孙利珍 李宛平

摘　要：2015 年刚果（布）修改宪法成功，将总统任期延长至三届，之后德尼·萨苏·恩格索总统成功连任。国内虽发生动乱，但政治形势基本保持稳定。在经济上，由于过分依赖石油经济部门，政府陷入债务危机。为了促进经济多元化发展，政府制定了一系列国家发展计划，努力摆脱对石油的过度依赖，以促进刚果（布）经济朝着包容性和持续性的方向发展。在外交上，刚果（布）继续与法国、中国和周边国家保持良好的外交关系，加强与各方在经济、外交和社会发展等方面的紧密合作。除此之外，刚果（布）政府大力发展教育事业，致力于培养技术精湛且价值观和道德观符合刚果（布）国家发展状况的优秀人才。在社会发展方面，政府在交通运输和医疗等领域取得了较大的成就。

关键词：刚果（布）　政治发展　经济发展　社会发展

作者简介：孙利珍，云南大学非洲研究中心博士研究生；李宛平，云南大学非洲研究中心硕士研究生。

刚果（布）从独立至今，国家的发展方向经历了由资本主义转向社会主义再到资本主义的变化，政党制度也经历了从多党制到一党制再到多党制的变革。从 2003 年起，刚果（布）政局总体稳定，虽因 2015 年修改总统任期引发小规模的动乱，但总体上不影响局势稳定。长期依靠石油导致刚果（布）陷入债务危机，为此政府制定了 2018~2022 年国家发展计划，以实现经济的多样化。此外，刚果（布）政府重视在教育和社会发展等方面的发展，从而为经济发展创造良好的条件。

一 政治局势

2002年萨苏就任刚果（布）总统，积极推行和平统一与民族和解的政策。2003年刚果（布）政府与境内最后一支反政府武装签署和平协定。此后，刚果（布）国内安全局势一直比较稳定，没有发生大规模的武装冲突。2015年10月，经过全民公投，刚果（布）政府成功修宪并将总统任期延长至三届，为德尼·萨苏"第三任期"铺平了道路。[1] 2016年3月，刚果（布）举行总统选举，萨苏以60.37%的得票率胜出，4月，任命克莱芒-穆昂巴为总理。2017年7~8月，刚果（布）先后举行国民议会、地方议会和参议院选举，刚果劳动党在上述选举中分别获151席中的90席、1158席中的450席和66席（普尔省6名参议员留任）中的44席，执政地位进一步得到巩固。随后，对内阁进行改组，新设副总理一职，内阁成员由上一届的39人减至36人，基本保留原班人马。

目前，刚果（布）政党总数大约180个，[2] 执政党刚果劳动党领导的多党执政联盟——"总统多数派联盟"在政坛占据主导地位。独立后，刚果劳动党执政20余年，现主要政党情况如下。

（1）刚果劳动党（Parti Congolais du Travail，PCT）。成立于1969年12月31日，简称"刚劳党"，现为议会第一大党、执政党，在全国约有35万党员，1969~1992年为刚果（布）唯一的合法政党。1992年在首届多党选举中失利，成为反对党。1997年10月内战结束后，重新成为执政党至今。

（2）泛非社会民主联盟（Union Panafricaine pour la Démocratie Sociale，UPADS）。成立于1991年1月，6月获合法地位，是刚果（布）的前执政

---

[1] 李志伟：《刚果（布）公投以绝对多数通过宪法修正案》，《人民日报》2015年10月28日，第21版。

[2] 《刚果共和国国家概况》，2019年1月，外交部，https：//www.fmprc.gov.cn/web/gjhdq_676201/gj_676203/fz_677316/1206_677656/1206x0_677658/。

党,现为最大反对党。在全国大约有12万名党员,成员主要是知识分子,势力范围集中在南方尼阿里、雷库木和布昂扎三省。目前,该党内部处于分裂状态。

（3）民主与社会进步联盟（Rassemblement pour la Démocratie et le Progrès Social, RDPS）。成立于1990年10月19日,目前是刚果（布）第二大政治力量,势力范围集中于黑角市和奎卢省,自称左翼政党,其目标是建立一个反对独断专横、专制主义和一党制的社会,反对国家成为少数人致富的机器。内战结束后,该党明确支持萨苏新政权,并参与战后重建。2009年,曾与刚果劳动党签订政治协议,两党共同推选候选人参加大选,共同治理国家。

（4）民主共和联盟－马灯党（Union pour la Démocratie et la République Mwinda, UDR-Mwinda）。成立于1992年10月,是唯一一个以反对党名义进入议会的政党。2001年7月14日,以该党为主体成立了民主与进步联盟。

目前,刚果（布）政局比较稳定,萨苏总统与刚果劳动党执政地位不断巩固。萨苏自2009年连任总统以来,一直牢牢控制军队、警察等国家要害部门,对反对派实行分化和打压政策,国内各反对党无法对萨苏政权形成有力挑战,均致力于在现有政治体制框架内分享权力,不倾向于采取极端措施改变现状。但萨苏总统已经70多岁,其带领的刚果劳动党执政时间跨度比较长（2002~2009年,2009~2016年,2016年至今）,总体上国家已经进入老人政治的中后期,民众对威权政府的容忍度在不断降低。2015年,刚果（布）修改宪法虽没有引发像布隆迪和刚果（金）等国那样的局势动荡,但"第三任期"容易导致权力与政治的去制度化,也易产生违反人权、腐败和裙带关系等一系列问题,领导人还会因长期执政而陷入专制与独裁,不利于民主政治的发展。

在修订宪法延长总统任期之后,刚果（布）的一支民兵组织——"忍者武士"在普尔省发动叛乱,打乱了刚果（布）的整体安全局势。2016~2017年,"忍者武士"袭击了刚果（布）的主要粮食产区,并切断了布拉柴维尔与黑角主要石油港口之间的关键运输线路,使原油价格暴跌,导致本国经济形势更加恶化。萨苏总统再次连任以及2017年执政党立法和参议院选举胜利以来,刚果劳动党呼吁进行包容性对话。最终,2017年12月23日,刚果(布)政府与"忍者武士"签署停火协议,双方根据协议成立混合委员会监督并落实协议内容。① 2018年7月,刚果(布)政府释放前反叛领导人巴斯德·恩图米牧师及85名支持者,并取消对其国际逮捕令,所有法律诉讼也都被撤销。8月,刚果(布)政府执行对"忍者武士"的裁军协议,以确保叛军的瓦解。刚果(布)的安全状况得到进一步巩固。

2019年8月,频繁爆出萨苏总统的家族成员存在财务问题,同时也反映出萨苏长时间执政产生的腐败问题。12月27~30日,萨苏带领的刚果劳动党在布拉柴维尔举行第五次例会,在此次会议上,萨苏再次被选举为2021年的总统候选人。而反对派则要求将萨苏排除在大选之外,将总统大选推迟至2020~2023年,遭到执政党的拒绝。未来如何与继任者实现权力交接或将成为影响刚果(布)政局变化的重要节点,如不能实现权力的顺利交接则可能造成国内动荡的局面,从而削弱国家政治的稳定性。

二 经济发展

目前,刚果(布)工业化进程缓慢,石油和木材是其经济支柱,农牧业落后,粮食、肉类、蔬菜等均不能自给,90%以上依赖进口。在刚果(布)的进出口结构中,进口商品涉及肉类、机械设备、水泥、钢铁建材、糖、药品等多项类别,分布较为均衡,单项类别金额和比重均不大。

从20世纪70年代开始,历届刚果(布)政府一直秉持将石油部门排斥在以加速增长和可持续发展的经济多样化战略以外,直到制定2012~2016年国家发展计划(National Development Plan, NDP)才开始改变这种经济发

---

① 《刚果(布)政府与反武装政府"忍者"签署停火协议》,2017年12月24日,环球网,http://world.huanqiu.com/article/2017-12/11471022.html?agt=15422。

展战略。尽管有促进经济结构多样化的决心，但刚果（布）的经济结构总体上并未显示结构性改革的迹象，石油产业在刚果（布）经济部门的主导地位主要表现为：（1）2002～2017年，石油部门产值平均占实际GDP的30%和货币GDP的58%，出口商品的90%，私人投资的80%，外国直接投资的83%和国家收入的60%；（2）石油价格和产量的波动造成国家收支和公共财政状况极不稳定。① 据石油输出国组织（OPEC）2015年统计，刚果（布）已跻身非洲六大石油生产国之列，仅次于尼日利亚、安哥拉、阿尔及利亚、埃及和利比亚。刚果（布）制定的新发展目标是跃升三位，成为非洲第三大石油生产国。② 由于石油价格和产量的不稳定，刚果（布）的收支平衡和财政收入的增长极不稳定。

2014下半年开始，因石油和铁矿石价格大幅下跌，刚果（布）石油收入锐减，矿产开发停滞，经济陷入低谷。2016年和2017年连续两年刚果（布）的实际GDP出现负增长，分别为 -2.8%和 -3.1%，2018年的GDP实际增长率为2.0%。③ 北莫霍油田的开发推动了刚果（布）石油产量的增加，国际石油价格也逐步回升，但刚果（布）经济反弹趋势并不明显。为了应对石油价格给本国经济带来的冲击，刚果（布）于2018年6月22日加入欧佩克，以在全球石油市场中保持平衡并吸引更多的投资。

由于石油收入锐减，2015年以来，刚果（布）净出口减少、外汇储备缩水、财政及账户赤字居高不下。2017年，从国际货币基金组织和世界银行联合对刚果（布）进行的债务可持续性分析来看，刚果（布）已经陷入债务危机。④ 近年来，刚果（布）为加大基础设施建设，积极寻求各方融资，债务不断攀升，如表1所示。截至2018年底，刚果（布）外债总额约为

---

① Congo – Country Strategy Paper 2018 – 2022, p. XLVII.
② 《刚果（布）希望未来跻身非洲石油生产前三甲》，2017年5月9日，中华人民共和国商务部，http：//www. mofcom. gov. cn/article/i/jyjl/k/201705/20170502571413. shtml.
③ "Congo Economic Outlook", African Development Bank Group, https：//www. afdb. org/en/countries/central – africa/congo/congo – economic – outlook/.
④ Congo – Country Strategy Paper 2018 – 2022, p. 11.

51.47亿美元，占其GDP的45.69%。刚果（布）宏观经济的大幅度失衡迫使政府在内部和外部积累了巨额债务，并导致政府在偿还债务方面遭遇重大困难。截至2019年6月18日，国际评级机构穆迪对刚果（布）主权信用评级为Caa1，展望为稳定；截至2019年8月2日，国际评级机构标普对刚果（布）主权信用评级为CCC+，展望为负面。①

表1　2015~2018年刚果（布）外债总额占GDP的比重

单位：亿美元，%

年份	外债总额	GDP	占GDP比重
2015	40.22	85.53	47.02
2016	37.58	90.36	41.59
2017	49.26	87.01	56.61
2018	51.47	112.64	45.69

数据来源：World Bank。

对石油产业的严重依赖暴露了刚果（布）本身经济和对外部冲击应变能力的脆弱性，因此刚果（布）必须使其经济多样化。刚果（布）政府积极推行振兴经济和经济多元化政策，减少对石油的过度依赖，推动各行各业的全面发展。2002年，刚果（布）政府通过新投资法，赋予地方政府更多权力，鼓励私人投资，提高政府政策和法规的透明度。2012年7月，刚果（布）议会通过2012~2016年国家五年发展规划，其主要内容包括：促进增长、就业和摆脱贫困的国家发展战略文件（DSCERP 2012~2016），优先行动计划（PAP），宏观经济前景及财政预算框架（CMB-FS），以及计划实施的跟踪与评估。2012年，萨苏总统还提出在2025年前将刚果（布）建设成为新兴发展中国家。为实现这一目标，政府将通过改善基础设施，优先发展能矿采掘业、现代制造业和绿色经济（农林牧渔及旅游业），以实现经济多元化发展战略。

2018年8月，刚果（布）通过新的2018~2022年国家发展计划（NDP,

---

① Trading Economic, Congo-Credit Rating, http://tradingeconomics.com/congo/rating/.

2018~2022），其主要内容如下。（1）治理。主要涉及政府对公共领域的干预，提高公共服务的质量和公共措施的有效性。2019年，刚果（布）政府准备实施第一阶段的经济和金融改革支持计划（PAREF）。（2）人力成本。改革教育体制，实施"公民教育计划"，随着大学接收学生能力的提高和多样化培训项目的出现，刚果（布）的人力素质不断提升。刚果（布）政府将于2020年实施教育部门发展支持项目和在2021年启动适用于农村的教育、培训发展项目。（3）多样化。大力发展农业、旅游业和私营经济，推进经济多样化，增强其对债务持续增长的抵御能力。世界银行对刚果（布）的经济多元化援助计划第二期已在2018年启动，根据刚果（布）政府同世界银行签署的协议，第二期经济多元化援助的目标主要是提高食品加工、旅游、手工业、交通以及物流类中小企业的竞争力。[1]

目前来看，刚果（布）尚未显现新的经济增长点，未来仍主要依靠石油出口和吸引外资投入基础设施建设来维持经济增长。为了遏制刚果（布）债务状况继续恶化，2019年5月，世界货币基金组织（IMF）工作组访问刚果（布），并达成对刚果（布）的救助协议，[2]并于7月11日权衡延长对刚果（布）的救助计划。近几年，刚果（布）基础设施水平有较大改观，但仍不足以满足其经济发展的需要。2019年6月30日，土耳其航空开通了从黑角到伊斯坦布尔之间的航班，增强了刚果（布）政府在旅游业和贸易方面的优势，为实现经济多元化助力。7月11日，刚果（金）和刚果（布）的专业人士和企业家建立了刚果商业网络以促进经济发展。此外，刚果（布）又发现了奥约（Oyo）和罗非鱼（Tilapia）两个大油田，未来刚果（布）石油产量大幅度增加，意味着本国摆脱石油的经济改革很可能推后。

---

[1] 《世界银行助力刚果（布）经济多元化》，2017年6月10日，中华人民共和国驻刚果（布）大使馆经济商务处，http：//cg.mofcom.gov.cn/article/gjhz/201706/20170602589569.shtml。

[2] 《刚政府与国际货币基金组织的谈判取得重要进展》，2019年5月15日，中华人民共和国驻刚果（布）大使馆经济商务处，http：//cg.mofcom.gov.cn/article/jmxw/201905/20190502863239.shtml。

三 教育状况

在1960年取得独立之后，刚果（布）政府一直积极开展扫盲运动且成果显著，为此刚果（布）多次在国际上获得扫盲奖。根据联合国教科文组织的数据，2011年，刚果（布）15岁以上人口的识字率为79.32%，65岁以上人口的识字率为73.08%。刚果（布）是撒哈拉以南非洲国家中成人文盲率最低的国家之一。

1995年9月1日，刚果（布）颁布的新教育法规定，小学、初中都实行义务教育制，国家免费为6～16岁的儿童实行免费义务教育。刚果（布）的教育体制大致分为四个阶段：幼儿教育（0～3岁）、初等教育（4～11岁）、中等教育和职业教育（12～18岁）、高等教育（19～23岁）。其中，高等教育发展起步比较晚，在相当长的时期内，刚果（布）政府将主要精力放在发展初等教育和中等教育上面。

独立前和独立后相当长的时期内，刚果（布）没有严格意义上的高等院校，只有一个设立在首都布拉柴维尔的高等教育中心，主要职责是负责进修教育、函授教育等。1962年成立的高等师范学校隶属高等教育中心，1981年成立高等技术师范学校和卢波莫高高等教育学院，之后这三所学校都被并入利安·恩古瓦比大学。利安·恩古瓦比大学是刚果（布）唯一一所综合性大学。刚果（布）第二所大学——德尼·萨苏·恩格索大学建造工程于2012年4月动工，其成立对提高刚果（布）的教育水平具有重大意义。①

截至目前，刚果（布）被认为是中非次区域教育水平最高的国家之一，但教育和培训没有回应社会和经济的期望，失业情况令人担忧。根据国家就业和劳动办公室（ONEMO）的统计，2011年，刚果（布）的平均失业率约

---

① 《刚果（布）将建第二所大学》，2012年2月13日，中华人民共和国驻刚果（布）大使馆经济商务处，http://cg.mofcom.gov.cn/article/jmxw/201202/20120207963675.html。

为19.7%,失业现象在15~29岁的年轻人中最为突出,约为34.1%,其中女性为29.0%,男性为39.3%。[①] 毕业生难以满足经济发展的需求,教育和培训制度不适合企业的发展,与此同时,公司的治理效率低下加剧了教育和培训制度与经济发展不相适应的现象。

当前,刚果(布)的教育部门主要面临以下问题。(1)学前教育发展不充分。2003~2012年,刚果(布)学龄前儿童人数从13256人增加到53920人,增加了3.07倍,但总体入学率不高。2012年,刚果(布)的学前教育总入学率仅为12.87%,其中,男童入学率为12.95%,女童入学率为12.79%。[②] 学前教育在很大程度上仍然是城市社会生活的福利,农村地区学前教育机构的发展仍然太慢。(2)中等教育课程重复率过高。资料显示,在撒哈拉以南非洲国家中,刚果(布)小学课程的重复率为22.8%,高中课程的重复率为17.6%,为课程重复率最高的国家之一。[③] (3)国家投入不够。刚果(布)许多学校分布比较零散,交通不便导致教师资源不均。尤其是在偏远地区,生活条件艰苦,教师数量严重短缺。在农村地区,学校经常使用志愿者填补教师数量的不足,但大多数志愿者不具备相应的资格技能和文化水平,导致教学质量和学生成绩与其他非洲法语国家相去甚远。刚果(布)的小学结业考试分数普遍偏低,法语得分为39.1分,数学得分为36.0分,这些分数普遍低于非洲法语国家平均水平。[④] 2011年,在刚果(布)的公共教育系统的8438名教师中,在编教师为3402名,合同代理教师为1093名,二者占教师总数的53.3%,其余空缺由志愿者填补,其中,2132名志愿者并没有担任教师的相关资格证书。[⑤] 除此之外,刚果(布)的教室、教科书及学校的基础设施都有投入不足的现象。

为了更好地发展教育,刚果(布)通过了"教育部门2015~2025年发

---

① "STRATÉGIE SECTORIELLE DE L'EDUCATION 2015 – 2025", p. 23.
② 联合国教科文组织, http://uis.unesco.org/country/CG。
③ "STRATÉGIE SECTORIELLE DE L'EDUCATION 2015 – 2025", p. 30.
④ "STRATÉGIE SECTORIELLE DE L'EDUCATION 2015 – 2025", p. 30.
⑤ "STRATÉGIE SECTORIELLE DE L'EDUCATION 2015 – 2025", p. 31.

展计划"。刚果（布）政府对本国教育提出了以下几个目标：一是所有适龄儿童都进入学校学习并完成10年基础教育；二是确保教育与经济需求之间的适应性；三是加强教育部门的管理，确保政府有实施教育战略所需的工具。为实现上述目标，刚果（布）政府相关部门积极开展工作，鼓励学龄儿童走进学校学习。其工作主要有以下几个方面。

其一，加强政府对教育部门的管理，增加对教育的投入。作为战略的一部分，刚果（布）政府计划建造大约1000个教室（小学640个，大学360个），班级规模从目前的58名学生减少到2024年的40名学生；2024年，所有公立学校都设有行政区和图书馆，2栋宿舍楼，2个厕所和足够数量的教学设施；[1] 努力降低教室的建筑成本；实施多样化的建设模式和项目管理方式，如委托给部门理事会或管理委员会等非政府组织。[2] 除此之外，还向小学生和中学生提供主要科目的教科书，以确保教学材料充足。向寄宿学校的贫困儿童和土著学生、女学生提供奖学金，以减少贫困家庭和女生、土著家庭的受教育成本。同时，针对刚果（布）教育中的课程重复问题，改善小学和初中教育的学习内容，重新定义10年基础教育的目标和设立新课程。

其二，提供充足的教师队伍，逐步减少非教学人员数量。该计划拟在未来10年招募2.2万名中小学教师（包括普通教育、技术教育和职业培训的老师）。[3] 在增加教师数量的同时采取相关措施对现有教师进行培训，如从中国引进信息和通信技术（ICT），建立互联网中心和数字图书馆；建立教师网络，以便不同学科的教师进行交流。

其三，实施学校供餐计划，提供优质教育。学校供餐计划旨在为所有人提供优质初等教育，照顾社会弱势群体的孩子。联合国世界粮食计划署和刚果（布）政府共同实施学校供餐计划，其中，特别照顾土著学生和女童。

---

[1] 张象、车效梅：《列国志·刚果》，社会科学文献出版社，2005，第89页。
[2] "STRATÉGIE SECTORIELLE DE L'EDUCATION 2015–2025", p. 23.
[3] "STRATÉGIE SECTORIELLE DE L'EDUCATION 2015–2025", p. 62.

四　军事和外交

刚果（布）在1960年宣布独立时，其武装力量只有陆、海、空三个兵种且人数不多的原殖民军。根据独立前夕法国与刚果（布）签订的移交政权协议，武装部队将继续由法国负责管理、指挥和训练，[①] 刚果（布）政府只负责提供兵员和战略物资供应。部队的布置继续保持"重内卫，轻外防"的特点，大部分军队布置在首都和黑角，少部分驻扎在铁路沿线以防国内发生动乱。1984年，实行义务兵役制，18～35岁的公民必须义务服兵役两年。现有兵力2.2万人，其中陆军1.5万人、海军2000人、空军1500人、宪兵3500人，另有警察等准军事人员5000人，全国划分为9个军区。[②]

独立之初，刚果（布）奉行亲西方的外交方针，在国际舞台上追随法国的脚步。之后，伴随着政府更迭，外交政策也相应发生变化。1997年萨苏重新执政以后，立即宣布新政府与所有合作伙伴国及国际社会恢复信任关系，实行预防性全方位外交和多元化的合作，继续与友好国家发展关系。[③] 自此，刚果（布）的外交基调确定。近年来，在优先发展同法国关系的同时，积极发展同美国、欧盟以及亚洲国家的关系，力求实现外交与合作多元化。

由于历史原因，刚果（布）与法国关系依旧紧密，虽然其间因刚果（布）要扩大自主权而导致两国关系一度紧张，但并未影响双方经贸领域的合作。刚果（布）还积极加入法国倡议的法非首脑会议和法语国家首脑会议，以加强与法国的紧密联系。法国是刚果（布）第一大援助国和第一大投资国，每年都会向刚果（布）提供财政援助，用于发展经济项目和缓解债务压力。除此之外，法国在2003~2008年免除了刚果（布）的债务。2013年

[①] 张象、车效梅：《列国志·刚果》，社会科学文献出版社，2005，第207页。
[②] 《刚果（布）概况》，2019年1月，中国外交部，https：//www.fmprc.gov.cn/web/gjhdq_676201/gj_676203/fz_677316/1206_677656/1206x0_677658/。
[③] 张象、车效梅：《列国志·刚果》，社会科学文献出版社，2005，第259页。

以来，萨苏总统多次对法国进行国事访问。2018年6月，法国外长勒德里昂访问刚果（布）。目前，法国在刚果（布）共有180余家企业，雇佣当地员工1.5万人，技术人员和侨民有7000多人，在刚果（布）的金融、货币、木材等领域也都有大量投资。

刚果（布）重视睦邻友好，积极参与地区事务，注重与非洲国家发展友好关系。刚果（布）不仅是中部非洲经济和货币共同体、中部非洲国家经济共同体成员国，还同刚果（金）、加蓬等邻国和其他非洲国家保持友好合作关系，参与调解并推动解决苏丹危机、利比亚问题和中非共和国危机。从2011年3月开始，萨苏总统多次参加非盟利比亚问题特别委员会会议，并于2016年11月当选为特别委员会主席。2012年12月，中非共和国形势恶化后，萨苏总统出任中非危机行动委员会主席，推动中非共和国政府与本国反政府武装达成和平协议，缓和中非共和国国内和中部非洲安全局势。刚果（布）还积极发展与其他非洲国家的关系，与南非、几内亚、贝宁、赤道几内亚、中非共和国、几内亚、科特迪瓦、阿尔及利亚、冈比亚、多哥等国建立了良好的外交关系。2019年2月8日，萨苏总统接待了刚果（金）总统，为巩固友好邻国关系打下了基础。

1964年2月，中国与刚果（布）正式建立外交关系。刚果（布）是非洲国家中最早与中国建立外交关系的国家之一。近年来，双方关系不断深入发展，合作突飞猛进，成为中非合作的榜样。2013年以来，萨苏总统6次访华，双方国家最高领导人实现互访，并于2013年就建立全面合作伙伴关系达成共识。2016年7月，双方决定将全面合作伙伴关系提升为全面战略合作伙伴关系。中国是刚果（布）的第一大贸易合作伙伴，并在协助刚果（布）建设机场、学校和医院等基础设施，促进当地经济和社会发展方面做了不少工作。在教育领域，中国承建了姆皮拉中学、马桑果中学和扩建马利安·恩古瓦比大学项目。在金融领域，中国农业银行与刚果（布）合资成立了中刚非洲银行，帮助和提升刚果（布）的金融发展水平并促进刚果（布）现代金融体系的建立，成为中非金融领域的典范。在经济领域，由中国提供技术和资金，双方共同规划的黑角经济特区前期工作顺利开展，即将建成的黑角经济特区直接和间接创造了 10 万个就业就会，可加快双方产业对接和产能合作，促进刚果（布）经济的发展。刚果（布）还是中非产能合作先行示范国和中非区域航空合作重点国家。2018 年 9 月，中国和刚果（布）在布拉柴维尔签署谅解备忘录，计划加强双方在民航教育领域的合作，为刚果（布）培养更多航空专业人才。2019 年是双方建交 55 周年，高层领导人的交往增进了双方政治互信，为全面战略伙伴关系发展贡献了顶层设计。

五　社会发展

刚果（布）政府致力于改善国内交通、用电等基础设施，加大对疾病的对抗力度，以及改善医疗卫生条件。刚果（布）的主要城市尚无地铁或城铁等轨道交通，仅有的大洋铁路因年久失修、运力不足无法满足人员和货物的流动，逐渐成为制约该国经济发展的瓶颈。为促进经济发展，刚果（布）政府拟建造全国铁路网，计划建设 5 条铁路，全长 1767 千米，连接刚果（布）境内主要矿产资源地区和经济特区，粗略估计投资在 160 亿 ~200 亿美元，尚处于初步规划阶段。① 2020 年 3 月 10 日，连接刚果（布）首都布拉柴维尔和喀麦隆首都雅温得的 312 公里公路投入运营。

从目前来看，刚果（布）在电力供应上难以满足日常生产生活所需。为了提高电力供应能力，政府计划建设从南到北的"电力走廊"，实现走廊沿线城市的通电，并对黑角和布拉柴维尔的电网进行改造；在农村因地制宜，发展太阳能、风能等新能源。2019 年 4 月，布拉柴维市频繁断电。8 月，刚果（布）政府在黑角启用第 3 台涡轮发电机，但目前仍处于调试阶段。在改善输电方面，刚果（布）政府正致力于寻求合作，预计将为电力公司的 20 个配电站安装新设备。同时，刚果（布）政府也正在与世界银行商谈相关项目，将在布拉柴维尔和黑角分别建立 40 个和 20 个新配电站。2020 年 2 月 19 日，刚果（布）通信部长蒂埃里·蒙加拉（Thierry Moungalla）表示原田

---

① 《对外投资合作国别（地区）指南——刚果共和国（2018 年版）》，第 35 页。

(Sounda）大坝目前处于技术阶段，经过融资阶段后才可以投入建设，以解决电力赤字问题。

联合国开发计划署资料显示，刚果（布）民众出生时预计寿命仅为64.3岁，女性成人死亡率和男性成人死亡率分别为23%和26.5%。[1] 为了改善民众健康水平，2019年3月5日，刚果（布）政府启动疫苗接种计划，将为220万儿童接种疫苗，并在全国部署2000多个团队，在医疗中心设有8000名接种人员。[2] 中国与刚果（布）政府开展了广泛而富有成效的合作。中国政府援建了布拉柴维尔中刚友好医院、黑角卢昂基里医院、奥旺多"七·三一"医院、布拉柴维尔抗疟中心等多个公共卫生设施。自1996年起，中国政府已向刚果（布）派遣了24批医疗队，共计860人次。[3] 2018年7月，中国驻刚果（布）大使马福林与刚果（布）外交部秘书长马米纳签署新一期中国援刚医疗队议定书。2016~2018年，中国对刚果（布）开展"光明行"白内障援助手术项目，相继帮助1300多名白内障患者重见光明。2018年12月，中国政府在刚果（布）援建的眼科中心正式成立，并派眼科专家前往工作。以眼科中心为依托，中国政府还将继续开展"光明行""微笑行""爱心行"等项目对刚果（布）展开医疗援助。

---

[1] 联合国开发计划署，http://hdr.undp.org/en/countries/profiles/COG。
[2] "Mass Measles Vaccination Program Yolls out in Congo", *Africanews*, http://www.africanews.com/2019/03/7/mass-measles-vaccination-program-rolls-out-in-conqo/.
[3] 《驻刚果（布）大使马福林出席第25期中国援刚医疗队议定书签字仪式》，2018年7月24日，中华人民共和国驻刚果共和国大使馆，http://cg.chineseembassy.org/chn/zgzgg/sgkx/t1580212.htm。

中非共和国发展报告

洪　薇　周筠松

摘　要：在政治领域，中非共和国政局依旧动荡不安，政变与兵变频繁发生，脆弱的局势影响着国家未来的发展。在经济领域，中非共和国政府制定了一系列促进恢复和发展的计划，采取措施刺激经济发展，特别是农业、自然资源和水资源等领域的发展，并倡导全民粮食安全，扩大出口，减少进口，促进经济增长。在外交领域，继续奉行友好、不结盟和多元化外交政策，强调外交为本国利益服务，以争取外援为重点积极展开外交活动，积极发展与周边国家、西方国家及国际与地区组织的关系。此外，中非共和国政府还在卫生、教育、住房和城市规划等领域投入资金以改善民生。

关键词：中非共和国　政治发展　经济发展　社会发展

作者简介：洪薇，云南大学非洲研究中心博士研究生；周筠松，云南大学非洲研究中心硕士研究生。

一　政治：政局长期动荡，政变与兵变频发

中非共和国政局数十年来动荡不安，政变与兵变频繁发生。2003 年，弗朗索瓦·博齐泽担任总统之后，中非共和国一直处在内战中。2007 年 4 月 13 日，中非共和国政府和"争取团结民主力量联盟"在比瑞奥签署和平协议。2009 年 1 月，经国际社会调停，中非共和国组建了新的联合政府，但内部冲突不断爆发。2012 年 8 月 25 日，政府和"争取正义与和平同盟"签署和平协议，双方同意结束内战。但是，政治暴力仍然在该国中部和东部蔓

延。2012年12月,以"争取团结民主力量联盟"、"争取正义与和平同盟"和"人民民主阵线"为主的反政府武装联盟——塞雷卡(séléka)开始对政府军发起军事进攻,并于2013年3月24日控制了首都班吉,中非共和国局势急剧恶化,各国人员及各国际组织纷纷撤离该国。乔托迪亚自命为总统,宣布三年后举行选举并交出权力。但中部非洲国家经济共同体特别峰会(ECCAS Special Summit)拒绝承认中非共和国自命总统,建议由全国各党派政治力量共同组建的机构指定过渡总统,过渡期不超过18个月。2013年8月18日,过渡政府总统乔托迪亚宣誓就职,中非共和国为期18个月的过渡期正式开始,过渡政府担负着恢复和平的任务。乔托迪亚上任后宣布解散塞雷卡,但部分赛雷卡成员仍在首都等地区烧杀抢掠,制造混乱。12月,基督教武装组织——反巴拉卡(Anti-balaka)拿起武器反抗,中非共和国冲突日显宗教色彩。2015年12月30日和2016年2月14日,中非共和国分别举行首轮和第二轮总统选举,中非共和国前总理、独立候选人图瓦德拉(Tuva Della)在第二轮投票中以62.7%的得票率当选总统。3月30日,图瓦德拉宣誓就职。2017年6月,中非共和国政府与13支主要武装派别在罗马签署和平协议。2019年2月,在非盟主导和联合国支持下,中非共和国政府同境内全部14个武装团体签署和平协议。3月,中非共和国组建包括武装团体成员在内的新一届政府。①

面对2013年12月以来新一轮暴力和报复行为,中非共和国面临宗教和族群分裂的危险,或将形成无法控制的局面。联合国安理会在2013年12月5日通过的第2127(2013)号决议授权由非洲主导的中非共和国国际支助团(简称中非支助团)和由法国支持的维和部队(名为"红蝴蝶行动")负责平息中非共和国持续蔓延的暴力行为。2014年4月10日,联合国安理会通过第2149(2014)号决议,设立联合国中非共和国多层面综合稳定团(简称中非稳定团),初次部署期到2015年4月30日为止。其优先任务是保护

---

① 《中非国家概况》,中华人民共和国外交部,https://www.fmprc.gov.cn/web/gjhdq_676201/gj_676203/fz_677316/1206_678746/1206x0_678748/。

平民、协助开展过渡工作,包括努力扩展国家权力和维护领土完整、协助人道主义救助、保护联合国职员、增进和保护人权、支持国家及国际司法、解除武装、复员武装人员并帮助其重返社会。2017年10月24~27日,联合国秘书长古特雷斯对中非共和国进行访问,号召国际组织重点关注中非共和国,加大对中非共和国的资源投放力度。此后,联合国安理会于11月再次延长维和部队任期,并向中非共和国增派900名联合国士兵,同时决定武装中非政府军(FACA)使其发挥作用。政府军在欧盟的训练下已具备一定的战斗能力,中非共和国政府计划将政府军派往全国。①

自2019年1月24日起,在非盟的斡旋下,中非共和国政府与该国14个武装派别代表在苏丹首都喀土穆举行和平谈判,最终正式签署和平协议。目前,和平协议的具体内容尚未公开,是否赦免武装组织成员,以及现政府和武装组织间未来的权力分配是谈判的中心议题。联合国秘书长古特雷斯对中非共和国各方和平谈判圆满结束表示祝贺,鼓励各方在协议执行阶段兑现承诺。古特雷斯还宣布任命塞内加尔外交官曼克尔·恩迪亚耶为新一任中非共和国问题特别代表和联合国中非共和国多层面综合稳定团团长。②

中部非洲地区的部分国家在同殖民统治的斗争中赢得独立后,又被卷入基于宗教、政治或是族群的冲突之中。内部冲突或内战直接导致了某种程度上国家与社会事态的失控,从而引发了人道主义危机。这些冲突同样发生在中非共和国,并给这个国家带来了政权反复更迭和饥荒问题,给民众带来了沉重灾难。2019年以来,中非共和国境内14支非法武装中的12支响应政府的解除武器倡议放下了武器,至此已有91%的武装人员解除了武装,为社会安全奠定了基础。随着宪政秩序逐渐恢复和建立,全国16省省长和专区区长已到岗履职,占总数约80%的800名国家公职人员重返工作岗位,有60%的省政府办公楼和85%的县政府办公楼进行了修缮。

---

① 《中非共和国国情现状》,中华人民共和国驻中非共和国大使馆经济商务处,http://cf.mofcom.gov.cn/article/ztdy/201807/20180702761275.shtml。
② https://news.china.com/internationalgd/10000166/20190207/35170295.html。

联合国发展署提供资金修缮了一些市政府,欧盟为一些省、县政府提供了车辆,在法国和联合国中非共和国多层面综合稳定团的资助下,60名消防人员返回工作岗位。[1]

二 经济：制定经济振兴计划，促进经济恢复和发展

2016年3月，总统图瓦德拉就职伊始，制定了《经济振兴和巩固国家和平计划》（RCPCA），并于2016年10月获得通过。该计划是中非共和国为摆脱战乱危机而制定的一项重大国家计划，计划年限为2017～2021年，主要涉及国家重建和发展（20.25亿美元）及2017～2019年人道主义行动（2.36亿美元）。该计划的内容主要有三个方面：一是维护国家安全、和平与和解；二是改善国家与民众间的社会关系；三是复兴经济、恢复生产。[2]

2016年11月17日，图瓦德拉在布鲁塞尔"中非恢复重建国际圆桌会议"上提出该计划，获国际社会认可，中非共和国政府获得22.68亿美元（约合11300亿非郎）的资金承诺，用于在此后3年实施国家安全、民族和解、恢复生产和安置难民的DDRR计划和RSS计划。此外，世界银行代表在参加圆桌会议后也表示，世界银行将在未来三年给予中非共和国5亿美元的资金援助，以帮助其在公共财政管理、退役军人和难民安置以及解决就业和发展农业等项目上进行投资。

2017年11月30日，中非共和国共投资5000万美元启动了63个项目，国家财政实现增收，由2015年的1.11亿美元增至2017年的1.62亿美元。截至2018年，中非共和国政府共投资2.8亿美元，实施了340个项目。国际援助逐年增加，布鲁塞尔圆桌会议各方承诺的22亿美元的发展资金已到位2.4亿美元，国际货币基金组织、世界银行和欧盟提供了近2

---

[1] 《中非总统总结就职两周年所取得的成绩》，中华人民共和国驻中非共和国大使馆经济商务处，http://cf.mofcom.gov.cn/article/ztdy/201804/20180402728901.shtml。

[2] 《中非政府规划国家发展目标》，中华人民共和国驻中非共和国大使馆经济商务处，http://cf.mofcom.gov.cn/article/ztdy/201807/20180702761269.shtml。

亿美元的援款。

中非共和国政府采取措施刺激经济发展,特别是农业、自然资源和水资源等领域的发展,倡导全民粮食安全,扩大出口,减少进口,促进经济发展增长。2017年11月,4.3万个家庭获得粮食和蔬菜种植资助。政府还大力推动渔业和小型养殖业的发展,并举办了15次种子和农机展销会,1.1万个家庭受益,3000名武装人员重回社会,投入农业生产。

2017年11月,中非共和国政府与欧盟签署了500万欧元的国家指导计划(PIN)协议,国际农业发展基金出资3000万美元支持中非农牧业发展。此外,棉花种植面积达到14159公顷,预计产量将达6100吨。世界银行出资250万美元更换了博阿利的5个涡轮机组,进行了洛拜伊省等几个大型水电站的可行性研究。此外,政府通过《2035年中部非洲能源战略》和《2025年电力生产和输变电指导纲要》,规划了与中部非洲经济与货币共同体、刚果(金)及圣多美和普林西比能源合作计划。出台了2017年专营商人名录,批准了290个钻石经营业者。2017年,在初步获得石油和地质数据的基础上,建立了地质和石油数据汇集和数字系统,为石油开采打下了基础,以进一步吸引外来投资。卡加班多罗—恩代莱(Kaga-Bandoro – Ndélé)230公里公路部分完工,修建了32200米的道路排水沟,同时修建了卡诺—贝贝拉蒂(Carnot – Berbérati)100公里的道路。首都国际机场跑道开始按规范施工,已完成30%的工作。2018年3月28日,启动中部非洲光线主干网项目,此项目由非洲发展银行和欧盟共同投资4151万美元,将大大降低中非共和国电话费和上网费用,促进政府电子化行政管理,同时还解决了大量青年劳动力的就业问题。启动"政府声音"频道,让民众了解各政府部门的工作。在8个地区建立乡村广播电台,中国四达公司利用中国政府援款在103个村庄安装接收卫星电视节目的设备。南非森泰克(SENTECH)公司签署了短波电台合作项目。[1]

---

[1] 《中非总统总结就职两周年所取得的成绩》,2018年4月7日,中华人民共和国驻中非共和国大使馆经济商务处,http://cf.mofcom.gov.cn/article/ztdy/201804/20180402728901.shtml。

在对外贸易方面，主要出口木材、钻石、咖啡、棉花和烟草，进口轻工、纺织、粮油食品和石油产品。2017 年，主要出口对象国是法国、布隆迪、中国、喀麦隆、阿联酋；主要进口来源国是法国、美国、印度、中国、南非。2018 年外贸总额为 6.69 亿美元，其中出口 1.57 亿美元，进口 5.12 亿美元。2014～2018 年外贸情况如表 1 所示。

表 1 2014～2018 年中非共和国外贸情况

单位：百万美元

年份	2014	2015	2016	2017	2018
出口额	86.2	82	114.8	147.1	156.8
进口额	401.3	341.2	405.2	438.6	511.8

数据来源：2019 年第三季度《伦敦经济季评》。

为重塑国家信誉，图瓦德拉特别重视内外债的清理问题，制定了还款计划，2016 年和 2017 年偿清公共债务 1.13 亿美元，并与债权国发展友好关系，外债总额总体减少。中国也免除了中非共和国 3200 万美元的债务，促进了中非共和国经济的正常发展。中非共和国政府还加强国库管理，及时支付 2018 年到期的债务。此外，中非共和国政府采取措施加强公共投资管理，提高公共投资水平，通过促进工资和退休金的支付、半成品特别是木材的出口，实现了增加消费的目标。2016 年中非共和国财政收入增加了 1.46 亿美元，2017 年增加了 1.63 亿美元，而 2015 年仅为 1.12 亿美元。[①]

在外援方面，中非共和国政府对外签署了许多经济技术合作协议，获得的支持资金主要用于优先发展领域。世界银行在 2016 年和 2017 年分别提供 5000 万美元和 1000 万美元援助资金，国际货币基金组织在 2016 年提供 3584 万美元，2017 年提供 3774 万美元用于稳定公共财政。2017 年，非洲发展银行提供了 1660 万美元优惠贷款，欧盟在 2016 年提供了 2642 万美元的援助，

---

① 《中非总统总结就职两周年所取得的成绩》，2018 年 4 月 7 日，中华人民共和国驻中非共和国大使馆经济商务处，http：//cf.mofcom.gov.cn/article/ztdy/201804/20180402728901.shtml。

制定了 2017~2019 年援助计划，援款 6000 万欧元，其中 2000 万欧元已在 2017 年支付。2017 年法国提供的 1245 万美元用于支付工资。①

三 外交：奉行睦邻友好、不结盟和多元化外交政策

中非共和国独立后，历届政府总体奉行如下外交政策：①不同程度地坚持反帝、反殖、反霸；②坚持不结盟、维护国家主权和独立；③重视"南南合作"和"南北对话"；④坚持睦邻友好关系；⑤主张非洲实现一体化；⑥反对南非种族主义，支持南部非洲人民的解放斗争；支持阿拉伯和巴勒斯坦人民的正义斗争，支持反对以色列犹太复国主义斗争；⑦主张建立新的国际经济秩序。②

中非共和国以争取外援为重点积极展开外交活动，积极发展与周边国家、西方国家及国际与地区组织关系。

（一）同法国的关系

同法国保持传统的密切关系。中非共和国独立后与法国签订了十多个双边合作协定，法国是中非共和国主要援助国和经贸伙伴。2003 年 3 月，博齐泽执政后，法国率先承认博齐泽政权，两国关系持续发展，双方互访不断。2005 年，法国对中非共和国的官方援助占中非共和国所获外援总额的 36%。2014 年 1 月，庞扎当选过渡期国家元首后，法国外长法比尤斯出席庞扎就职仪式。11 月，卡蒙总理赴法国出席联合国气候变化大会。2016 年 3 月，法国外长艾罗和国防部长勒德里昂出席图瓦德拉总统就职仪式。4 月，图瓦德拉总统访法并与法国总统奥朗德举行会谈。5 月，法国总统奥朗德访问中非共和国，与图瓦德拉总统举行会谈并视察了法国驻中非共和国部

---

① 《中非总统总结就职两周年所取得的成绩》，2018 年 4 月 7 日，中华人民共和国驻中非共和国大使馆经济商务处，http://cf.mofcom.gov.cn/article/ztdy/201804/20180402728901.shtml。
② 汪勤梅：《列国志·中非 乍得》，社会科学文献出版社，2009，第 158 页。

队。2017年3月,图瓦德拉总统再次访法。2019年6月,中非共和国国防部长科亚拉、国防军参谋长马马杜先后访法。9月,图瓦德拉总统访法并与法国总统马克龙举行会晤。10月,图瓦德拉总统赴法国出席全球防治艾滋病、结核病和疟疾基金会第六次筹资会议。

法国曾在中非共和国设有军事基地,1997年关闭。2006年10月,法国派兵帮助中非共和国政府军击退反政府武装,此后约230名法军长期驻扎中非共和国。2012年底,中非共和国局势恶化,法国增兵350人保护法国和欧盟在中非共和国侨民。2013年12月,在联合国安理会授权下,法国向中非共和国派兵1600人开展"红蝴蝶行动",协助维持中非共和国的安全秩序和解除当地非法武装。2016年10月,法国国防部长勒德里昂访问中非共和国,正式宣布结束"红蝴蝶行动",但法国仍在中非共和国部署约350人的部队。2018年11月,法国外长勒德里昂访问中非共和国。[1]

(二)同美国的关系

1963年,中非共和国与美国建交。2002年,美国关闭了其驻中非共和国使馆。2005年1月,美国驻中非共和国使馆重新开馆;7月,美国驻中非共和国使馆临时代办宣布与中非共和国全面恢复合作关系,重开班吉美国文化中心。2007年3月,美国负责非洲事务的助理国务卿舒瓦纳访问中非共和国。8月,美国向中非共和国派驻大使。2010年12月,美国非洲司令部副司令赫尔默斯对中非共和国进行工作访问。2011年11月,美国向中非共和国的上姆博穆省派遣特种兵,协助中非共和国政府打击在其境内活动的乌干达反政府武装组织——上帝抵抗军。2014年1月,庞扎当选过渡期国家元首后,美国国务卿克里表示祝贺。2016年4月,中非共和国总统图瓦德拉访问美国并会见美国国务卿克里。2017年4月,中非共和国重返美国《非洲增长与机遇法案》受惠国行列。[2] 2019年4月,图瓦德拉总统访问美国。

---

[1] 《对外投资合作国别(地区)指南——中非(2018年版)》,第7页。
[2] 《对外投资合作国别(地区)指南——中非(2018年版)》,第7页。

（三）同俄罗斯的关系

1963年，中非共和国与苏联建交。1990年，俄罗斯继承苏联同中非共和国的外交关系。2017年10月，图瓦德拉总统赴俄罗斯索契，会见俄负责国防工业事务的副总理罗津戈和外长拉夫罗夫。2018年5月，图瓦德拉总统出席圣彼得堡国际经济论坛并会见普京总统。2018年8月，中非共和国国防部长科亚拉同俄罗斯国防部长绍伊古在莫斯科签署军事合作协议。[①] 2019年10月，图瓦德拉总统赴俄罗斯索契出席首届俄非峰会并会见普京总统。

（四）同欧盟的关系

长期以来，中非共和国同欧盟保持良好关系。欧盟是中非共和国的主要援助方之一，援助主要涉及和平安全、人道主义、社会发展等领域。中非共和国爆发危机以来，在法国的推动下，欧盟在中非共和国实施了一系列军事行动。2014年4月，欧盟向中非共和国派遣约700人的部队，协助法军开展军事行动。2015年1月，欧盟向中非共和国派遣一支由60位中高级军官组成的军事顾问团（EUMAM RCA），协助中非共和国加强培训管理，推动安全部门改革。2016年7月，欧盟向中非共和国派遣军事培训团（EUTM‐RCA），共170人，为期两年，主要任务是帮助重建中非共和国国防军。11月，中非共和国筹资会议在布鲁塞尔召开，欧盟作为会议主办方之一承诺出资4.5亿美元，用于支持中非共和国未来3年解除武装、重建和平和经济发展。2018年7月，欧盟通过决议，将军事培训团任期延长至2020年9月19日。[②]

（五）同乍得的关系

中非共和国局势动荡后，乍得积极参与调解中非共和国危机。2013年5

[①] 《中非国家概况》，中华人民共和国外交部，https：//www.fmprc.gov.cn/web/gjhdq_676201/gj_676203/fz_677316/1206_678746/1206x0_678748/。

[②] 《中非国家概况》，中华人民共和国外交部，https：//www.fmprc.gov.cn/web/gjhdq_676201/gj_676203/fz_677316/1206_678746/1206x0_678748/。

月，中非共和国过渡期国家元首乔托迪亚访问乍得。2014年2月，过渡期国家元首庞扎访问乍得。11月，乍得外长法基赴班吉出席中非共和国问题第六届国际联络小组会议。2015年1月，中非共和国总理卡蒙访问乍得。2016年5月，中非共和国总统图瓦德拉访问乍得。8月，图瓦德拉总统赴恩贾梅纳出席乍得总统代比就职仪式。11月，图瓦德拉总统访问乍得。2017年6月，图瓦德拉总统访问乍得。

（六）同加蓬的关系

中非共和国重视发展与加蓬的友好合作关系。加蓬已故总统奥马尔·邦戈曾积极调解中非共和国的国内矛盾，推动中部非洲经济与货币共同体向中非共和国派遣维和部队，并派兵参与。博齐泽与中非共和国反政府武装曾多次在加蓬举行谈判。中非共和国局势动荡后，加蓬积极参与调解。2013年1月，中非共和国各派在加蓬首都利伯维尔举行会议并签署《利伯维尔协议》。6月，中非共和国过渡期国家元首乔托迪亚访问加蓬。2014年3月，过渡期国家元首庞扎访问加蓬。2017年10月，中部非洲国家经济共同体中非问题部长级特别会议在利伯维尔举行。2018年3月、6月，图瓦德拉总统访问加蓬。[①]

（七）同刚果（布）的关系

中非共和国同刚果（布）签有矿产开发协议，2005年8月，刚果（布）矿业部长访问中非共和国，双方签订共同开采交界地区钻石的协议。2009年1月，博齐泽总统访问刚果（布）。2010年8月，博齐泽总统出席刚果（布）独立50周年庆典。2012年底中非共和国局势出现动荡后，刚果（布）积极参与调解中非共和国危机，支持中非共和国过渡进程，萨苏总统担任中非共和国和平行动后续委员会主席。5月，中非共和国过渡期国家元首乔托迪亚

---

① 《中非国家概况》，中华人民共和国外交部，https：//www.fmprc.gov.cn/web/gjhdq_676201/gj_676203/fz_677316/1206_678746/1206x0_678748/。

访问刚果（布）。2014年2月，过渡期国家元首庞扎访问刚果（布）。2016年4月，中非共和国总统图瓦德拉访问刚果（布），中非共和国总理萨兰吉代表图瓦德拉总统出席刚果（布）总统萨苏就职仪式。8月，图瓦德拉总统赴布拉柴维尔出席刚果（布）独立56周年纪念活动。2018年8月，图瓦德拉总统访问刚果（布）。[①]

（八）同苏丹的关系

2011年5月，中非共和国、苏丹、乍得三国元首在苏丹首都喀土穆举行会晤，决定联手打击三国交界地区叛军，共同维护边境安全。2013年6月，中非共和国过渡期国家元首乔托迪亚访问苏丹。2014年6月，苏丹议长芒尔访问中非共和国。2016年9月，中非共和国总统图瓦德拉访问苏丹，并赴北达尔富尔州首府达希尔出席《多哈达尔富尔和平文件》签署5周年纪念仪式。其间，图瓦德拉与苏丹总统巴希尔、乍得总统代比举行三方会谈，就在边境地区部署联合部队等问题交换意见。2017年12月，图瓦德拉总统访问苏丹。[②] 2019年2月，图瓦德拉总统赴喀土穆见证中非共和国政府与境内14支武装组织草签和平协议。

（九）同其他非洲国家和地区组织的关系

中非共和国积极发展睦邻友好关系，努力为国家发展争取稳定的周边环境。中非共和国重视中部非洲地区经济合作，是中部非洲国家经济共同体、中部非洲经济与货币共同体和大湖地区国际会议成员国。中非共和国同刚果（金）签有双边防务协定。2009年10月，刚果（金）总统卡比拉访问中非共和国。2012年10月，中非共和国总统博齐泽出席在金沙萨举行的法语国家组织峰会。2013年5月，中非共和国过渡期国家元首乔托迪亚访问赤道几

[①]《对外投资合作国别（地区）指南——中非（2018年版）》，第8页。
[②]《中非国家概况》，中华人民共和国外交部，https://www.fmprc.gov.cn/web/gjhdq_676201/gj_676203/fz_677316/1206_678746/1206x0_678748/。

内亚。2014年3月，中非共和国过渡期国家元首庞扎访问刚果（金）。2014年9月，中非共和国过渡期国家元首庞扎访问赤道几内亚。2016年5月，中非共和国总统图瓦德拉赴马拉博出席赤道几内亚总统奥比昂就职仪式。2017年1月，图瓦德拉总统对安哥拉进行工作访问。8月，图瓦德拉总统赴基加利出席卢旺达总统卡加梅就职典礼。2018年8月，图瓦德拉总统访问安哥拉。2019年5月，非洲发展银行行长阿德西纳访问中非共和国，宣布向中非共和国提供1.68亿美元的发展基金。同月，图瓦德拉总统赴刚果（金）出席刚果（金）总统齐塞克迪父亲的葬礼。2019年10月，卢旺达总统卡加梅对中非共和国进行国事访问。

2017年1月，图瓦德拉总统赴亚的斯亚贝巴出席第28届非盟首脑会议。2月，图瓦德拉总统赴马拉博出席第13届中部非洲经济与货币共同体峰会。7月，图瓦德拉总统赴亚的斯亚贝巴出席第29届非盟首脑会议。2018年1月，图瓦德拉总统访问赤道几内亚。3月，图瓦德拉总统赴卢旺达出席第18届非盟首脑特别会议。9月，非盟委员会主席法基访问中非共和国。2019年6月，非洲议会联盟第74届会议在中非共和国首都班吉召开。

（十）同其他国家和国际组织的关系

2014年9月，联合国秘书长潘基文主持召开中非问题高级别会议，中非共和国过渡期国家元首庞扎、刚果（布）总统萨苏及其他多个国家元首、政府首脑、国际和地区组织代表出席会议。2017年1月，国际货币基金组织总干事拉加德访问中非共和国。3月，图瓦德拉总统赴纽约出席安理会中非问题公开会。4月，法语国家组织秘书长米歇尔·让访问中非共和国。5月，第71届联合国大会主席汤姆森访问中非共和国。10月，图瓦德拉总统访问俄罗斯。同月，联合国秘书长古特雷斯访问中非共和国。11月，图瓦德拉总统赴布鲁塞尔出席"欧盟对非新型伙伴关系"高级别会议。2018年3月，葡萄牙总统德索萨访问中非共和国。4月，图瓦德拉总统赴纽约出席联合国中非问题高级别会议及安全部门改革会议。同月，图瓦德拉总统到访比利时，会见比利时首相米歇尔。5月，图瓦德拉总统赴俄罗斯出席圣彼得堡国际经济论坛,并会见俄总统普京。2019年8月,图瓦德拉总统赴东京出席第七届东京非洲发展国际会议。9月,图瓦德拉总统赴西班牙出席和平论坛。同月,图瓦德拉总统赴纽约出席联大会议。

四 社会:积极采取举措改善民生

在2015年联合国公布的世界188个国家人类发展指数排名中,中非共和国列第187位。中非共和国政府在卫生、教育、水和清洁卫生、住房和城市规划等领域投入大量资金,以求改善民众生活条件。在卫生领域,世界卫生组织出资修缮公共疾病应急中心,88%的村镇医疗点恢复运行;非洲发展银行和非洲经济发展阿拉伯银行出资修复了战乱毁坏的医疗设备和医疗设施;联合国下属机构出资建设了贝贝拉蒂地区医院手术室;欧盟与世界卫生组织联合出资加强卫生系统建设,全国医生覆盖率由2015年的55%提高到2017年的79.5%,部分地区的医疗保健机构和妇儿保健所的医疗设施得到完善,疫苗接种率达80%,2017年122054个艾滋病携带者得到药物治疗的比例由2016年的24%提升至2017年的28.7%。此外,分发了300万顶蚊帐,结核病防治得到改善,输血安全也得以加强。

在教育领域,中非共和国政府新增聘500名教师,并制定"2018~2020年教育计划",将使用非洲发展银行的资金新建5所学校,由法国发展署出资修缮6个教学行政楼;计划增加教育经费预算,改革考试体系,促进私立高等教育的发展,并设立中非共和国农艺高等学院,完善学士、硕士和博士学位制,使之与国际教育体系相匹配;预计对700名教师和行政人员进行职业培训,提供3000个奖学金,利用法国合作资金修缮高等师范学院,配备数字化图书馆;国际原子能署出资50万欧元实施4个国家教育计划项目,1500名毕业生进入教育和卫生领域工作,2018年将根据国家财政状况解决1540个就业岗位。

在饮用水和水处理领域,打了276眼井,为82800人解决了饮水和水清洁问题,为156个村庄修建了排污池,恢复了贝贝拉蒂水供应。世界银行在三个城市（班吉、班巴里和贝贝拉蒂）投资2000万美元修缮供水系统。

在住房和城市规划领域，近年做了工业区可行性研究工作，修缮了行政办公大楼，修建了博甘达总统纪念馆。

近年来，中非共和国在国家政治、经济、文教、卫生等各领域都获得了发展，但内地武装冲突仍是掣肘中非共和国和平进程和经济建设的最大阻碍，图瓦德拉总统呼吁各方放下武器，参与和平重建，号召民众团结一心，为国家振兴贡献力量。①

---

① 《中非总统总结就职两周年所取得的成绩》，中华人民共和国驻中非共和国大使馆经济商务处，http://cf.mofcom.gov.cn/article/ztdy/201804/20180402728901.shtml。

乍得经济发展报告

李 岩 杨 志

摘　要：乍得是世界上最不发达国家之一。经济以农业为主，经济发展依赖石油，财政收支依赖国际援助，对外贸易依赖邻国。近年来，乍得推出了一系列促进经济发展的战略，并通过加强与中国经贸合作，推动旅游业发展，实现经济多元化，改善营商环境，经济形势逐步好转。

关键词：乍得　经济概况　经济形势　经济潜力

作者简介：李岩，云南大学国际关系研究院博士研究生；杨志，云南大学国际关系研究院硕士研究生。

乍得共和国以境内最大湖泊乍得湖的名字命名，是中部非洲的内陆国家。北接利比亚，东邻苏丹，南与中非共和国接壤，西南与喀麦隆、尼日利亚为邻，西与尼日尔交界。2018年乍得总人口1547.78万人，民族256个。[1]法语和阿拉伯语是官方语言，多数人信奉伊斯兰教，首都及最大城市为恩贾梅纳。

一　经济概况

自1960年独立以后，乍得与原殖民宗主国法国保持着紧密的经济联系。乍得国民经济结构存在单一性，导致经济长期发展缓慢。棉花种植加工产

---

[1]《乍得概况》，2019年1月，中华人民共和国外交部官网，https://www.fmprc.gov.cn。

业、财政金融、对外贸易和国内零售业深受原宗主国法国影响。此外，部族冲突、自然灾害频发等问题也束缚了经济发展。90年代，直到代比总统执政后，国内局势才相对稳定，政府调整了产业结构，推行了私有化政策，发展了公私合营混合经济。与此同时，乍得政府还积极争取外商投资和国际援助，经济得到快速发展。进入21世纪，由于石油价格攀升，乍得经济迎来了春天。[①] 尽管乍得政府采取了一系列刺激经济的措施，经济有了一定的发展，但在世界经济中仍处于落后地位。

（一）农业

乍得是传统农牧业国，是非洲重要的棉花生产国和中部非洲地区的主要畜产国。全国可耕地面积3900万公顷，已耕地面积450万公顷，从事农业活动的人口有280万人，占就业人口的72%，平均每户拥有耕地1公顷。与农业相关的数据如下。

（1）粮食。主要农业产品是谷物、油料作物和块茎类作物。2016年产粮约288万吨，高于2007～2014年平均水平，但全国仍有约10万吨粮食缺口。

表1　2007～2014年乍得的粮食总产量

单位：吨

年份	2007	2008	2009	2010	2011	2012	2013	2014
总产量	1972036	2018649	1581147	3247582	1657177	3161244	2622545	2748668

数据来源：世界银行数据库。

（2）棉花。棉花是最主要的经济作物。21世纪以来，棉花生产与加工仍是乍得农业中规模最大的行业。全国有棉农约20万人，约400万人以棉业为生。2016年，棉花产量为17.1万吨（见表2）。2017年，因政府财政困难，国有新棉花公司（Cotton Tchad Nouvelle Société）经营陷入困境，棉花产量降低到3.5万吨。近些年，政府大幅降低对棉花的收购价，导致棉农蒙受

---

① 李洪峰、侯镌琳：《列国志·乍得》，社会科学文献出版社，2017，第93～95页。

损失，棉花产量锐减。① 虽然政府试图重振棉花种植业，但因缺少资金而受挫，此外单产量不高、收购后脱籽、加工运输、付款等一系列问题使重振棉花种植业变得越来越困难。

表2　2013~2017年乍得棉花产量

单位：万吨

年份	2013	2014	2015	2016	2017
产量	8.8	8.2	15	17.1	3.5

数据来源：乍得经济计划部统计局（2017）。

（3）制糖。糖业公司（CST）位于萨拉马特大区首府萨尔，由法国的大公司控股。2015年，产糖约2.3万吨。2016年，受市场上走私白糖的冲击，业绩惨淡且因厂区仓储条件有限，其中约1.05万吨糖露天堆放，一场暴雨再一次使糖厂损失惨重，经营陷入困境。②

（4）其他经济作物，包括阿拉伯树胶、芝麻、烟草、乳油木等。乍得是继苏丹后阿拉伯树胶第二大出口国，年产约2万吨。乍得还是世界重要的芝麻出产国，居世界第二位。乳油木种植潜力巨大，南部19万平方千米的土地种植着约8000万株乳油树。乳油木油脂在当地主要用作食用油，也用于美容。

（5）养殖业。乍得是中部非洲地区主要畜产国，畜牧生产主要分布在北部及中部地区，在盖拉等南方地区也有游牧民活动。全国43%的人口以畜牧业为生。2018年，牲畜存栏为牛2489万头、羊6200万只、各类家禽3563万只，还有骆驼、马、驴、猪等。目前乍得是非洲第一大养马国。畜牧业约占农业生产总值的40%，占国内生产总值（GDP）的18%和出口的30%，年均畜牧业收入约1400亿中非法郎（约合2.94亿美元），创造附加值约2100亿

---

① 《乍得新棉花公司艰难重振》，2015年6月16日，中华人民共和国驻乍得共和国大使馆经济商务处，http://tchad.mofcom.gov.cn/article/catalog/ddqy/201506/20150601014269.shtml。
② 《乍得糖厂深陷泥潭》，2016年3月17日，中华人民共和国国家发展和改革委员会，http://www.ndrc.gov.cn/fzgggz/wzly/jwtz/jwtzzl/201603/t20160317_792950.html。

中非法郎（约合4.41亿美元）。畜产品是乍得主要出口创汇产品，主要销往喀麦隆、尼日利亚等国。

（5）渔业资源。乍得缺少专业的捕鱼设备和技术，多用独木舟进行手工捕鱼，渔具及捕捞方法过于简单。进入21世纪，渔民开始尝试使用尼龙挂腮网、弦外马达推动的玻璃纤维船等相对先进的捕鱼设备，捕鱼量有所上升。由表3可知，渔业资源产量年变化不大，产量较低。2013年，新鲜水产品和加工后产品的外汇收入居出口收入的第三位。[1]

表3　2009~2015年乍得的鱼产量

单位：万吨

年份	2009	2010	2011	2012	2013	2014	2015
产量	8.8	9.1	9.5	10.0	12.0	12.0	11.0

数据来源：根据世界银行统计数据，由作者整理获得。

（二）工业

乍得是原法属赤道非洲国家中工业最落后的国家之一。因电力供应不足、交通运输发展程度低、资金短缺等因素，工业发展困难。当地工业以食品加工业为主，饮料工业被乍得啤酒公司（BDT）垄断。中资企业通过使用中国金融机构贷款在乍得建成年产20万吨的水泥厂和年加工百万吨原油的炼油厂，帮助乍得工业实现突破。[2] 乍得工业产值约占国内生产总值的1/7（见表4），全国仅有7%的人从事工业生产。

表4　2009~2016年乍得工业产值占国内生产总值比例

单位：%

年份	2009	2010	2011	2012	2013	2014	2015	2016
占比	13.6	12.3	13.1	13.0	13.8	15.1	14.2	14.8

数据来源：根据世界银行统计数据整理。

---

[1] 李洪峰、侯镌琳：《列国志·乍得》，社会科学文献出版社，2017，第109页。
[2] 李洪峰、侯镌琳：《列国志·乍得》，社会科学文献出版社，2017，第111页。

2012年，印度进出口银行与乍得签订融资协定，向乍得提供4320万美元优惠贷款，用于纺织厂扩建、农村供电、化肥厂和屠宰厂4个项目。因经济低迷，乍得政府财政困难，上述计划项目均处于搁置状态。[①]

（三）服务业

乍得服务业主要集中在旅游业。乍得境内自然和人文遗产等旅游资源丰富，有国家级大型自然和野生动物保护区7处和联合国设立的世界自然遗产1处（乍得湖湿地）。然而，基础设施建设落后、交通不便、配套旅游服务不健全、酒店和相关服务人员配备不足等因素导致其接待能力严重不足。服务业产值约占国内生产总值的1/3（见表5）。

表5 2009~2016年乍得服务业占国内生产总值比例

单位：%

年份	2009	2010	2011	2012	2013	2014	2015	2016
占比	38.6	34.3	33.8	31.9	34.3	32.3	33.4	35.1

数据来源：根据世界银行统计数据整理。

（四）主要问题

（1）贫困问题严重。乍得超过55%的民众生活在贫困线以下。据世界银行统计，2017年，乍得国内生产总值为98.71亿美元，增长率为-2.2%，[②]人均国内生产总值为662美元。世界经济论坛《2017~2018年全球竞争力报告》显示，在全球最具竞争力的137个国家和地区中，乍得排名第135位。世界银行发布的《2018年营商环境报告》显示，在全球190个经济体中，乍得排名第180位。

（2）石油价格影响经济发展水平。2015年，全球经济增长步伐呈放缓

[①] 《对外投资合作国别（地区）指南——乍得（2018年版）》，第21页。
[②] 《乍得经济形势简况》，2018年11月19日，中华人民共和国驻乍得共和国大使馆经济商务处，http://tchad.mofcom.gov.cn/article/ddgk/zwjingji/201811/20181102808106.shtml。

趋势，国际油价持续走低，乍得经济发展的外部环境恶化，再加上反恐战争拖累，乍得经济未能延续近年来回升势头，增速急剧放缓，如表6所示。

表6　2013~2018年乍得宏观经济数据

年份	2013	2014	2015	2016	2017	2018
经济增长率（%）	4.00	7.50	-21.80	-7.30	-2.20	14.48
GDP总额（亿美元）	129.5	139.2	108.9	100.91	98.71	113
人均GDP（美元）	986	1026	778	664	662	758

数据来源：根据世界银行和非洲发展银行数据整理。

（3）产业结构不平衡。乍得第一产业高于第二、第三产业的总和。2016年，乍得国内生产总值中第一产业占54.49%，第二产业占19.10%，第三产业占26.41%。

（4）政府财政赤字不断扩大。2017年，政府财政收入和支出分别为11.5亿美元和15.6亿美元，赤字为4.1亿美元。2018年，政府预算收入和支出分别为14.1亿美元和22.3亿美元，财政形势不容乐观。

（5）内债高于外债。全国公共债务占国内生产总值（GDP）的一半以上，外债余额较低，内债余额较高。2014年10~12月，乍得政府分三次共发行6000万美元短期国库券，用于基础设施和有关项目建设。美国中央情报局数据显示，2015年，乍得外债余额约13.35亿美元；4月底，达到重债穷国债务完成点，获得11.6亿美元债务减免。2017年，乍得公共债务约占国内生产总值的60.8%，外债余额为16.17亿美元。

（6）通货膨胀率不稳定。乍得统计局数据显示，2010年、2011年、2012年、2013年乍得通货膨胀率分别是1.8%、-0.5%、6.6%、3.1%。世界银行数据显示，2014年、2015年、2016年乍得通货膨胀率分别为2.9%、3.3%、-0.9%。2017年第四季度《伦敦经济季评》数据显示乍得通胀率约0.1%。①

---

① 《对外投资合作国别（地区）指南——乍得（2018年版）》，第18页。

二 经济支撑

（一）经济发展过度依赖石油

石油是乍得最主要的经济来源。2000年10月，乍得—喀麦隆石油管道工程正式动工。外资开始大规模投资乍得石油业，境内主要石油开发商为乍得埃索石油开发与生产公司（由三家公司组成：埃克森公司占股40%，乍得国家石油公司占股25%，马来西亚石油公司占股35%），在乍得石油累计投资达37亿美元。其他石油开发商主要有：中国石油天然气集团有限公司、台湾中油公司、嘉能可公司（GLENCORE）、加拿大曼联石油公司（UNITED）、美国能源公司（ERHC）、尼日利亚全球石油公司（GLOBAL）、乍得石油公司等。在中国石油化工股份有限公司的帮助下，乍得建立了第一座石油冶炼厂。

2003年，乍得加入石油输出国组织。同年10月10日，非洲最大的石油开发项目——乍得多巴油田—喀麦隆输油管道正式投产，这标志着乍得正式成为石油生产出口国。2004年，乍得开始从石油资源获得收益，成为非洲新兴的重要石油生产国。2005年2月，乍得加入非洲产油国协会，当年石油收入约为20亿美元（其中乍得埃索石油开发与生产公司约占80%），占国家预算收入的70%，石油出口占国家总出口额的70%。乍得－喀麦隆石油项目研究和监控集团（乍得非政府组织）负责监督石油收入的使用。2008年，乍得动工建设恩贾梅纳炼油厂，中国占60%的股份，乍得占40%的股份，合作期限99年。[①] 在世界银行的帮助下，乍得建立了一整套财政机制，保障石油收入的合理利用。

2014年2月14日，乍得议会通过法律草案，规定以后乍得油田开发商如接驳输油管道外运原油，须向乍得政府缴纳1美元/桶的石油接入税，同时，承担相应的输油管道维护和经营成本。4月24日，乍得政府与雪佛龙公

---

① 李洪峰、侯镌琳：《列国志·乍得》，社会科学文献出版社，2017，第144页。

司签署协议，以13亿美元收购其在乍得埃索石油开发与生产公司全部25%的股份，以及其在喀麦隆石油运输公司和乍得石油运输公司的股份，收购资金由嘉能可集团借款给乍得政府，分四年偿还，乍得政府以石油收入作担保。目前，乍得已开发13个油田，石油探明储量约16亿桶，主要集中在南部多巴盆地和邦戈尔盆地。21世纪以来，石油出口创造了乍得约60%的外汇收入，石油成为乍得发展的支柱产业之一。

（二）财政收支平衡依赖国际援助

外援是乍得财政收入的重要来源和经济发展的重要保证。21世纪，得益于丰富的石油资源，乍得财政收入快速增长。近年来，乍得获得的发展援助和官方援助资金持续增加，主要来自法国、瑞士、美国、欧盟、联合国和世界银行等国家和国际组织。由于过度依赖外国援助和外国资本进行公共和私营部门投资，乍得财政困难。2014年，乍得从国际货币基金组织获得了三年期延长信贷额度，并于2015年4月根据重债穷国倡议获得11.6亿美元债务减免。2016年12月，国际货币基金组织向乍得提供6100万美元的援助用于支付国内支出所欠款项及改善非石油预算收入。2020年，国际开发协会（IDA）提供1亿美元支持。

近年来，乍得平均每年接受外援（不含中国）为4亿~5亿美元，其中国家间援助仅占20%，国际组织和金融机构援助占80%。2004~2020年，欧盟计划向乍得提供4420万欧元的援助，用于食品安全、减贫和农村发展、自然资源管理、法制国家建设等领域。2017年9月，乍得向国际出资方介绍了《国家发展计划2017~2021》，寻求资金支持。世界银行、国际货币基金组织、非洲发展银行以及欧盟、法国等就未来数年援助乍得具体金额做出承诺，宣称共筹资超过200亿美元。2018年，政府实施了一项紧急行动计划，以抵消石油收入下降的影响和实施经济多元化发展的目标。乍得的"国家发展计划"成本超过90亿美元，融资缺口为67亿美元。经过多次谈判，乍得政府与嘉能可集团及其他4家银行达成协议。

(三)外贸发展依赖邻国

乍得没有出海口,货物运输成本高,对邻国依赖性很强。乍得是中部非洲国家经济共同体10个成员国之一,中部非洲经济与货币共同体6个成员国之一,也是非加太国家集团79个成员国之一。《中部非洲关税和经济联盟条约》规定,乍得、刚果(布)、加蓬、喀麦隆、中非共和国、赤道几内亚6国对外实行共同关税,在联盟内对成员国产品实行零关税。乍得主要通过电信行业和银行业来吸引对外投资。乍得出口对象主要是邻国如尼日利亚、喀麦隆和前殖民宗主国法国。此外,还有部分产品出口阿联酋、美国、中国等国家。主要的进口对象有法国、中国、美国、尼日利亚、喀麦隆和欧盟等。表7为2012~2017年乍得对外贸易情况。

表7 2012~2017年乍得对外贸易情况

单位:亿美元

年份	2012	2013	2014	2015	2016	2017
进口	53.65	55.33	35	26	22	28
出口	52.13	50.40	26	32	16	13
进出口总额	105.78	105.73	61	58	38	41

数据来源:根据世界银行(2017)和世贸组织(2017)统计数据整理。

(四)营商环境建设

(1)设立机构。乍得政府重视经济发展,鼓励私人投资和发展中小企业,并鼓励外国投资。1994年,政府成立了商业、工业、农业、矿业和手工业商会(CCIAMA)。主要职能是作为政府和私营领域联系的纽带;通过提建议的方式就有重大意义的项目向政府和国际机构提出交涉;为投资者提供企业设立和发展方面的专业建议、分享经济信息和统计资料;加强企业和企业家的能力建设。①

---

① 《乍得商业、工业、农业、矿业和手工业商会》,2015年6月23日,中华人民共和国驻乍得共和国大使馆经济商务处,http://tchad.mofcom.gov.cn/article/jmjg/zwqtjmjg/201506/20150601020690.shtml。

2011年，乍得政府组建了国家投资和出口局，隶属贸易部，主要职能是吸引投资者"走进来"，积极鼓励和促进外国和本地资本进入各经济领域；推动本土企业"走出去"，扩大商品和服务出口；负责起草国家投资和出口战略规划。投资和出口局还设立了一站式服务处，企业注册时间由原来的2个多月缩短为72小时，注册费用也降至11万中非法郎。为实现乍得2030年新兴目标，国家投资和出口局制定了四项任务，分别是改善营商环境、推动出口、支持中小企业发展、合理化安排政府战略参与。

（2）制定优惠政策。政府制定了一系列的税收优惠政策，其中包括企业运营第一个五年内免交所得税、最低印花税，免营业执照费用，免房屋租用税及建筑财产税。2018年10月，政府举办首届"私营经济助力经济复兴反思周"活动，代比总统表示，将采取一系列主动举措，切实改善营商环境，推动私营经济发展和经济复兴。

三 经济战略

乍得政府重视农业政策的连续性，积极制定各种发展战略规划。在计划的制定过程中强调广泛的参与性，包括公共与私人部门在内的多家相关机构参与其中。主要目的是综合全国农村发展峰会等讨论的相关农业发展议题，如水资源管理、粮食危机预防、农业技术发展等。[1] 2002～2012年，政府制定了多个农业农村发展战略纲要，重视农业的发展。2013年，农业与灌溉部发布《农业发展五年计划》。

2016年1月21日，政府制定《国家贸易战略》。主要内容有：强化贸易规则和组织框架，发展地区市场一体化，促进市场多样性，参与国际贸易谈判，促进贸易合作和女性创业。政府有意支持本国贸易的中长期发展，以克服其作为内陆国家的不利环境，获取更多国际贸易交流机会。[2] 在《国家发

---

[1] 李洪峰、侯镌琳：《列国志·乍得》，社会科学文献出版社，2017，第96页。
[2] 《对外投资合作国别（地区）指南——乍得（2018年版）》，第22页。

展计划 2017~2021》中，将 2017~2021 年的宏观经济发展目标定为 GDP 年均增长率为 3.1%，人均 GDP 增长率为 1.6%，非石油 GDP 增长率为 3.2%，第一产业增长率为 5.4%，第二产业为 2.7%，第三产业为 0.5%，公共投资占 GDP 的 5.4%，私人投资占 GDP 的 7.7%。

《国家发展计划 2017~2021》总结了消除贫困战略取得的成就：在联合国贫困线以下生活的人口占总人口比例从 2003 年的 55% 降至 2011 年的 46%；人类发展指数在 2015 年比 2012 年上升了 5.9 个百分点；2010~2015 年 GDP 年均增长率为 5%；商业环境也有明显改善。与此同时，政府制定了"2030 愿景"，其内容涵盖三个发展规划：包括《国家发展计划 2017~2021》《国家发展计划 2022~2026》《国家发展计划 2027~2030》，体现了乍得社会的凝聚力和经济可持续发展资源的多样性，从而创造更多的就业机会，以保障男女平等地享有基本社会服务。这三个具体规划的执行将有助于加快社会、政府和法律规则、经济和环境领域的改革。

减贫是政府优先发展的目标。近年来，政府大力推行旨在提高人民收入水平的宏观经济政策和国家减贫战略，先后通过实施《消除贫困国家战略（2003~2006）》和《经济增长和消除贫困战略（2008~2011）》。加强和改善财政管理，有效控制财政支出，维持收支平衡；重点加大对基础设施建设、农村发展、医疗卫生、能矿开发、教育、通信等优先发展领域的资金投入，努力发展经济，减少贫困，改善民生。同时，加强经济立法，鼓励工商、农牧业发展，采取切实措施平抑物价，打击投机倒把和偷税漏税等。

四 中国与乍得经济合作

中乍两国通过"一带一路"倡议促进双边经贸关系不断发展，合作领域不断扩大，中国和乍得互相成为重要的经济贸易合作伙伴。中乍两国经济贸易合作集中在农业合作、双边贸易、经济援助、吸引投资、承包工程、劳务输出、合资合作、资源开发、发展经验交流等方面，各项业务全面展开。目前在乍得的中国人约 2000 人，大部分为中资企业人员，主要分布在首都恩贾梅纳和南部邦戈尔等地区。同时，中国也是乍得最大的援助国之一。

（1）贸易往来。2010年，中国与乍得建立了双边经贸混委会机制，签订了《双边投资保护协定》。2014年8月5日和10月15日，两国签署中国给予乍得97%输华商品免关税待遇换文，进一步促进了乍得对中国出口贸易的发展。中国与乍得的对外贸易呈现了良好的发展势头。2017年12月，两国第二届经贸混委会在北京召开，双方就两国未来经贸合作共同做出规划。

据华经产业研究院数据显示：2019年，中国与乍得双边货物进出口额为72649.5万美元，相比2018年增加了44596.1万美元，增幅为159%。2019年，中国对乍得出口商品总额为27880.5万美元，相比2018年增加了9421.7万美元，增幅为51%。2019年，中国自乍得进口商品总值为44768.9万美元，相比2018年增加了35174.4万美元，增幅为366.6%。中国对乍得出口产品主要是机电产品、高新技术产品、钢材；进口产品为原油、棉花和农产品。

表8　2013~2017年中乍贸易

单位：亿美元

年份	2013	2014	2015	2016	2017
贸易总额	4.9	4.3	2.2	2.1	3.4
中国进口	1.1	1.1	0.9	1.2	2.2
中国出口	3.8	3.2	1.3	0.9	1.2

数据来源：根据中国商务部、海关总署数据整理而成。

（2）投资合作。中国对乍得的投资不断增长，也间接促进乍得经济发展趋于良好。在石油贸易合作中，中国帮助乍得建立了独立完整的石油工业体系，在平等互利的基础上促进双方经济互利共赢。2019年，中油国际西非公司在乍得投资建设的上游项目已建成年产500万吨的大油田。2017年，中国对乍得直接投资额为2305万美元。至2017年底，中国对乍得直接投资存量约4.12亿美元。在乍得的各类中资企业约50家，其中2/3属民营和私营企业，主要从事能源矿产开发、工程承包、餐饮酒店、批发零售和物流运输等。中国和乍得在能源领域的合作进展顺利，中石油在乍得南部进行的石油勘探开发项目一期于2011年3月建成投产；二期于2014年6月建成，10月开始外输原油。中国与乍得合资建设的恩贾梅纳炼油厂于2011年6月底建成投产，年加工原油能力100万吨，可生产汽油、柴油、煤油、航空燃油、重油和液化气。

（3）劳务承包。2017年，中国企业在乍得新签承包工程合同26份，新签合同额3.98亿美元，完成营业额6.28亿美元。新签大型工程承包项目包括中工国际工程股份有限公司承建乍得17个城市的电力项目；中国石油集团长城钻探工程有限公司承建乍得钻修井服务项目；中铁五局集团建筑工程有限责任公司承建中国驻乍得使馆新建馆舍工程等。中石油下属华油集团阳光国际公司开发阳光工业园项目，园区已投产企业6家。

（4）经济援助。中国与乍得两国复交以来，中国利用援款实施了恩贾梅纳9.7千米市政道路整治、农村小学、新议会大厦、自由医院改造、妇女培训、太阳能路灯等项目。此外，中国派遣了医疗队和农业技术合作组。中国援助乍得建立了农业示范基地，赠送了抗疟药、化肥、水电物资、紧急粮援、集装箱检测设备等，打井、矿产资源考察等项目也已执行完毕。2017年6月7日，联合国世界粮食计划署发表声明，对中国捐资400万美元以便能够在乍得为10多万需要粮食援助的人提供救助表示欢迎。[①] 乍得政府每年选派约200人赴中国参加多期双边培训班。中国向乍得提供优惠贷款，实施了中国电信通信项目和巴阿赫水泥厂项目；提供优惠出口买方信贷；实施了恩贾梅纳炼油厂和恩贾梅纳输变电项目。仅在2018年，中国专家在乍得田间地头对当地稻农开展大型现场培训7次，中小规模培训260多次，直接受益稻农超过500名。乍得农业生产、灌溉和机械部长莉迪·贝亚塞姆达（Lidi bayasemda）高度评价中国对乍得的农业援助。[②]

---

① 《粮食计划署欢迎中国支持乍得援助项目》，2017年6月17日，联合国官网，https://news.un.org/zh/story/2017/06/276982。
② 《乍得农业部长高度评价中国农业援助》，2018年9月20日，中国农业信息网，http://www.fecc.agri.cn。

吉布提发展报告

杨 志

摘 要：近年来，吉布提国内政治局势比较稳定。2016 年，伊斯梅尔·奥马尔·盖莱赢得大选，开始第四个总统任期，同时组建新政府。在 2018 年的立法会选举中，总统所代表的"总统多数联盟"获得 65 个席位中的 57 个，主要反对党获得 7 个席位，但此次选举遭到少数反对党的抵制。经济方面，吉布提积极制定经济发展计划，同时响应中国"一带一路"倡议，积极调整经济政策、争取外援、吸引外资、优化产业结构和重点发展第三产业，并加紧实施基础设施建设，积极参与和推动地区一体化进程。社会方面，由于经济的快速发展和国际社会帮助，吉布提对教育的投入不断增加，教育水平快速提高。外交方面，吉布提积极维护与法国的紧密关系，同时借助其独特而具有战略意义的地缘条件积极开展与世界其他大国的友好往来，在大国博弈中获取经济利益。另外，值得注意的是，吉布提积极参与"一带一路"建设，发展对华友好关系，是中国"海上丝绸之路"在东非的重要支点。

关键词：吉布提　经济发展　"一带一路"　政治局势

作者简介：杨志，云南大学非洲研究中心硕士研究生。

吉布提位于非洲东北部，东南与索马里接壤，南部和西部与埃塞俄比亚接壤，西北与厄立特里亚毗邻。北面和东面濒临亚丁湾，与也门隔曼德海峡相望，位于红海通往印度洋的航道上，地理位置上具有十分重要的战略价值。2016 年，伊斯梅尔·奥马尔·盖莱开启第四个总统任期。由于历史上不合理的经济结构和不完善的基础设施建设，吉布提失业率居高不下，因此，吉布提政府积极参与"一带一路"倡议，试图通过加强国际合作来发展本国经济，促进经济可持续发展、降低失业率。

一 政治局势

吉布提自独立以来共产生过两位总统。1977~1999年，哈桑·古莱德·阿普蒂敦担任总统后，吉布提的政党制度经历了由多党制到一党制，再到渐进式多党制的变革。1999年，伊斯梅尔·奥马尔·盖莱当选总统，在2002年吉布提开始全面实行多党制。2003年1月争取进步人民联盟等四党组成的"总统多数联盟"在立法选举中获得全部议席。2005年4月盖莱赢得总统选举，连任总统。2010年4月，争取进步人民联盟推动议会修改宪法，取消总统只能连任一次的限制。2011年4月，盖莱再次连任总统。2016年盖莱以超过86%的高票再次当选总统，暂时没有强有力的竞争对手，但有关其健康的新闻一直受到国际社会关注。

吉布提目前实行多党制，国民议会是国家最高权力机构，享有立法权，议员共65名，由立法选举产生，任期五年。现任议长为穆罕默德·阿里·胡迈德（Mohamed Ali Homed），于2015年3月当选，2018年3月获得连任。在2018年国民议会选举中，争取进步人民联盟（Rassemblement Populaire pour le Progrès，RPP）、恢复团结和民主阵线（Front pour la Restauration de l'Unité et de la Démocratie，FRUD）、全国民主党（Parti National Démocratique，PND）和改革者联盟（Union des Partisans de la Réforme，UPR）共同组成"总统多数联盟"（UMP），将多数席位由55个增加至57个。[①] 争取民主和正义联盟（Union pour la Démocratie et la Justice，UDJ）和吉布提发展党（Parti Djiboutien pour le Développement，PDD）组成反对联盟（UDJ - PDD），获得7个席位，民主人士联合党（Centre des Démocrates Unifiés，CDU）获得

---

① Djibouti Assemblée nationale, 23 February, 2018, http://archive.ipu.org/parline/reports/2089_E.htm.

1个席位。争取发展共和同盟（Alliance Républicaine pour la Démocratie, ARD）、民主复兴运动（MRD）和民主行动与生态发展集会（RADDE）认为此次选举不公平和不透明，因而抵制此次立法会选举。

二 经济发展

近年来，吉布提政府采取缩减国家财政预算、提高税收、鼓励外国投资等措施缓解经济困难，同时优先发展生产部门，开发土地和海洋资源，努力降低粮食和食品对外国的依赖程度，经济结构调整初见成效。此外，国外直接投资增长迅速，吉布提宏观经济发展态势良好。基于地理位置的重要性，吉布提还努力将自身打造成东非市场的门户。

（一）积极制定实施经济发展规划

近年来，吉布提政府积极调整经济政策，争取外援外资，重点发展第三产业，并加紧实施基础设施建设，积极参与地区一体化进程。2013年，吉布提政府制定了《2035年远景规划》，着力发展交通、物流、金融、电信、渔业、旅游等行业。该规划基于五大支柱：和平、善治、私营部门推动的多元经济、人力资本整合和区域一体化。为实施这一战略，吉布提政府制定了一项名为《2015~2019年加快经济发展与促进就业战略》（SCAPE）[①]的五年计划，它基于战略方向、具体目标、计划和行动，以应对政府中期的就业挑战。数据显示，2014~2017年，吉布提国内生产总值（GDP）年均增长率高达7.25%，人均GDP为1927美元；2018年GDP为19.35亿美元，人均GDP为2015美元，GDP增长率为4.3%，外汇储备为4.99亿美元。[②] 2019年吉布提GDP为20.5亿美元，GDP增长率为6%，人均GDP为2113美元。物价方面，

---

① "Strategy of Accelerated Growth and Promotion of Employment 2015-2019", https://planipolis.iiep.unesco.org/sites/planipolis/files/ressources/djibouti_scape-_anglais.pdf.

② 《吉布提国家概况》，2019年5月20日，中华人民共和国外交部网站，https://www.fmprc.gov.cn/web/gjhdq_676201/gj_676203/fz_677316/1206_677704/1206x0_677706/。

2019年，吉布提通胀率为3.3%，居民消费价格指数（CPI）为109.7%。[①]

吉布提是世界上最不发达的国家之一。自然资源贫乏，工农业基础薄弱，95%以上的农产品和工业品依靠进口，第一、第二产业比较落后，主要发展第三产业。第二产业主要依赖非制造业；农业仍处于发展阶段；交通运输、商业和服务业（主要是港口服务业）在经济中占主导地位。联合国统计数据显示，2018年吉布提农业占GDP比重为3.3%，工业占比为21.8%，服务业占比为74.9%。国际贸易方面，预计2018年吉布提商品和服务贸易总额为123.1亿美元，其中进口109.4亿美元，出口13.7亿美元，贸易逆差为95.7亿美元。[②]

（二）农业发展落后

吉布提种植业不发达，可耕地面积1万公顷，2013年耕地面积为1830公顷。2015年农业总产值为200万美元，约占GDP的2.9%；2016年农业总产值降至GDP的2%左右。粮食不能自给，每年接受欧盟、法国、日本等的粮食援助约1.3万吨。[③] 吉布提的畜牧业比种植业和渔业占有更重要的位置，以传统游牧和现代牲畜转口贸易为特色。2008年，吉布提畜牧业年产值占国内生产总值的2.3%，[④] 相当于种植业、林业、渔业年产值的总和。联合国数据显示，预计2018年吉布提农业生产指数为133。[⑤]

（三）工业发展缓慢

吉布提工业落后，但近年来积极开发地热能，筹集资金修建地热发电厂，该电厂预计将解决吉布提经常性的电力短缺，减少对埃塞俄比亚的能源

[①] 《吉布提》，2020年5月24日，https：//zh.tradingeconomics.com/djibouti/gdp。
[②] Djibouti, http：//data.un.org/en/iso/dj.html。
[③] 农业部国际交流服务中心编著《非洲农业国别调研报告集（第五辑）》，中国农业科学技术出版社，2013，第48页。
[④] 农业部国际交流服务中心编著《非洲农业国别调研报告集（第五辑）》，中国农业科学技术出版社，2013，第44页。
[⑤] Djibouti, http：//data.un.org/en/iso/dj.html。

依赖，减少石油进口，从而增加国内生产总值并减少债务。2018年，该地热能项目获得非洲发展银行1500万美元贷款。① 此外，阿萨尔湖的固体盐储量达28.5亿吨，是全球盐储量最大的盐湖之一。同时，盐湖还拥有其他储量丰富的矿产，其中溴109.7万吨、钾盐1070.4万吨。目前，阿萨尔盐湖溴化钠项目是吉布提最大的工业项目，将极大地改变吉布提的产业结构。该项目由中国交建、山东海王化工共同经营。② 该项目共分三期，最终产量达5.2万吨溴化钠。一期项目2018年底建成投产，产值4000万美元，直接或间接创造就业岗位约1000个，创造外汇4000万美元。到2021年预计将为吉布提创造就业岗位2000个，每年出口创汇约1亿美元，将使吉布提出口额翻一番。

2012年，中国港湾工程有限公司为吉布提政府提供了建设矿石码头的服务；2017年1月，吉布提国际自贸区开工建设，2018年5月，自贸区一期投入运营。在中国公司的帮助下，临港工业园也陆续开工建设，通过引进产业集群，推动吉布提的工业化水平显著提升，从而带来大量就业机会。

（四）以港口经济为主的服务业发展迅速

吉布提的经济发展主要集中在服务业上，商业活动围绕着自由贸易政策和作为红海中转站的战略位置展开。吉布提是埃塞俄比亚的重要出海口和进口地，埃塞俄比亚进出口业务约占吉布提港口业务的70%。2017年5月，由中国设计并承建的多哈雷多功能港口落成运营，年吞吐能力约为708万吨和20万标准箱。

港口经济在吉布提国民经济中占有很大比重。2018年2月22日，依据2017年9月颁布的《国家战略基础设施保护法》，吉布提政府单方面强行终

---

① "Djibouti：AfDB Lends ＄15 Million for Construction of Geothermal Power Plant"，May 16，2018，https：//www.afrik21.africa/en/djibouti-afdb-lends-15-million-for-construction-of-geothermal-power-plant/.
② 李志伟：《中企营建吉布提溴化钠项目开工》，2017年12月12日，国际在线，http：//cj.cri.cn/20171212/3a81b5a3-e501-6f18-1895-d329b927c1e0.html.

止迪拜环球港务公司对吉布提多哈雷集装箱港口的特许经营权。此后,国际法院裁决吉布提政府此举违法。①

吉布提-安布利国际机场是吉布提市唯一的国际机场,提供定期和包机航班的许多洲际航线。吉布提航空是吉布提的旗舰航空公司,也是该国最大的航空公司。多拉莱港是吉布提的主要港口,也是新亚吉铁路的终点站。

旅游业是吉布提不断增长的经济部门之一,每年的入境人数不到8万人,主要是驻扎在吉布提海军基地的外国官兵的家人和朋友。虽然目前旅游人数在增加,但有关签证谈判进展缓慢,可能会限制人数的进一步增长。除此之外,落后的基础设施使游客难以独立旅行,这也制约了吉布提旅游业的发展。旅游业对吉布提经济的发展起促进作用,包括增加外汇收入、扩大内需、拉动就业等。在《吉布提展望2035》② 中,吉布提政府明确将旅游业作为未来发展的重要新兴产业,着力构建以海洋度假旅游、体育休闲旅游和特色景观旅游为重点发展领域的高端旅游产品体系。③ 自2018年1月重新开放亚的斯亚贝巴到吉布提的火车后,陆路旅行也已恢复。吉布提的两个主要地质奇迹阿贝湖和阿萨尔湖是该国的主要旅游景点,这两个景点每年吸引数百名游客前来观光。从长远来看,吉布提的旅游市场发展前景广阔。

三 社会发展

统计数据显示,2018年吉布提的人口约为97.1万人,其中2/3以上居住在首都吉布提市,官方语言是法语、阿拉伯语和索马里语,宗教以逊尼派

---

① Business, "DP World Wins Djibouti Port Ruling", *Arabnews*, August 2, 2018, http://www.arabnews.com/node/1350271/business-economy.

② "Vision Djibouti 2035", https://www.tralac.org/images/docs/6583/djibouti-high-level-development-exchange-vision-2035-outcome-note.pdf.

③ 范鹏辉、顾学明、张威、祁欣:《中国与吉布提旅游业合作前景与展望》,《中国外资》2015年第21期,第28~30页。

伊斯兰教为主，最大的种族群体是索马里伊萨族和阿法尔族。大多数当地居民将索马里语和阿法尔语作为第一语言，法语作为法定的国家语言是国民教育中的主要语言。

吉布提政府高度重视本国教育发展，该国的高等教育机构主要是吉布提大学。吉布提教育系统最初的制定是为了迎合有限的学生群体。因此，学校教育在很大程度上是精英主义，但这种模式已经不适合吉布提新的社会形势。

20世纪90年代后期，吉布提政府修订了国家教育战略，随后制订了一项全面的改革计划，旨在使教育领域在2000~2010年实现现代化。2000年8月，吉布提通过了《教育规划法》，[①]并起草了未来五年的中期发展计划。现在，义务教育包括五年小学和四年中学，中学生需要获得基础教育证书。此外，新的法律还引入了中等职业教育。

根据《教育规划法》和中期发展计划，整个教育部门取得了实质性进展，特别是学校入学率、出勤率和升学率都在稳步提高，但也存在一些区域差异。《教育行动计划2017~2019年》[②]是基于《教育行动计划2010~2019年》和《吉布提展望2035年》制定的教育发展规划，目标是改进教育体系，为所有人提供基础教育，并注重提供知识、技术和职业技能。2017年，吉布提小学毛入学率为63.9%，小学毕业率为57%，中学入学率为44%。[③]

根据世界银行数据，吉布提农业就业人口占总就业人口的29%，工业就业人口占比为29.8%，服务业就业人口占比为41.1%。失业率占劳动力总人口的5.8%。按吉布提国家贫困线标准，2017年吉布提贫困率为21.1%，若按每天1.9美元标准（2011年购买力平价），则贫困率为17.1%。[④]

[①] ICT in Education in Djibouti, http://www.infodev.org/articles/ict-education-djibouti.

[②] Plan D'Action De L'Éducation 2017-2019, http://www.education.gov.dj/images/plan/PAE%202017-2019.pdf.

[③] Djibouti, https://databank.worldbank.org/data/views/reports/reportwidget.aspx?Report_Name=CountryProfile&Id=b450fd57&tbar=y&dd=y&inf=n&zm=n&country=DJI.

[④] Djibouti, https://databank.worldbank.org/data/views/reports/reportwidget.aspx?Report_Name=CountryProfile&Id=b450fd57&tbar=y&dd=y&inf=n&zm=n&country=DJI#.

四 外交形势

吉布提独立后，奉行中立、不结盟并在"平等、互相尊重和不干涉别国内政的基础上与世界各国合作"的外交政策，主张维护世界和平，用和平方式解决国际争端，并积极参与维护地区和平稳定工作，与周边邻国发展睦邻友好关系。此外，还积极发展和维护与世界大国的友好关系，加入联合国及其附属机构等国际组织和阿拉伯联盟、非盟等区域组织。

（一）积极参与索马里和平进程

吉布提曾被称为"法属索马里"。因此，维持与索马里良好的两国关系是双方共识。吉布提积极参与和组织索马里和平进程工作，一直为索马里和平进程发挥着重要作用。2015年2月，盖莱总统访问索马里，接受索马里总统授予的最高荣誉勋章。2018年6月8日，索马里总理哈桑·阿里·海尔（Hassan Ali Khayre）正式访问吉布提，与吉布提总统盖莱举行会谈，[①] 双方就关心的区域政治和安全问题交换了意见。此外，双方还探讨在安全、农业等方面的合作。2019年3月16日，盖莱率领高级代表团访问索马里，与索马里领导人穆罕默德·阿卜杜拉希（Mohamed Abdullahi）举行会谈，并正式出席吉布提驻索马里大使馆的开幕式。[②] 索马里总统认为吉布提是索马里真正的朋友、盟友和兄弟，两国有着深厚的根基、历史联系以及共同进步、繁荣的未来。

（二）与厄立特里亚和平进展缓慢

1991年，吉布提与获得独立的厄立特里亚临时政府建交。1998年，厄

[①] "Somali Prime Minister Meets with Djiboutian President Ismaïl Guelleh in Djibouti", June 8, 2018, https：//www.warsoor.net/somali – prime – minister – meets – with – djiboutian – president – ismail – guelleh – in – djibouti/.

[②] Jerry Omondi, "Djibouti President Omar Guelleh visits Somalia", CGTN, March 16, 2019, https：//africa.cgtn.com/2019/03/16/djibouti – president – omar – guelleh – visits – somalia/.

立特里亚指责吉布提在埃塞俄比亚与厄立特里亚边境冲突中偏袒埃塞俄比亚，因而双方断交，后于2000年复交。2008年，厄立特里亚与吉布提爆发边界冲突，6月10~13日的武装冲突导致50名吉布提士兵和100名厄立特里亚士兵死亡。联合国安理会于2009年1月14日通过了第1862号决议，敦促两国进行对话，以和平方式解决问题。① 2010年6月，厄立特里亚和吉布提签署了协议，协议赋予卡塔尔监测有争议的边界地区的权力，直到边界争端得到彻底解决。② 此后两国关系时有波动，受厄立特里亚和埃塞俄比亚关系影响较大。总体而言，双方虽有摩擦，但相互保持克制，维护地区和平稳定是双方共识。

（三）吉布提-埃塞俄比亚经济一体化稳步推进

吉布提与埃塞俄比亚维持较高水平的友好互信关系，两国签有多项合作协议，政治互信程度高，高层互访频繁，经贸往来密切。2015年2月，埃塞俄比亚总理海尔马里亚姆对吉布提进行国事访问；2016年，吉布提同埃塞俄比亚召开部长级会议及防务联委会，双方就加强两国经贸、防务等领域合作进行磋商；2017年3月，盖莱总统访问埃塞俄比亚；2017年7月，两国外长共同主持两国混委会会议；2018年4月，埃塞俄比亚总理阿比访问吉布提。③ 埃塞俄比亚是东非的重要大国，正处于工业化早期，市场潜力大，近年来正积极学习中国工业化模式以发展经济。一方面，埃塞俄比亚因没有出海口，不得不依赖于吉布提作为商品服务进出口集散地；另一方面，对吉布提来说，要发挥自身交通节点的优势也需要埃塞俄比亚的支持，因此两国积极谋求经济一体化，发挥比较优势，实现两国经济可持续发展和地区和平稳定。

---

① "Security Council Urges Djibouti, Eritrea to Resolve Border Dispute Peacefully", UN, January 14, 2009, https://military.wikia.org/wiki/Djiboutian%E2%80%93Eritrean_border_conflict.
② "Djibouti's Relations with Eritrea", *Global Security*, https://www.globalsecurity.org/military/world/djibouti/forrel-er.htm.
③ 《吉布提国家概况》，2019年5月，中华人民共和国外交部网站，https://www.fmprc.gov.cn/web/gjhdq_676201/gj_676203/fz_677316/1206_677704/1206x0_677706/。

（四）积极维护与法国的特殊关系

基于特殊的殖民历史，独立后的吉布提在政治、经济、军事等方面与原宗主国法国依旧维持着紧密的特殊关系。政治上，双方高层往来频繁，除外交部外，吉布提各政府部门皆有法国派驻顾问。[①] 2019年3月12日，法国总统马克龙访问吉布提，与吉布提总统举行会谈，并且视察了法国驻吉布提军事基地，成为继2010年萨科齐访问之后第二位访问吉布提的法国总统。[②] 对吉布提来说，经济上，法国是其重要的经贸合作伙伴和最大的援助国，在争取国际社会对外援助上需要法国的支持；安全上，法国在吉布提驻有其最大的海外军事基地，为吉布提提供海陆空安全保障，并根据两国防务协定训练吉布提军队和开展军事演练。对法国来说，吉布提等法语国家的支持配合是其维系大国地位的重要支撑，通过驻吉布提军事基地保持法国在非洲的军事存在。此外，吉布提位于红海入海口，具有极其重要的战略地位，通过该基地不仅可以保持军事存在，还能为参与护航、反恐行动的法国开展军事合作等活动创造便利条件。

吉布提传统上以法国等欧美国家、沙特等中东国家、埃塞俄比亚等东北非国家为主要合作伙伴。21世纪以来，吉布提积极拓展对外关系，与中国、日本、韩国、印度等国家关系发展迅速。此外，吉布提因其特殊的地缘战略位置成为大国博弈的重要地区，虽然只有2.32万平方公里的国土，却驻扎有法、美、日、意四个国家的海外军事基地和中国驻吉布提后勤保障基地。

（五）积极发展和维护与美国的关系

美国自1991年起向吉布提提供各种经济和军事援助。"9·11"事件

[①] 《吉布提国家概况》，2019年5月，中华人民共和国外交部网站，https://www.fmprc.gov.cn/web/gjhdq_676201/gj_676203/fz_677316/1206_677704/1206x0_677706/。

[②] "French President Kick – off Africa Tour with Djibouti Visit", March 12, 2019, https://www.gambetanews.com/french – president – kick – off – africa – tour – with – djibouti – visit/.

后，吉布提积极配合美国在"非洲之角"的反恐行动，同美国关系发展迅速，两国高层互访频繁，签订多项合作协议。美国在吉布提设立了其在非洲的唯一永久性军事基地，吉布提允许美国使用其港口和机场运送物资。2017年4月，美国国防部长马蒂斯访问吉布提；5月，吉外长优素福同美国副国务卿在华盛顿共同主持两国论坛部长级会议。2018年3月，美国国务卿蒂勒森访问吉布提；12月，美国负责非洲事务的助理国务卿纳吉访问吉布提。[1] 另外，根据《非洲增长和机会法案》（AGOA），吉布提可以享受贸易优惠待遇。

美国在发布的《2018年吉布提人权报告》中对吉布提指责颇多，报告指出吉布提人权问题包括政府人员的滥权；恶劣的监狱条件；任意或非法干涉隐私；对自由集会和结社的限制；任意拘留政府批评者；政府削弱公民选择或影响其政府的能力；政府腐败；政府对起诉和追究责任的行动不力；对妇女的暴力行为；对工人权利的限制和童工。[2] 吉布提对此反应强烈。

五　中吉关系

吉布提与中国自建交以来双边关系不断深化，合作领域不断拓宽，合作水平持续提高。吉布提独立后迅速发展对华友好关系，中国则积极为吉布提提供多项经济援助。2015年12月3日，习近平在约翰内斯堡峰会与吉布提总统盖莱举行会谈，[3] 中国提出双方要增强政治互信，密切各领域各层次友好交往；拓展物流、商贸、经济特区、铁路、港口等领域互利合作，欢迎吉

---

[1] 《吉布提国家概况》，2019年5月，中华人民共和国外交部网站，https：//www. fmprc. gov. cn/web/gjhdq_676201/gj_676203/fz_677316/1206_677704/1206x0_677706/。

[2] "Djibouti 2018 Human Right"，April 23, 2019，https：//dj. usembassy. gov/djibouti－2018－human－rights－report/。

[3] 《习近平同吉布提总统盖莱举行会谈》，2015年12月3日，中华人民共和国外交部网站，https：//www. fmprc. gov. cn/web/gjhdq_676201/gj_676203/fz_677316/1206_677704/xgxw_677710/t1321165. shtml。

布提以适当方式参与"21世纪海上丝绸之路"合作；密切教育、医疗等领域人文交流；与吉布提加强和平安全合作，就重大国际和地区问题加强沟通和协调。吉布提赞赏中国政府坚持在相互尊重、平等互利原则的基础上发展对非关系，感谢中国长期以来在基础设施建设、区域一体化等方面给予包括吉布提在内的非洲国家大力支持。吉布提愿参与"一带一路"建设，并在公路、信息技术、电信等领域加强同中国合作。

2017年11月23日，中国国家主席习近平与吉布提总统盖莱举行会谈，并一致同意建立中吉战略伙伴关系，全面深化两国各领域合作。双方加紧落实中非合作论坛约翰内斯堡峰会成果，共同推进"一带一路"建设，全面深化两国各领域合作。① 2019年4月28日，习近平与盖莱在人民大会堂举行会谈，2019年是中吉建交40周年，习近平认为两国是好朋友、好伙伴、好兄弟。中国愿同吉布提一道，以推进共建"一带一路"倡议、落实中非合作论坛北京峰会成果为契机，推动两国战略伙伴关系不断向前发展。双方要继续在彼此核心利益和重大关切问题上相互支持，加强在国际和地区事务上沟通和协调。两国元首共同见证了《中华人民共和国政府和吉布提共和国政府关于共同推进丝绸之路经济带和21世纪海上丝绸之路建设的谅解备忘录》②等双边合作文件的签署。2019年4月，中国和吉布提又签署了《中华人民共和国政府与吉布提共和国政府关于共同推进"一带一路"建设的合作规划》，提升了两国的合作水平。

产能合作方面，2011年埃塞俄比亚和吉布提共同决定修建两国首都亚的斯亚贝巴市至吉布提市的铁路（下称亚吉铁路）。经过4年多的建设，于2016年10月5日正式通车。亚吉铁路是非洲第一条跨国电气化铁路，也是

---

① 《习近平同吉布提总统盖莱举行会谈》，2017年11月23日，中华人民共和国外交部网站，https://www.fmprc.gov.cn/web/gjhdq_676201/gj_676203/fz_677316/1206_677704/xgxw_677710/t1513473.shtml。

② 《习近平会见吉布提总统盖莱》，2019年4月28日，中华人民共和国外交部网站，https://www.fmprc.gov.cn/web/gjhdq_676201/gj_676203/fz_677316/1206_677704/xgxw_677710/t1658996.shtml。

继坦赞铁路之后中国在海外修建的又一条跨国铁路。亚吉铁路是埃塞俄比亚重要的国际出海铁路通道，也是埃塞俄比亚政府新增规划铁路网的起步工程，同时是吉布提港口最重要的后方铁路通道，亚吉铁路对推动埃塞俄比亚和吉布提两国经济发展作用巨大。2015年5月24日，由招商局参与投资（持股吉布提港口公司），中建和中土共同承建的吉布提多哈雷多功能港口举行开港仪式，[①] 多哈雷多功能港口于2014年8月7日开工，至2017年4月16日建成试运行，设计年吞吐散杂货708万吨、集装箱20万标准箱，是亚吉铁路的终点和出海口。吉布提扼亚丁湾和红海入口，为亚洲通往非洲、欧洲航线上的重要中转站，是"一带一路"规划中"21世纪海上丝绸之路"西线重要节点，多哈雷多功能港口的建成运行，必将提升吉布提航运和港口整体运营能力，带动区域经济更快发展。

[①] 《吉布提多哈雷多功能港开港》，2017年5月25日，中华人民共和国驻吉布提共和国大使馆经济商务处，http://dj.mofcom.gov.cn/article/todayheader/201705/20170502582018.shtml。

专题研究

西共体和平安全行动及相关国际合作

李洪峰

摘　要：2018 年，西非地区安全局势仍然严峻。成员国内部政治冲突、恐怖袭击、几内亚湾海盗等问题对地区的和平发展形成持续挑战。西共体依托 20 世纪 90 年代以来逐步建设和发展的集体维和机制努力应对，采取了调停干预、加强预警和应对机制等诸多措施，并与非洲其他区域组织加强合作，共同实现和平目标。联合国、欧盟、非盟等国际组织与西共体协同行动，通过不同方式协助其提升维和能力。中国作为非洲的重要合作伙伴，亦积极促进西非地区的和平与发展。

关键词：西共体　和平安全　恐怖主义　国际合作

作者简介：李洪峰，北京外国语大学法语语言文化学院教授。

基金项目：本文为北京外国语大学基本科研项目"西非国家经济共同体集体维和能力研究"（项目号：2016JJ023）的阶段成果。

1975 年，西非国家经济共同体（下简称"西共体"）成立，成员国包括塞内加尔、塞拉利昂、佛得角、冈比亚、加纳、几内亚、几内亚比绍、科特迪瓦、利比里亚、贝宁、马里、尼日尔、尼日利亚、多哥和布基纳法索 15 国。因西非军事政变、政治冲突、选举危机频频发生，和平安全合作迅速成为区域合作的重要组成部分。自 20 世纪 90 年代以来，西共体不论是在维和机制建设还是在干预能力方面，都积累了丰富的经验，并得到非盟、联合国、欧盟等国际组织等合作伙伴的支持。

2018 年，西非地区虽然整体稳定，但安全局势依然十分严峻，西共体相关机构及各成员国仍需勉力应对政权更替冲突、恐怖主义袭击、海盗、跨国犯罪等各类风险挑战和持续动荡。本文对2018年西非安全局势、西共体应对措施和联合国等国际组织与西共体的合作进行综述，期望对未来中非和平安全合作的发展有所助益。

一 2018年西非安全局势：多重风险持续交织

多重安全风险交织导致的复杂性一直是西非地区面临的挑战。各成员国的政治局势稳定与否关系到打击恐怖主义、维护社会治安的效率和经济发展的速度，亦影响到西非一体化进程的发展。而动荡的内政和弱化的国家管理也会给恐怖主义和海盗活动等提供滋生与蔓延的土壤。

第一，在政治稳定方面，对西非很多国家来说，每逢大选年国内发生政治冲突的风险陡增。一国的选举和政权更替是否顺利进行也直接影响整个西非地区的和平稳定。保障政局稳定能够对该地区安全局势起到积极作用。国际民主和选举援助学会（Institute for Democracy and Electoral Assistance，IDEA）[1] 甚至认为，西非地区的选举正成为预防冲突的工具。[2] 所以，保障各成员国的选举顺利进行成为西共体的重要职能之一。

2018年西共体举行总统选举的国家只有塞拉利昂。从20世纪90年代一直延续到21世纪初的塞拉利昂内战令人记忆犹新，但2007年欧内斯特·巴伊·科罗马（Ernest Bai Koroma）任总统后，该国内局势日趋稳定。2014年3月，联合国驻塞拉利昂和平建设综合办事处结束任务，标志着该国顺利完成和平重建进程。2018年3月，塞拉利昂举行总统大选。4月4日，塞拉利昂全国选举委员会宣布，最大反对党塞拉利昂人民党（Sierra Leone People's Party）候选人朱利叶斯·马达·比奥（Julius Maada Bio）在总统选举第二轮

---

[1] 国际民主和选举援助学会是总部设在瑞典斯德哥尔摩的一家政府间组织，成立于1995年。
[2] Zipporah Musau, "The Art of Midwifing Elections in Africa", UN, https://www.un.org/africarenewal/magazine/august-2016/art-midwifing-elections-africa.

投票中获胜。选举期间,西共体委派利比里亚前全国团结过渡政府主席阿莫斯·索耶(Amos Sawyer)率领观察团赴塞拉利昂监督选举。最终选举平稳进行。阿莫斯·索耶称:"尽管出现了某些问题,但代表团对选举过程表示满意,我们认为选举在和平氛围中进行,过程透明可信。"① 总体上看,此次塞拉利昂平稳实现了政权交接。

2018年是多哥的议会选举年,上半年即发生了多哥反对党和民众要求总统福雷·纳辛贝下台并进行宪法改革的大规模民众抗议游行,造成多哥政局动荡。此次抗议要追溯到2017年多哥议会通过的宪法修正案,该修正案限制总统任期为两届,但因为修正案规定不追溯既往任期,所以纳辛贝在2020年本届任满时仍可寻求连任。抗议活动从年初持续到12月底的议会选举,14个反对党联合抵制选举,最终选举投票率仅为59.25%,纳辛贝领导的保卫共和联盟得到多哥议会91个议席中的59席,获绝对多数。

另一个因国内政局状况受到关注的国家是几内亚比绍。原定于2018年11月18日举行的几内亚比绍议会选举推迟至2019年3月10日,主要原因是几内亚比绍各方仍存在分歧,加上议会选举筹备工作中的不顺利,以及2018年通过的几内亚比绍性别平等配额法对选举可能产生了一定影响。此前,2015年几内亚比绍总理的任命问题曾引发政治僵局,并一再持续。2016年,在西共体和联合国的推动下,几内亚比绍政党、宗教组织和公民社会各方代表在几内亚比绍首都科纳克里达成和平框架协议。2018年4月,几内亚比绍总统若泽·马里奥·瓦斯任命阿里斯蒂德斯·戈梅斯为政府总理,为议会选举做准备,作为对和平框架协议的落实。2019年3月,选举按期举行,最终瓦斯的执政党获得议会中最多席位。

此外,尼日利亚和塞内加尔于2019年进行总统大选,贝宁进行议会选举。因此,2018年西共体就已经开始着手针对尼日利亚等国的选举准备工作。

---

① "Présidentielle au Sierra Leone:un scrutin transparent et crédible", *selon la Cedeao*, https://www.jeuneafrique.com/547563/politique/presidentielle–au–sierra–leone–un–scrutin–transparent–et–credible–selon–la–cedeao/.

第二，在恐怖主义活动方面，自"阿拉伯之春"以来，北非及萨赫勒地区的动荡为恐怖主义组织提供了迅速扩张的机会。基地组织马格里布分支、索马里青年党和"博科圣地"与"伊斯兰国"互相勾连，成为西非地区的毒瘤，尼日利亚、马里、布基纳法索和尼日尔更是受恐怖主义侵害的重灾区。为此，2014年12月，布基纳法索、乍得、马里、毛里塔尼亚和尼日尔在努瓦克肖特成立萨赫勒五国集团，应对恐怖主义和跨国有组织犯罪。2017年2月，萨赫勒五国集团决定建立联合部队，并先后获得了非盟和安会和联合国安理会的授权认可。

然而，2018年的西非和萨赫勒地区反恐形势不容乐观，区域恐袭表现出以下特点：袭击伤亡规模大，发生频率高，袭击对象广，既包括平民和军人，也包括联合国及西方国家驻西非外交代表机构和驻军。马里军营在2018年1月和4月多次成为袭击的对象，伤亡者数十人，其中包括数名法国军人。6月在萨瓦雷发生了针对萨赫勒五国集团联合部队的严重恐怖袭击。3月布基纳法索首都瓦加杜古发生法国大使馆和陆军总部连环被袭事件，造成8人死亡、80多人受伤。8月和9月又连续发生多次恐袭。"博科圣地"等组织的自杀式袭击在尼日利亚和尼日尔频频发生，每次伤亡都达数十人。3月的一次袭击中，4名联合国救援人员身亡，而11月尼日尔靠近尼日利亚边境处发生了法国企业设施遭袭事件。总体来看，西非地区的反恐形势非常艰难，当地居民和政府以及各类外来人员的财产和人身安全的保护成为艰巨任务。

第三，来自海上的威胁与陆上的风险进一步交织在一起，给西非集体维和行动提出了更高要求。2019年1月，国际海事局（International Maritime Bureau）发布了2018年度海盗报告。[①] 报告指出，2018年世界各大海域的海盗活动增加，西非几内亚湾地区成为受海盗侵袭最严重的地区，针对船只和

[①] International Chamber Of Commerce, *IMB Piracy Report 2018: Attacks Multiply in the Gulf of Guinea*, https://www.icc-ccs.org/index.php/1259-imb-piracy-report-2018-attacks-multiply-in-the-gulf-of-guinea.

船员的攻击显著增加。科特迪瓦与刚果（金）之间水域的袭击事件比2017年增加了一倍以上。2018年全球共发生6起劫船事件，18艘被焚毁船只中的13艘，141名被劫持人质中的130人，以及83名被绑架索取赎金海员中的78人均在此地。2018年第四季度的发案率更是大幅提高，仅尼日利亚境内海域就发生了41起绑架事件。遭到袭击的船只种类也越来越多，包括散货船、集装箱船、一般货船、油轮、石油工业后勤船和渔船。需要指出的是，该报告所采集的数据并不全面，有一些未报告的攻击未计入。根据联合国西非和萨赫勒区域办公室（以下简称"西萨办"）2018年12月的工作报告，从2018年1月到11月23日，几内亚湾的海洋犯罪和海盗活动共计有82起。[1] 整体来看，西非安全形势严峻，西非国家需要依靠自身和区域联合的力量来进行应对。

二 西共体调停干预行动与机制改革并行

根据西共体1999年通过的《关于建立冲突预防、管理、解决和维和与安全机制的协议》和2001年通过的《关于民主和良治的补充协定》，在地区出现安全风险，有可能导致人道主义灾难，或民主选举产生的政府被推翻或被试图推翻时，西共体可以在其成员国进行调停或者军事干预。同时，西共体高度重视预警机制的建设和改革，相关投入有所增加。

2018年，西共体没有组织大规模的军事干预行动，在防范选举风险和加强预警及反应机制方面，按既定路线稳步推进。

（一）防范选举风险，保障成员国内部政治稳定

西共体在其成员国政权交替时会进行风险防范，并在冲突发生时采取措

---

[1] Economic Community of West African States, Rapport du secrétaire général sur les activités de unowas（s/2018/1175） - décembre 2018, https：//unowas. unmissions. org/fr/rapport - du - secr%C3%A9taire - g%C3%A9n%C3%A9ral - sur - les - activit%C3%A9s - de - unowas - s20181175 - d%C3%A9cembre - 2018.

施进行调停,调停人通常由有影响力的西非国家元首等政治人物担任。西共体会派遣选举监督团前往成员国观察选举,发挥防范监督作用。

在多哥发生民众反对纳辛贝、要求宪政改革的游行后,加纳总统纳纳·阿库－阿多和几内亚总统孔戴作为西共体调停人,负责协助解决多哥政治危机。2018年6月,加纳内政部长阿尔伯特·坎·达帕和西共体委员会主席让－克劳德·布鲁前往多哥首都。7月举行的第53次西共体首脑峰会就多哥问题进行了商讨,并发布了问题解决建议方案。西共体认为多哥各党派都有解决问题的意愿,希望各方根据宪法进行对话。西共体敦促多哥政府对示威民众予以安抚,对游行中被捕的人员依法处理,同时谴责暴力,呼吁政界与市民社会理性对待问题,接受调解。西共体首脑峰会还建议延迟应于2018年12月20日举行的多哥议会选举,并改革总统选举方式,限制总统任期等。首脑峰会要求对多哥选举予以技术支持,要求调停人继续努力促进多哥国内多方会谈,以期快速解决此次危机,恢复多哥政局的稳定。西共体还成立了多哥工作委员会,将西共体协调人、多哥执政党、多哥反对党联盟等对话方均纳入其中。

但多哥政府未接受西共体的调解方案,反对党要求限制纳辛贝任期的游行抗议活动仍在继续。11月底12月初,西共体委员会曾再次呼吁各方遵循调解方案解决危机,希望多哥政府与反对党联盟达成协议后再进行议会选举,理由是如果反对派抵制并拒绝参加选举,将威胁多哥乃至整个西非地区的和平安定。但多哥议会选举按期举行。从该个案可以看出,西共体的干预权限受到尊重成员国主权原则的制约,其作用通过调停机制得到发挥,但是其很多主张需要尊重对象国的选择,并得到相关方认可,才能够得到推行。当各方意见不统一时,西共体无法强加自己的主张,只能够开展更多斡旋活动。

西共体在协助几内亚比绍克服内部分歧、保障顺利选举方面,也采取了诸多举措,包括对相关方实施制裁,通过对话促进各方和解,呼吁西共体成员国支持几内亚比绍的选举,并为此出资支持选举筹备工作。①

---

① "Guinée Bissau: la CEDEAO préoccupée par les législatives", http://www.africardv.com/politic/guinee-bissau-la-cedeao-preoccupee-par-les-legislatives/.

2018年12月21日，在尼日利亚首都阿布贾举行的西共体第54次首脑峰会上，多哥和几内亚比绍局势及2019年尼日利亚和塞内加尔总统选举都是讨论的重点主题。鉴于尼日利亚是西非最大国家，政治经济影响直接关系到西共体的运行，西共体对其大选极为重视，积极采取筹备措施，包括组织派遣观察员和增加选举资金支持等。西共体也敦促尼日利亚和塞内加尔两国政府竭力保证2019年选举的公平透明。

（二）预警机制的完善

西共体安全预警机制起步早，并得到很多国际合作伙伴的支持，十多年来不断改进完善，取得了一些成效。2008年通过的《西共体冲突预防框架》提出了预警机制建设方案，基本理念是从成员国社会文化经济等各领域进行冲突预防，并将成员国预警和反应机制建设列为重点，以保障西共体对地区安全信息的实地获取。此框架采取了将西非划分为四个区的设置，从各区各选择一个重要城市设立观察站（冈比亚首都班珠尔、布基纳法索首都瓦加杜古、利比里亚首都蒙罗维亚和贝宁首都波多诺伏）。2013年发布的《西共体反恐政治声明和共同立场》是西共体的反恐原则和思路纲要，该文件亦极为重视预防和预警机制的作用。在该文件中，西共体声明对恐怖主义采取零容忍的原则，力求利用一切社会力量对恐怖主义进行防范和打击。[1]

然而，由于西共体受限于自身财政能力、技术能力、协调能力，加上各成员国的能力不均衡，区域组织与各国权责部门对接不力，其预警机制的效用和反应速度一直受到诟病。[2] 此外，西非地区的政治安全风险极其复杂且

---

[1] Economic Community of West African States, "Déclaration politique et la position commune de la CEDEAO en matière de lutte contre le terrorisme", http: //www. edup. ecowas. int/ressources/strategie - de - la - cedeao - contre - le - terrorisme/? lang = fr.

[2] Amandine Gnanguênon, *Afrique de l'Ouest, faire de la prévention des conflits la règle et non l'exception*, Publication de l'Observatoire Boutros - Ghali du maintien de la paix – septembre 2018, https: //www. observatoire - boutros - ghali. org/publications/afrique - de – l% E2% 80% 99ouest - faire - de - la - pr% C3% A9vention - des - conflits - la - r% C3% A8gle - et - non - l% E2% 80% 99exception.

互相交织，进一步导致地区合作机制效率不尽如人意。除此以外，西共体预警机制也不能回应日益突出的打击海盗的需求，这不仅需要几内亚湾海洋防御力量的配合，更需要外部力量的援助。同时，通过发展经济来实现上游预防的目标也仍需更多具体措施来支持。

在此背景下，西共体近年来力推预警机制地方化，用国家级预警协调中心体系逐步取代旧体系，同时促进参与主体的多元化，加强能力建设，应对安全风险的挑战。2017年，第一个预警与反应机制国家协调中心（centre national de coordination du mécanisme d'alerte précoce et de réponse）在马里首都巴马科成立。试点后，改革范围逐步扩大。2018年，西共体分别在布基纳法索、利比里亚、科特迪瓦和几内亚比绍又成立了四个国家级预警协调中心。从城市的选择上，可以看出西共体根据地区安全形势对预警布局的调整。在这一改革的过程中还可以看到，西共体进一步加强了与美国等西方国家的技术合作，依托信息技术成果，提高自身的地空情报采集能力。

此外，西共体明确意识到还需要采取更多具体措施来保障目标的实现。2018年12月13日，在西同体调停与安全理事会（Conseil de médiation et de sécurité）的第81次例会上，西共体委员会主席布鲁要求调停与安全理事会考虑采取适当措施，预防和遏制西非地区政治选举引起的紧张局势，同时团结力量努力打击恐怖主义。会议还讨论了西共体预警和反应机制取得的进展。①

三 非洲内部跨区域合作与国际合作的推进

西非的和平安全是非洲安全问题的一部分，不仅深刻影响当地人民的生活与发展前景，也密切关系到其合作伙伴国家的利益保障以及全球的安

---

① Economic Community of West African States, "Ouverture des travaux de la 81ème session ordinaire du Conseil de médiation et de sécurité de la CEDEAO", http: //www. ecowas. int/ouverture – des – travaux – de – la – 81eme – session – ordinaire – du – conseil – de – mediation – et – de – securite – de – la – cedeao/? lang = fr.

全局势。因此，西共体的和平安全行动从起步之初就得到来自外部的各种支持。本节仅选取 2018 年西共体与非洲其他地区、非盟、联合国和欧盟在和平安全方面的合作活动进行观察，未包括美、法、英、德等国与西共体的双边合作。

（一）非洲次地区间合作

除了上文提及的西共体与东非共同体及西非经济货币联盟的交流合作以外，2018 年引人注目的跨区域合作事件是西共体与中非经济共同体（以下简称"中共体"）举行的第一次联合首脑会议。该会议于 7 月 30 日在多哥首都洛美举行，以"和平、安全、稳定和打击恐怖主义和暴力极端主义"为主题，表明了两大次地区组织联合应对安全威胁的决心。会议通过了《洛美宣言》，并决定每两年举行一次会议，审查《洛美宣言》执行情况。《洛美宣言》中特别强调了预警/反应机制在合作中的地位。在联合首脑会议上，西共体和中共体对萨赫勒五国集团的反恐斗争表示支持，呼吁两大组织的成员国基于区域团结的精神从物资、财政、技术和情报方面支持乍得湖地区和萨赫勒地区的反恐部队，并请求联合国安理会根据联合国宪章第七章的内容支持五国反恐力量。

萨赫勒五国集团中有三个国家是西共体成员，而整个西非萨赫勒地区更是一个安全共同体，因此西共体坚定支持萨赫勒五国集团的行动。2017 年 12 月的西共体首脑峰会曾呼吁国际社会予以萨赫勒五国集团反恐部队资金援助，同时也表达了对乍得湖地区多国反恐部队打击"博科圣地"的支持。[1] 2018 年 6 月，西共体调停与安全委员会举行会议，表示要寻求联合反恐的更好途径，稍后举行的西共体首脑峰会决定要与萨赫勒五国集团加强合作。西共体表态明晰，从话语支持走向具体合作。在未来数年，西共体有可能会与

---

[1] A. Lakhs, "Lutte antiterroriste: La CEDEAO soutient le G5 Sahel et la force du Lac Tchad", http://sahel–intelligence.com/11104–lutte–antiterroriste–la–cedeao–soutient–le–g5–sahel–et–la–force–du–lac–tchad.html.

萨赫勒五国集团采取更多联合措施。不过对于西共体和萨赫勒五国集团来说，反恐资金来源仍然是一个特别突出的困难。

（二）非盟与西共体的合作

在非洲和平安全行动中，非盟与各次地区组织的合作非常紧密，能够协调不同区域间的合作，并支持来自各地区的倡议。非盟与西共体在西非萨赫勒地区的合作覆盖很多领域，如武装冲突中的联合行动（如在马里的行动）、共同监督成员国选举等。非盟对次地区组织提供的支持主要包括：提供政治和技术支持，促进次地区组织能力建设和区域间信息分享和区域协同，为多国联合部队、区域联合部队提供行动规范等。

2018年，非盟与西共体的合作仍在以上几个方面进行，包括在多哥等国进行内部斡旋以及反恐协作等。2018年7月，非盟委员会主席穆萨·法基参加了西共体与中共体的联合首脑会议，表示将继续促进更大区域合力的形成，进一步发挥非盟相关机构，尤其是非洲恐怖主义研究中心（Centre africain d'étude et de recherche sur le terrorisme）、非洲警察合作机制（Mécanisme africain de coopération policière）和非洲情报安全委员会（Comité des services de renseignements et de sécurité d'Afrique）等的作用。此外，还将进一步动员国际社会为西非地区的反恐和打击跨境犯罪行动提供更多支持。①

（三）欧盟与西共体的合作

欧盟与西非国家及地区组织在经济合作方面非常紧密，是其最重要的技术和金融合作伙伴之一。西非地区及整个非洲的和平安全对于欧洲的经济、安全、移民、反恐都具有重大意义，因此欧盟一直把该地区的经济发展与和平安全综合起来进行考量。

---

① 《非盟委员会主席穆萨·法基在西共体-中共体联合峰会上的讲话》，非盟官网，https://au.int/fr/speeches/20180731/allocution-du-pr%C3%A9sident-de-la-cua-moussa-faki-mahamat-au-sommet-conjoint-cedeao。

在欧盟支持下，2018年5月，西共体委员会和西非经济货币联盟委员会举行了欧洲发展基金（FED）地区与国家拨款审核委员会议。6月，欧盟和西共体委员会及西非经济货币联盟委员会在比利时共同举行了就业、增长和竞争力高级别会议。自2017年以来，欧盟开始支持《萨赫勒紧急援助行动计划》（Programme d'Urgence pour le Sahel），与相关国家进行合作。2018年6月，欧盟委员会与布基纳法索政府签署了5000万欧元的资助协议，支持布基纳法索北部社会福利措施的实施和政府管理能力的加强。欧盟国际合作与发展专员内文·米米察（Neven Mimica）称："我们的支持将有助于加强国家的存在，帮助经济落后地区人口获得基本的社会服务。这一援助也表明欧盟在萨赫勒地区的贡献。"①

在和平安全合作方面，2018年7月，欧盟派代表参加了西共体和中共体的联合首脑会议。12月3日，西共体－欧盟联合控制轻武器计划委员会第八次会议在马里首都巴马科举行，对过去三年的合作进行总结并探讨和思考下一步工作。该计划主要涉及7个国家，分别是科特迪瓦、几内亚、利比里亚、塞拉利昂、马里、尼日尔和尼日利亚。

（四）联合国与西共体的合作

联合国西非和萨赫勒办事处（西萨办）是联合国与西共体、非盟、萨赫勒五国集团等区域组织直接接触并进行联合行动的机构。该机构现任负责人是联合国秘书长西非问题特别代表穆罕默德·伊本·钱巴斯②，他拥有丰富的非洲本土经验和国际组织工作经验。2017年，联合国提出新的萨赫勒综合战略框架（United Nations Integrated Strategy for the Sahel，UNISS），目标是加强萨赫勒地区的治理和安全并促进可持续发展，这也是西萨办与该区域相关

---

① EU,"L'UE appuie le Programmed'Urgence pour le Sahel", https://eeas.europa.eu/delegations/burkina-faso/49565/lue-appuie-le-programme-durgence-pour-le-sahel_fr.

② 钱巴斯是加纳前外交部副部长，曾先后担任西共体执行秘书长、西共体委员会主席、联合国非盟达尔富尔和特派团团长以及非洲、加勒比和太平洋国家集团秘书长主席等职，2014年9月被任命为联合国秘书长西非问题特别代表。

国家及机构进行合作的参考框架。

2018年，西萨办继续保持与西非和萨赫勒地区各国的接触，参与相关的宪政改革讨论，如几内亚选举委员会的改革、贝宁的政治改革、多哥宪政改革和尼日利亚2019年总统大选的筹备及与尼各政党的协商等。联合国利比里亚特派团于2018年3月30日完成其任务后，西萨办仍然继续保持对利比里亚安全的关注。

西萨办与西共体组成联合代表团，在布基纳法索、科特迪瓦、冈比亚等国举行联合会议，就各国安全问题和安全机制建设进行交流并提出建议，如鼓励科特迪瓦申请联合国的相关资助等。西萨办还组织了两次技术支持活动，协助筹备2018年7月的西共体和中共体联合首脑会议。9月，西萨办在达喀尔与西共体就2018~2019年西非地区政治趋势和安全局势举行了年度会议。

联合国诸多机构在西非地区安全问题上发挥着协同合作的作用，如联合国毒品和犯罪问题办公室的《西非地区计划2016~2020》为西非地区司法体系完善、打击跨境犯罪、防范和打击恐怖主义、遏制腐败、防治艾滋病等事务提供了支持和预算，其在2018年的预算为2550万美元。①

四　结语

本文是对2018年西共体和平安全行动及相关国际合作的一个阶段性回顾与小结。西共体委员会的年度报告将提供更多信息，但其2018年年度报告的发布尚需时日。

西非国家是我国重要的贸易伙伴，西非和平安全局势直接关系我国在非利益。2018年前5月中国与西共体15国的贸易总额达156.3亿美元，同比

---

① United Nations Office on Drugs and Crime，Programme régional pour l'Afrique de l'Ouest 2016 - 2020，https://www.unodc.org/documents/westandcentralafrica/Programme_regional_de_lONUDC_pour_lAfrique_de_lOuest_2016 - 2020_2.pdf.

增长 8.6%。① 近年来，基于对非洲和平安全问题的高度重视，我国正努力进一步拓展与西共体的全方位合作。2018 年 3 月 14 日，我国驻尼日利亚大使兼驻西共体大使周平剑与西共体委员会主席让－克劳德·布鲁会面，表示中国支持西共体的能力建设，并与之签署援助西共体总部大楼项目换文及经济技术合作协定。中国将帮助西共体在尼日利亚首都阿布贾建设新的总部大楼，帮助改善西共体委员会办公条件，提高办公效率。

在和平安全合作方面，中非合作论坛设立的中非和平安全合作基金以及中国和非洲防务安全论坛，都是中国支持西非和萨赫勒有关国家维护地区安全和反恐努力的重要平台。在安理会的各相关场合，中国代表一直积极呼吁联合国相关机构支持西共体及地区国家的斡旋努力，呼吁国际社会共同推进西非地区的安全问题解决进程。此外，中国—联合国和平与发展基金可以为非洲维和与反恐能力项目提供资金支持。中国还在装备方面给予了西共体快速反应部队一定的帮助。

西共体成员国在维持地区和平方面保持着高度的共识，对自身能力建设有整体的规划，但因西非地区极其复杂的安全形势和有待发展的经济社会状况，跨区域合作和国际合作的重要性日益突出。因此，我国有必要进一步加强对西共体集体维和能力建设需求的了解和认知，以期通过不同的合作平台，为地区的和平发展做出贡献，推动中非合作的进一步深化。

---

① 《2018 年前 5 月中国与西共体 15 国贸易总额达 156.3 亿美元》，2018 年 6 月 27 日，中非贸易交流中心官网，http://news.afrindex.com/zixun/article10904.html。

法国在非洲法语国家的经济存在

李 旦

摘 要：如何评估当前法国在非洲法语国家的经济存在，存在几种不同的观点。第一种观点认为，法国在非洲的存在感不断下降，影响力日渐式微。第二种观点主张，近年来的法非关系经历了一个由"特殊"转为"正常"的过程。第三种观点强调，基于各种历史与现实因素，法国仍然在非洲特别是在法语区保持着特殊的经济地位。本文试图证明，在"衰落"或"正常化"的表象下，法国在非经济利益有着坚实的政治、军事和文化支撑，法非经济关系的特殊性不可低估。在新时期纷繁复杂的国际形势下，中法非三方有理由积极探索，开拓创新，寻求互利共赢的合作方式。

关键词：非洲经济　法国外交　法非关系

作者简介：李旦，外交学院非洲研究中心主任、教授。

基金项目：本文为2015年度国家社科基金重点项目"中国'走出去'战略风险及应对策略研究"（15AGJ007）的阶段性成果。

在研究非洲问题的过程中，特别是在涉及非洲法语国家的时候，法国在非洲的历史与现实存在是一个绕不过去的话题。就经济层面而言，基于众所周知的原因，法国与非洲法语国家在历史上曾经有过异乎寻常的紧密联系。这一联系从殖民地时期一直延续到二战之后。对于如何评估当前法国在非洲法语国家的经济存在，存在明显的意见分歧。概括而言，可以分为三类。第一种观点认为，法国在非洲的存在感不断下降，影响力日渐式微。第二种观点认为，法国对非关系经历了一个由"特殊"转为"正常"的过程，目前，法国与非洲法语国家之间已经建立了正常的国家关系。第三种观点强调，基于各种历史与现实因素，法国仍然在非洲特别是在非洲法语国家保持着特殊的经济地位，法非特殊关系并未有实质性的动摇。本文拟结合法非关系中的一些基本事实，以中国学者的视角对上述三种观点进行辨析。

一 法非经济关系的衰落？

从双边贸易、对非投资、对非援助以及人员往来等几个方面来看，法非关系的走低乃至衰落似乎是不争的事实。历史上法国与非洲法语国家在经济上的密切联系是众所周知的，这一联系一直维持到第二次世界大战之后。1950年，殖民地在法国外贸中的比例依然高达60%。[①] 二战后，法国出口的90%的棉织品、75%的药物和30%的机器都输往其在非洲和太平洋的殖民地。1963年，法国在撒哈拉以南非洲的投资达120亿法郎。法国派驻国外的援外人员之中，有71%在北非。法国也从其殖民地经济中获得了丰厚的回报：1959~1962年，自法郎区汇回法国本国的资金和利润高达45亿美元。[②] 甚至到了德斯坦时代，撒哈拉以南非洲仍然占法国对外发展援助的60%。法国在非洲的经济存在得到其军事存在的有力支撑。1978年，法国同7个非洲国家有防务协定，同24个国家有军事技术援助协定。12%的法国对非洲的"合作"拨款用于军事援助，法国在非洲驻军总数达1.2万人，在西方国家中排在首位。

与历史上的"辉煌"相比，今天法国在非洲的经济存在似乎黯淡了许多，主要表现在以下几个方面。

[①] Philippe Hugon,《Politique africaine de la France：entre relations complexes et complexées》, *Dploweb*, mars 8, 2016.

[②] 张芝联：《法国通史》, 北京大学出版社, 1988, 第690页。

225

（一）法国在非市场份额不断下降

根据法国前外长于贝尔·韦德里纳2013年12月发布的报告《非洲与法国：面向未来的合作伙伴》，2000~2011年，法国在撒哈拉以南非洲的市场份额由10.1%下降到了4.7%。[1] 法国信用保险集团科法斯（COFACE）2018年发布的研究报告也给出了相似的数据：法国对非出口2000~2017年被腰斩：2000年市场份额为11%，2017年为5.5%。除市场份额外，法非贸易的绝对值也出现了下降。2013~2017年，法国与非洲的贸易额从730亿美元下降到了540亿美元。除航空之外的所有行业中，法国在非洲的市场份额都出现下降。[2] 具体到非洲法郎区国家而言，尽管这些国家与法国之间有着千丝万缕的特殊关系，2000~2016年，法国在这些国家进口中的占比依然下降了10个百分点（2016年的市场份额为13.7%）。[3]

与法国形成鲜明对比的是，德国、中国、印度等一批国家在非洲市场上呈现快速崛起的势头。中国在非洲市场的份额由2001年的3%上升至2017年的18%。[4] 在欧洲国家中，德国在2017年超越法国成为欧洲最大的对非出口国。除了中国、德国之外，印度、美国、以色列、伊朗等国家也加强了对非经济交往的力度。巴西、沙特阿拉伯、土耳其、马来西亚等"新面孔"也出现在非洲。再者，非洲国家相互之间的经济合作与交流不断加强。北非国家与撒哈拉以南非洲国家之间的合作日趋紧密。在机械产品市

---

[1] Hubert Védrine et autres, 《Un partenariat pour l'avenir : 15 propositions pour une nouvelle dynamique économique entre l'Afrique et la France》, *Rapport au Ministre de l'économie et des finances*, décembre 2013.

[2] COFACE, 《La perte de parts de marché français en Afrique alimente le gain de plusieurs pays européennes, la Chine et l'Inde》, *Panorama Afrique*, 19 juin 2018. https://www.coface.fr/Actualites-Publications/Actualites/La-perte-de-parts-de-marche-francais-en-Afrique-alimente-le-gain-de-plusieurs-pays-europeens-la-Chine-et-l-Inde.

[3] Institut Montaigne, 《Prêts pour l'Afrique d'aujourd'hui ?》, 20 septembre 2017, https://www.institutmontaigne.org/publications/prets-pour-lafrique-daujourdhu.

[4] Hubert Védrine et autres, 《Un partenariat pour l'avenir : 15 propositions pour une nouvelle dynamique économique entre l'Afrique et la France》, *Rapport au Ministre de l'économie et des finances*, décembre 2013.

场上，中国在非洲的市场份额达25%。印度在非洲药品市场的份额达18%。在农产品方面，罗马尼亚、乌克兰、俄罗斯三国供应了非洲40%的进口小麦。①

（二）法国对非投资今不如昔

根据联合国贸易和发展会议发布的《2018年世界投资报告》（Word Investment Report 2018），2011~2016年，法国对非直接投资存量（FDI stock）从520亿美元下降到了490亿美元，不仅位于美国、英国之后，而且是对非投资前5位国家中唯一对非直接投资存量下降的国家。与法国相比，美国保持了对非直接投资第一大国的地位，对非直接投资存量稳定在570亿美元的水平。排在第二位的英国对非直接投资存量由540亿美元微升至550亿美元。在对非投资领域表现最为亮眼的是中国，对非直接投资存量由2011年的160亿美元激升至400亿美元，由第5位上升至第4位。南非对其他非洲国家的直接投资存量由230亿美元上升至240亿美元，由第4位下降至第5位。②从法国对外投资中的占比来看，非洲早已丧失了昔日的重要份额。1992~2004年，对非投资在法国对外投资的占比始终徘徊在1.5%~2%，2004年的数据仅为1.55%，即便是最高的1996年，也只有2.15%。③

（三）法国对非援助有心无力

对非援助，特别是所谓官方发展援助（ODA）是观察法非经济关系的另一个重要指标。二战后很长一段时间内，无论是规模还是比例，法国对发展

---

① COFACE,《La perte de parts de marché français en Afrique alimente le gain de plusieurs pays européennes, la Chine et l'Inde》, Panorama Afrique, 19 juin 2018. https：//www.coface.fr/Actualites – Publications/Actualites/La – perte – de – parts – de – marche – francais – en – Afrique – alimente – le – gain – de – plusieurs – pays – europeens – la – Chine – et – l – Inde.
② UNCTAC, Word Investment Report 2018.
③ 法国《世界报》2007年2月13日报道。

中国家的援助特别是对非洲国家的援助，在发达国家阵营中是比较突出的。根据经合组织（OECD）的统计，1989年，官方发展援助在法国国民总收入（GNI）中的占比为0.6%，虽然离联合国规定的目标（0.7%）有一些距离，但与其他西方大国相比，法国的排位是相对靠前的。但从20世纪90年代起，萎靡不振的经济使法国在向非洲国家提供援助的时候显得有心无力。官方发展援助在法国国民总收入中的比例持续下降：1999年占比为0.37%，2001年为0.31%。1994～2002年，法国的官方发展援助从71.7亿欧元下降到了53.5亿欧元。从2002年起，法国的官方发展援助缓慢回升：2006年的官方发展援助在法国国民总收入中的占比恢复到了0.47%的水平。2015年、2016年，法国的官方发展援助分别维持在占国民总收入0.37%、0.38%的水平上，始终未能恢复到20世纪80年代的水平。[1]

（四）法非人员往来呈下降趋势

人员往来情况能够直接体现双边关系的紧密程度。法国《世界报》在2007年发布的一份报告中就已经使用"直线下降"（chute libre，原意为"自由落体"）这样的字眼来形容非洲法国侨民数量的变化。根据该报转引的法国外交部数据，1985年，在非侨民占法国海外侨民总数的比重为24.6%，此后以每年3%～4%的速度下降。2000年，在非侨民的数量在法国侨民总数中的占比已经下降到了15.8%。从绝对人数上来说，撒哈拉以南非洲法语国家中的法国侨民人数由1985年的140500人下降到了2005年的102350人。法国在非洲的技术合作人员（coopérant）由1990年的9000人下降到了1995年的5000人。[2] 随着法国政府于1998年取消技术合作人员这一身份，目前法国的援非技术人员总数已经下降到了1000人以下。[3]

---

[1] 资料来源：经济合作与发展组织发展援助委员会（OECD－DAC）。

[2] Corentin Dautreppe,《Présence française en Afrique : ce qu'il reste de la coopération》, La Tribune, 3 février 2014.

[3] Philippe Hugon, 《Politique africaine de la France：entre relations complexes et complexées》, Dploweb, mars 8, 2016.

从双边贸易、对非投资、对非援助、人员往来等各个层面观察，法国在非洲的经济影响力似乎已经走上了一条不断下行的不归路。众多法国政界、学界人士也持这一观点，但是，在如何看待这一下行过程的问题上，法国政界与学界颇为主流的声音是：这是一种正常现象，是历史的必然，也是法非关系实现"正常化"的直接结果。

二　"正常化"的法非关系？

对于那些声称法非关系已实现"正常化"的人来说，有很多事实可以用来支撑他们的观点：就经济层面而言，在法国的整体对非布局当中，相比非洲英语国家和葡语国家而言，法语国家如今确实显得不像过去那么突出；就政治层面而言，冷战结束之后，经过近30年的努力，"法非特殊关系"已经被正常的国与国关系所取代。

（一）法非关系"正常化"的经济表现

根据法国海关提供的数据，法国在非洲最重要的贸易伙伴并非法语国家。2015年，在法国对撒哈拉以南非洲国家总计122亿欧元的出口贸易中，南非与尼日利亚分列第一位、第二位，占比分别为14.8%、10.6%。排名最高的法语国家是科特迪瓦，排在第三位，占比为9.1%。在法国从撒哈拉以南非洲国家的98亿欧元进口总额中，排名前三的都不是法语国家，其中排在首位的是尼日利亚，占比达30%；第二位是安哥拉，占比为14.8%；第三位为南非，占比为8.6%。排名最高的法语国家仍然是科特迪瓦，仅排第四位，占比为7.9%。① 在法国的对外直接投资对象国中，排名第一位的是安哥拉，其次为尼日利亚，2012年分别接受法国直接投资67.34亿欧元、47.78亿欧元。排名最高的法语国家是刚果（布），排在第三位，接受法

---

① Direction Générale du Trésor, *Les échanges commerciaux de la France avec l'Afrique subsaharienne en 2015*, avril 2016.

国投资 29.57 亿欧元。[1]

（二）福卡尔与"法非特殊关系"

所谓法非关系"正常化"，第一步也是最重要的一步是与历史上的"法非特殊关系"[2] 进行切割，即与雅克·福卡尔（Jacques Foccart）及其继承者们说再见。1960 年以来的法非关系史上，雅克·福卡尔以其独特的身份、地位与行为为"法非特殊关系"做了最具代表性的诠释。从 1960 年起，众多非洲法语国家纷纷脱离法国控制走上独立之路。为了继续控制这些非洲国家，干预其内部事务，戴高乐启用了他在抵抗运动时期的老部下、著名的情报专家雅克·福卡尔，任命他担任总统府的非洲大陆－马达加斯加事务秘书长和情报总管。1960～1974 年，福卡尔辅佐过戴高乐、蓬皮杜两任总统。任职期间，他秉承爱丽舍宫的旨意，想方设法干预非洲国家内部事务，甚至参与、策划政变，竭力维护法国在非洲前殖民地国家的政治、经济利益。雅克·福卡尔被认为是"法非特殊关系"的奠基人和开拓者。换言之，所谓的法非特殊关系，其主要特点之一是把领导人个人之间的联系置于国家间关系之上，通过福卡尔这样的人穿针引线，密室布局，完成许多不能公之于众的交易。

（三）法非关系"正常化"的路线图

拉波勒演讲、巴拉迪尔理论与若斯潘主张是法非关系"正常化"过程中的几个重要标志。在一定意义上，由这几大标志所构成的法非历史脉络可以被视为法非关系"正常化"的路线图。

弗朗索瓦·密特朗（François Mitterrand）的拉波勒演讲是对"法非特殊

---

[1] Hubert Védrine et autres, 《Un partenariat pour l'avenir: 15 propositions pour une nouvelle dynamique économique entre l'Afrique et la France》, *Rapport au Ministre de l'économie et des finances*, décembre 2013, p. 64.

[2] "法非特殊关系"，也译为"法兰西非洲"，法文原文为 Françafrique，即把法国（France）与非洲（Afrique）两个法文单词合二为一。

关系"第一次，也是最具象征意义的一次冲击。1981年上任伊始，第五共和国的首位左翼总统密特朗明确提出，要彻底消除法国对非政策中的殖民主义残余，开启法非关系"去殖民化"的进程。密特朗明确表示，法国绝不能再在非洲充当"宪兵"的角色。"要存在，不要干涉。"[1] 1990年6月，密特朗在拉波勒发表讲话，表示将支持非洲国家进行"民主化和多党制"改革，并将法国的援助与之挂钩，减少对非洲"专制"政权的政治经济援助。不过，口号归口号，"从实际行动上来看，密特朗对外政策中连续性最突出的莫过于对非政策。为了维护法国在非洲的传统利益和影响，社会党并没有触动法非特殊关系的一整套结构，调整政策的回旋余地有限"。[2]

1993年，与密特朗实行"左右共治"的时任法国总理巴拉迪尔推出了一系列对非政策新主张。这些新主张被冠以"巴拉迪尔理论"的名义。面对法国国内困难重重的经济形势，巴拉迪尔对非政策的要点是：将"援助与民主挂钩"原则修改为"援助和促进非洲稳定"；减少直接财政援助，逐步转向具体的发展项目；将法国对非洲法语国家的双边援助与世界银行、国际货币基金组织等国际金融机构挂钩，避免单打独斗。[3] 巴拉迪尔对非政策的另一个重大调整是放弃了多年来法国一直坚持反对非洲法郎贬值的立场，同意并且说服非洲法郎区国家接受该货币贬值50%。[4] 巴拉迪尔理论对法国的非洲政策产生了重要且长远的影响。

1997年，社会党出身的若斯潘担任总理，与右翼总统希拉克（Jacques René Chirac）开始了第五共和国历史上最长（长达5年）的左右共治。若斯潘主张对非洲"既不介入，也不冷漠"，即除了贸易、援助、维和等行动外，法国不直接干涉非洲国家内政。即便与同属社会党阵营的密特朗相比，若斯潘的对非政策也出现了更加明显的收缩，最具代表性的举措是1998年撤销了法国合作部。该部自1959年设立以来，一直是法国政府体系中协调、处

---

[1] 张锡昌、周剑卿：《战后法国外交史1944~1992》，世界知识出版社，1993，第521页。
[2] 张锡昌、周剑卿：《战后法国外交史1944~1992》，世界知识出版社，1993，第521页。
[3] 王燕阁：《法国再度调整非洲政策》，《世界知识》1994年第8期，第22~23页。
[4] 王燕阁：《法国再度调整非洲政策》，《世界知识》1994年第8期，第22~23页。

理法国与非洲前殖民地国家关系的核心部门。合作部的撤销成为继拉波勒演讲、巴拉迪尔理论之后法非关系"正常化"路线图上的又一标志性事件。1999年科特迪瓦发生军事政变,时任总统贝迪埃希望法国政府出兵平叛,但法国只是派兵保护贝迪埃本人,并未干涉政变。①

(四)从希拉克到奥朗德:"斩不断,理还乱"的"正常化"进程

"法非特殊关系"在希拉克时代一度回潮。2002年,希拉克成功连任总统,开始实施他酝酿已久的对非战略调整。2003年2月,以"法非共建新型伙伴关系"为主题的第22届法非首脑会议在巴黎举行。希拉克在会议上宣布,非洲是"法国外交优先的中心"。法国对非洲的热情显著回升,重视程度再度提高。值得一提的是,早在1986~1988年,雅克·福卡尔就曾担任时任总理希拉克的非洲事务顾问。1995年希拉克开始了他的第一个总统任期之后,福卡尔重回爱丽舍宫担任顾问直至1997年去世。也正是在1997年,右翼意外地在提前举行的议会选举中失利。希拉克不得不与若斯潘"左右共治"。在法国的对非政策上,"既不介入,也不冷漠"的若斯潘主张得以形成并得到落实。

2007~2017年,无论是在右翼执政的萨科齐时代,还是左翼执政的奥朗德时代,两位总统都曾在竞选阶段态度坚决地表示要把法非关系的"正常化"进程继续推进下去,彻底结束"法非特殊关系"。萨科齐提出的口号是与法非特殊关系"决裂"。奥朗德则干脆取消了总统顾问团队中的"非洲组"。他的外交顾问梅洛尼奥(Thomas Mélonio)在大选前夕写道,传统的(法非)合作应当让位于更加现代、更加清晰的伙伴形式。②但正是在这一声声的"正常化"口号中,2011~2013年,两位总统不约而同地继承了法国在"法非特殊关系"时代的传统作风,先后出兵对科特迪瓦、利比亚、马

---

① 刘芳:《法国:从非洲宪兵到新型伙伴》,《瞭望新闻周刊》2004年第49期,第53~54页。
② Corentin Dautreppe, 《Présence française en Afrique : ce qu'il reste de la coopération》, La Tribune, 3 février 2014.

里和中非共和国等 4 个非洲国家进行了较大规模的军事干涉。这一系列军事干涉行动让非洲国家对法国人口中的"正常化"法非关系充满疑虑。

（五）马克龙时代的法非关系：自由与责任

在参选总统的过程中，马克龙曾经向《青年非洲》期刊表达了他对法非关系的看法：一旦上任，他将对非洲大陆执行新的政策，以自由和责任为基石，有着明确的优先目标，即安全、防止气候变化、妇女权利、教育与培训、基础设施（特别是能源与水的供应）和私营经济（特别是能够创造就业的非洲中小企业）。① 作为一项创新性举措，马克龙上台后成立了一个"总统非洲理事会"。这是一个与过去爱丽舍宫福卡尔式"非洲组"完全不同的机构，其成员包括来自法国社会各阶层的、与非洲有着密切联系的人士，其中有一些是具有法非双重国籍的青年企业家。这一机构"可以为总统带来全新的非洲视角……国家元首明白，法国的非洲政策源自法国国内"。② 在 2018 年 2 月 8 日召开的国际合作与发展部际委员会会议上，马克龙总统将任期内官方发展援助的优先目标确定为：消除贫困、落实《巴黎协定》确立的可持续发展目标、捍卫全球公共产品。马克龙决定，从 2018 年到 2022 年，即在他的首个总统任期之内，使法国的官方发展援助达到国民总收入的 0.55%。

从福卡尔到拉波勒，从巴拉迪尔到若斯潘，从萨科齐到马克龙，法非关系的"正常化"进程是否仍在继续，还是已告完成？在"自由与责任"的口号之下，马克龙在对非政策领域的创新之举能否加速或者改变这一进程？在新的历史条件下，未来的法非经济关系将走向何方？秉持不同视角的观察

---

① Sarah Diffalah，《Comment Macron veut renouveler la politique de la France en Afrique》，*site web de L'OBS*，28 novembre 2017，https：//www.nouvelobs.com/monde/20171127.OBS7892/comment-macron-veut-renouveler-la-politique-de-la-france-en-afrique.html.

② Sarah Diffalah，《Comment Macron veut renouveler la politique de la France en Afrique》，*site web de L'OBS*，28 novembre 2017，https：//www.nouvelobs.com/monde/20171127.OBS7892/comment-macron-veut-renouveler-la-politique-de-la-france-en-afrique.html.

者们可能会得出完全不同的结论。但笔者认为，无论采取什么样的视角，在探讨法国在非经济存在的过程中，一些决定法非经济关系特殊性的关键因素必须得到研究者的高度重视。

三 法非经济关系的特殊性

法国曾经是世界上仅次于英国的第二大殖民帝国，在五大洲，特别是在非洲西部、中部和北部地区拥有数量众多的殖民地和保护国。二战后，殖民地人民反对殖民主义、帝国主义，争取民族独立和解放的运动空前高涨。经历了两次世界大战的法国实力严重下降，很难维持对殖民地原有的统治方式。在这些前殖民地国家获得独立之后，为了继续影响、控制这些国家，法国与它们在政治、军事、经济和文化层面长期保持着特殊联系。在经济层面，法非关系的特殊性可以从"非洲法郎、官方援助、债务负担、行业巨头和文化产业"等五大支柱中得到比较充分的体现。

（一）非洲法郎："一石多鸟"的对非经济工具

非洲法郎原本是法国为其前殖民地国家设计的一种货币，诞生于1945年。非洲法郎法语缩写为"FCFA"，本义为"非洲法属殖民地法郎"（Franc des Colonies Françaises d'Afrique），后被西非经济货币联盟[①]成员国称为"非洲金融共同体法郎"（Franc de la Communauté Financière Africaine），简称西非法郎；被中非经济与货币共同体[②]成员国称为"非洲金融合作法郎"（Franc de la Coopération Financière en Afrique），简称中非法郎，缩写依然是FCFA。非洲法郎的主要特点是：与欧元挂钩（欧元诞生前与法国法郎挂

[①] 西非经济货币联盟成员国包括贝宁、布基纳法索、科特迪瓦、几内亚比绍、马里、尼日尔、塞内加尔和多哥8个国家。
[②] 中非经济货币共同体成员国包括喀麦隆、中非共和国、刚果（布）、加蓬、赤道几内亚和乍得6个国家。

钩），保持固定汇率（目前 1 欧元 = 655.957 非洲法郎）；可与欧元无限制兑换；14 个成员国的外汇储备集中使用，① 其中的 50% 须上缴法国国库；法郎区内资本可在各自区域内自由流通。② 非洲法郎分别由西非经济货币联盟的西非国家中央银行和中非经济与货币共同体的中非国家银行发行。

批评非洲法郎的经济学家认为，非洲法郎的存在可被视为法国对非洲的"货币奴役"：非洲法郎是使用这一货币的非洲国家经济缺乏独立的最典型表现，因为关于货币问题和汇率政策的重要决策都不是由这些国家做出，而是由法国来进行的。事实上，西非国家中央银行和中非国家银行的行长均无权对币值做出调整，在决策程序中起决定作用的是法国派驻这两个银行的代表。③ 1994 年 1 月，在法国的操控下，西非中央银行宣布西非法郎贬值 50%，由原来的 50 西非法郎兑换 1 法国法郎贬值到 100 西非法郎兑换 1 法国法郎。此举使部分非洲国家的债务负担急剧增加，经济形势恶化，物价上涨，城市居民购买力下降。④ 法国却可以用更加低廉的价格获得非洲的农产品和原材料。

部分经济学家为非洲法郎辩护，称这一货币制度能够保证非洲国家的货币币值稳定，可以在本区域内自由流通。因为非洲法郎与欧元挂钩，其国际信誉较高，对国际金融机构以及外来投资者都颇具吸引力。1994 年非洲法郎贬值是综合考虑当时非洲国家经济形势后不得不做出的决定。此举使非洲国家增加了农产品和木材的出口，扭转了工业生产下降的局面，促进了其经济的增长。⑤ 法国人还指出，无论从贸易还是投资的角度来看，如今非洲法郎区国家在法国经济中的占比都不高。维持非洲法郎对于法国来说是个沉重的

---

① 非洲法郎事实上还包括第 15 个国家科摩罗，其货币称为科摩罗法郎，目前汇率为 1 欧元 = 495 科摩罗法郎。
② 资本在西非与中非之间不能跨区域流通。
③ 中国驻马里使馆经济商务处：《说说"非洲法郎"》，参见使馆经济商务处网站。
④ 余文胜：《非洲法郎贬值两年来的影响及法郎区面临的问题》，《国际研究参考》1996 年第 5 期，第 24 页。
⑤ 余文胜：《非洲法郎贬值两年来的影响及法郎区面临的问题》，《国际研究参考》1996 年第 5 期，第 23 页。

负担,法国之所以这么做主要是出于道义责任。如果轻易放弃,非洲国家将会出现严重的资本外逃,引发经济崩溃。①

透过双方的立场,笔者认为不可否认的事实是,通过非洲法郎这一货币制度上的特殊安排,法国可以掌控相关非洲国家的货币政策,控制其外汇储备,从而对非洲国家的财政政策发挥重要影响力。这将为法国企业获取非洲资源、占据非洲市场提供强有力的保障,有效地支持法国的对非贸易和投资,并把相关非洲国家与法国在经济上牢牢地拴在一起。

(二)官方发展援助:重要的对非政策手段

与非洲法郎一样,官方发展援助是法国维护其在非洲经济特权、保证法非紧密关系的重要方式之一,是法国重要的对非政策手段。1998年之前,对非洲前殖民地国家的援助主要由法国合作部负责。1998年之后,法国的对外援助机制进行了比较大的调整,设立了高层级的国际合作及发展部际委员会(CICID),由总理亲任主席。绝大部分非洲法语国家被该委员会列入"优先团结地区"国家名单。对外援助机制的调整并没有改变法国政府对援助问题的重视。对非官方援助始终是法国大国外交战略的有机组成部分。

虽然有过起伏,但官方发展援助在法国国民收入中所占比例一直处于相对较高的水平,在西方大国中显得比较突出。据经合组织统计,1985～1994年,法国的对外援助金额从31.33亿美元增至84.66亿美元,对非援助额从14.07亿美元增至39.81亿美元,年均增长率分别达到11.68%和12.25%。尤其是冷战结束的1990年,法国对外援助额和对非援助额分别大幅上涨23.47%和36.09%。经过20世纪90年代下半期的低谷之后,法国的官方发展援助自2002年后开始迅速回升。当年,法国官方发展援助额增加到54.86亿美元,比2001年增长30.68%;特别是对非援助额为26.02亿美元,大幅增长70%。2002～2006年,法国对外援助总额和对非洲的援助金额均呈较快增长态势,五年间平均增长率分别达17.9%和18.66%,且对非援助额增

---

① 参见法国外交部网站关于非洲法郎的介绍。

长率高于平均增速。① 经过萨科齐时期的回调，奥朗德上台后宣布，对非洲投资和援助都要实现翻倍。从2013年起，法国将优先援助16个非洲国家。在16个优先援助对象国家当中，除加纳外均为法语国家。② 2013年此项预算为31亿欧元，再加上低息贷款等方式，法国的官方发展援助资金总计超过93亿欧元。根据法国政府的统计，法国提供的国际援助资金占世界总量的10%，是全球第四大发展援助提供国。③

2017年，马克龙上台伊始立即宣布，增加法国的官方发展援助是其必须落实的竞选承诺。非洲将是优先目标，据统计，法国2016年提供的官方发展援助中有1/4用于撒哈拉以南非洲国家。如果把法国通过多边金融机构提供的援助计算在内，这一比例达到了1/3。④ 就任总统以来，马克龙在对布基纳法索、科特迪瓦、加纳、塞内加尔、突尼斯等非洲国家进行访问时承诺了多个援助项目。

值得注意的是，对当事国公共财政的直接补贴是法国对非援助中具有特色的一种援助类型。较之普通发展援助，预算援助更是法国影响并控制非洲国家的政策利器，有着较为浓厚的殖民时代印记。例如，法国政府分别于2005年、2006年、2007年向贝宁政府提供财政援助150万欧元、450万欧元和30亿西非法郎。2014年，法国向尼日尔政府提供预算援助100万欧元。⑤ 2018年2月，马克龙访问塞内加尔，向该国提供3966万欧元的预算援助。⑥ 与之形成对比的是，中国的援外资金支出范围中没有包含"预算援助"这一类型。

---

① 伍芳：《法国对非洲的发展援助及其启示》，《国际经济合作》2011年第3期，第50页。
② 16个非洲国家是：贝宁、布基纳法索、布隆迪、吉布提、科摩罗、加纳、几内亚、马达加斯加、马里、毛里塔尼亚、尼日尔、中非共和国、刚果（金）、乍得、多哥和塞内加尔。
③ 中新社巴黎2013年7月31日电。
④ 资料来源：法国外交部网站，https://www.diplomatie.gouv.fr/fr/dossiers-pays/afrique/relations-economiques-entre-la-france-et-l-afrique。
⑤ 参见《对外投资合作国别（地区）指南——贝宁》，《对外投资合作国别（地区）指南——尼日尔》。
⑥ 新华社2018年2月5日电。

(三)债务负担:影响非洲国家的有效方式

非洲国家在发展对外关系的过程中,债务问题在很大程度上影响和改变了一个国家在各类国际议程中的地位与发言权。过去的经验表明,在很多情况下,债务的减免如同援助的提供一样,不是一个纯粹的财务问题,往往还染上了政治色彩,成为他国或多边金融机构对债务国国内政治与政策施加影响的渠道与平台,如要求这些国家按照债权方的要求进行所谓的"结构性改革",在大宗商品出口方面附加限制性贸易条件,或在债务重组过程中对"决定点"及"完成点"条件根据债权方的想法进行设置。[1]

各类贷款资金进入非洲,随之而来的是债务问题的凸显。[2] 20世纪80年代,债务问题曾经给撒哈拉以南非洲国家留下过惨痛的回忆。1980~1988年,撒哈拉以南非洲国家的外债从56亿美元增加到了1380亿美元,按不变美元计算增长了650%以上。在此期间,相关国家的实际人均国民收入下降11%左右。外债占相关国家的国民收入和出口额的百分比分别增长了3倍以上,半数以上的撒哈拉以南非洲国家拖欠偿还外债,纷纷要求重新安排债务。[3] 近年来,国际社会提醒非洲国家应当警惕不断增长的债务问题。根据联合国贸易和发展会议2016年7月发布的《2016非洲经济发展报告——非洲的债务动态与发展融资》,过去20年来,国际社会在"重债穷国倡议"(the Heavily Indebted Poor Countries,HIPC)和"多边债务减免倡议"(MDRI)框架下采取过债务减免行动,但若干非洲国家的外债仍急剧增加,引起了政策制定者、分析师和多边金融机构的担忧。非洲外债存量增长迅猛,2011~2013年每年平均增长10.2%,2006~2009年的年均增长率只有7.8%。2011~2013年,非洲年均外债存量达4430亿美元

---

[1] 侯舸:《巴黎俱乐部债务重组条款对中国企业"走出去"的影响》,《国际融资》2011年第1期,第54页。
[2] 即便是官方发展援助,赠款的比例也是比较小的,大部分为各类优惠贷款。
[3] 唐宇华:《八十年代撒哈拉以南非洲国家的债务危机与国际减缓措施》,《世界经济》1990年第8期,第67页。

（占国民总收入的22%）。非洲的外债比率目前看来虽属可控，但一些国家债务的迅速增长令人关注，需要采取行动，以免20世纪80年代的非洲债务危机重演。①

目前，国际上处理政府间债务重组事宜的方式主要有两种。一种是通过国际货币基金组织和世界银行制定的重债穷国倡议及其增强版来处理多边债务。另一种是通过巴黎俱乐部处理官方双边债务。②尽管从待处理的债务分类来说，这是两个完全不同的债务处理机制，但巴黎俱乐部成员多为国际货币基金组织和世界银行成员。出于减少债务国整体偿债负担的考虑，巴黎俱乐部通常紧绑国际货币基金组织和世界银行，力求在一个框架内统一考虑债务国的偿债能力，实现多边、双边债务减免和重组。此外，对于那些目前还不是巴黎俱乐部成员的国家（如中国），该组织针对债务国（如非洲国家）做出的债务安排也会对它们在当地（如非洲）的经济活动产生复杂的间接或直接影响。③

巴黎俱乐部会址为巴黎，其秘书处设于法国经济和财政部，每年开会10次，由法国经济和财政部国库司司长主持。法国通过国际货币基金组织、世界银行、巴黎俱乐部以及自身与非洲国家之间的双边渠道在欠发达国家的债务管理方面掌控了堪与美国相匹配的发言权。有批评者认为，非洲国家"越还越多"的债务负担表明，以法国为代表的巴黎俱乐部成员在债务管理过程中不乏政治考量，更不会缺少对债权方利益的考虑。

（四）行业巨头：经济垄断的主要行为体

法国与非洲法语国家经济"融合"程度之高，使贸易或投资数据往往不

---

① 联合国贸易和发展会议于2016年7月21日发布的《2016非洲经济发展报告——非洲的债务动态与发展融资》报告。
② 巴黎俱乐部成立于1956年，是主要债权国家专门为负债国和债权国提供债务安排（债务重组、债务宽减、债务撤销）的非正式国际组织，包含22个永久会员国。
③ 侯舸：《巴黎俱乐部债务重组条款对中国企业"走出去"的影响》，《国际融资》2011年第1期，第54页。

能准确反映双方在经济领域的关系之深。之所以会出现此种情况，垄断性企业的作用"功不可没"。由于历史原因，非洲法语国家的银行、保险、矿业、电信、能源等要害行业，常常被法国巨头所控制。20世纪90年代的私有化进程使这些国家的供水、电力、农产品等重要行业也陆续落入法国企业之手。我们耳熟能详的法国行业巨头，如法国电力、阿海珐、巴黎银行、法国兴业银行、博洛雷、道达尔、拉法基、路威酩轩、雅高、法国燃气、米其林、阿尔斯通等无不在非洲深入拓展市场，甚至形成行业垄断。

根据法国外交部的统计，目前有1100家法国企业集团在非洲设立了超过2109家的分支机构，法国企业也因此成为在撒哈拉以南非洲国家最大的雇主之一，直接或间接创造的就业岗位大约有47万个。①

通过以下实例我们可以知道法国行业巨头在非洲市场上的垄断地位。法国能源巨头阿海珐控制了尼日尔70%的铀矿（核原料）出口；道达尔31%的石油产量来自非洲；在非洲法郎区国家，法国巴黎银行、法兴银行、里昂信贷等3家法国银行占非洲所有银行营业额的70%；AGF-安联、安盟保险和安盛保险在非洲拥有垄断性竞争优势；②南非艾斯康国家电力公司80%以上的发电机组由法国阿尔斯通公司供应；施耐德电气在10多个非洲国家拥有2500多家合作伙伴；橙子公司成为众多非洲国家电话及网络运营商；埃赫曼矿业集团在加蓬和塞内加尔优势突出；法国蔬菜水果公司仅在加纳一国雇员就达2400人，每年出口香蕉8万吨、菠萝1万吨；赛诺菲是非洲遥遥领先的第一大药品供应商，年营业额超过10亿欧元。③

法国在非洲的垄断性企业中，比较有代表性的是物流领域的博洛雷集团。该集团下属全资子公司博洛雷环非物流是非洲第一大物流运输企业。

---

① 资料来源：法国外交部网站，https://www.diplomatie.gouv.fr/fr/dossiers-pays/afrique/relations-economiques-entre-la-france-et-l-afrique。
② Philippe Hugon,《La politique économique de la France en Afrique》, Politique africaine, 2007/1 (N° 105), pp. 54-69.
③ Hubert Védrine et autres,《Un partenariat pour l'avenir : 15 propositions pour une nouvelle dynamique économique entre l'Afrique et la France》, Rapport au Ministre de l'économie et des finances, décembre, 2013, pp. 70-71.

20世纪20年代，博洛雷开始在塞内加尔开展业务。如今，博洛雷集团在非洲大多数国家已拥有50年以上的经营历史，在45个非洲国家设有250家分公司，员工总数达2.5万人。博洛雷目前在12个非洲国家以政府和社会资本合作这一公私合作的方式运营其主要港口，在25个非洲国家港口经营干货、散货仓储、海关保税仓库等。该公司在几内亚、科特迪瓦、喀麦隆等12个非洲法语国家以及尼日利亚、加纳等非洲英语国家取得了集装箱码头运营权。博洛雷由此成为包括中国企业在内的所有国际企业在非洲发展业务时很难避开的业务对象。[1]

（五）文化产业：难以撼动的优势地位

鉴于法非之间在人员往来、共同语言和历史传统等方面的特殊联系，法国在非洲法语国家文化产业中的优势地位短期内很难被撼动。目前全球2.2亿法语人口当中，超过1亿人生活在非洲。根据2008年数据，法国有280万来自非洲国家的移民，有235万法国人生活在非洲。2010年，法国接纳的非洲留学生数量为11.1万人，为世界第一，而分别处于第二位、第三位的美国与英国各自接纳的数量仅为3.7万人左右。[2] 正是上述事实造就了法国在非洲，特别是法语区文化市场上的领先态势。

在媒体领域，法国国际广播电台、法国电视五台、法国电视四台、环球音乐集团等在非洲影响力巨大。法国威望迪环球集团不仅是环境公共事业（水务、垃圾处理等）的全球第一大公司，而且凭借法国电视四台、环球音乐等子品牌成为世界第二、非洲最大的传媒集团，在非洲的影视、音乐、电信和网络市场上拥有举足轻重的影响力。

---

[1] Pierre Magnan, 《Qu'appelle－t－on les intérêts français en Afrique》, Franceinfo Afrique, publié le 27 mai 2013, https://www.francetvinfo.fr/monde/afrique/qu－appelle－t－on－les－interets－francais－en－afrique_3071895.html.

[2] Hubert Védrine et autres, 《Un partenariat pour l'avenir: 15 propositions pour une nouvelle dynamique économique entre l'Afrique et la France》, Rapport au Ministre de l'économie et des finances, décembre 2013, p. 67.

以法国电视五台为例,据统计,非洲有超过1000万个家庭收看该电视台的节目,分布在48个国家。① 在非洲法语国家,每10个人中就有9个人知道该电视台。每周收看该台节目的观众达2140万。在非洲法语国家的首都,该电视台的知名度超过90%:金沙萨为94.6%,巴马科为97.7%,达喀尔为93.6%。每周收看该台节目的观众比例为80%(马里为81.6%,金沙萨为64.8%)。在刚果(金),法国电视五台为第一大国际电视台。在众多非洲法语国家,可以很轻松地使用收音机收听法国电台的节目,购买法国最新出版的报纸、刊物和书籍。

作为法语语言和法国文化对外传播的重要机构,法语联盟在非洲的影响力同样不可低估。目前,全世界共有834个法语联盟,分布于132个国家和地区,约有49.1万名学员参加法语联盟的课程学习。非洲共有115个法语联盟,分布在35个国家,注册学员数量约8万人。

随着非洲法语人口的不断增长,法国在非洲文化产业中的优势地位可能还将不断增强。根据法语国家组织的统计,到2050年,世界法语人口将达7.15亿人,其中85%将生活在非洲。②

四 结语:不可低估的法非经济关系

如何对当前法国在非洲特别是非洲法语国家的经济存在进行客观准确的评估?这是本文试图回答的问题。根据前文所述,不论是"唱衰派"还是"正常论派",似乎都有一定的事实依据。我们需要注意的是,尽管法国在非洲的存在感有所收缩,法国政、经、学各界口口声声说在非洲遇到了中国、美国、德国乃至印度等国家的强大竞争,但是凭借自身坚实的政治、军事和文化支撑,依托自身在非洲市场上的专属优势,法国在非洲的经济存在依然

---

① 其中包括22个法语国家,17个英语国家,5个葡萄牙语国家,3个阿拉伯语国家,还有1个西班牙语国家。资料来源:法国电视五台2017年工作报告。
② Martine Jacot et Nathalie Brafman,《L'Afrique, phare de l'avenir》, *Le Monde géo et politique*, 3 août, 2012.

强劲，法非经济关系的特殊性不可低估。

（一）坚实的政治、军事和文化支撑

法国在非经济利益有着坚实的政治、军事和文化支撑。在政治上，虽然福卡尔与他的"非洲组"已经成为历史，但法国仍然通过法非首脑会议、欧非首脑峰会、法语国家组织峰会等机制性安排把非洲国家尤其是法语国家与法国在政治上紧密地联系在一起。军事领域的双边或多边"合作"始终是法国强化其对非关系的重要途径。目前，与法国重新签署防务协定的非洲国家有8个。另有16个非洲国家与法国签订了军事技术合作协议。[①] 通过双边协议或多边安排，在非洲驻扎的法国军队人数超过1万人，其中驻扎在吉布提、加蓬、塞内加尔（佛得角）与留尼旺4个常设军事基地的军人数量超过5000人。另外还有数千名法国军人以临时派驻、参加国际维和部队或开展军事技术合作、军事培训的名义被派到非洲。[②] 仅法国在非常驻军人的年度支出就超过5.4亿欧元。从20世纪80年代到2011年，法国驻非部队发起的军事行动达51次，行动范围遍及整个非洲法语地区。其中比较有代表性的行动有：独角兽行动（2011年，科特迪瓦）、薮猫行动（2013年，马里）、红蝴蝶行动（2013~2015年，中非共和国）、新月沙丘行动（2015年，萨赫勒地区）、食雀鹰行动（1986~2014年，乍得）。这些军事行动对非洲国家政府和民众带来的精神压力与心理冲击可想而知，也让法国企业在非洲市场上显得底气十足。在文化上，通过法语这一强有力的纽带以及遍布非洲的新闻媒体、社团组织、文教机构和非政府组织，法国在非洲编织了一张巨大的软实力之网，为法非特殊关系的存在与发展发挥着不可或缺的作用。

（二）法国企业的专属优势

法国企业有着视非洲市场为"专属猎场"的传统。据法国外交部统计，

[①] 张林初：《法国新版〈国防与国家安全白皮书〉评析》，《法国研究》2014年第1期，第5页。
[②] 法国参议院外交事务委员会：《法国的非洲政策》专题报告，2011年2月28日，第23~24页。

1/3 的法国出口企业在非洲有业务。2002~2017 年，向非洲出口的法国企业达 3.8 万家。在部分行业，法国在非企业享有垄断地位，其中最为突出的是银行业与保险业。法国通过发行非洲法郎，对西非国家中央银行和中非国家银行这两家非洲区域性央行具备决定性影响力，自然也就在货币政策、外汇管制、商业银行及保险公司的行业准入和管理等方面拥有了先天性优势。法国的巴黎银行、法兴银行、安联、安盟和安盛保险公司就此在非洲法语国家市场上形成了难以撼动的垄断地位。在非洲法语国家市场上发展的中国企业大多需要通过它们获得必不可少的金融和保险服务。博洛雷集团在非洲的物流市场上同样一家独大。

在矿产、热带经济作物等关系到相关非洲国家经济命脉的关键领域，法国企业拥有优先开采权和经营权。比较典型的是阿海珐公司对尼日尔铀矿的垄断、法比合资（SACO）公司对科特迪瓦可可的垄断。通过向非洲国家提供官方援助特别是预算援助、签署防务协定或军事技术援助协定，法国企业获得了这些国家自来水、电力、电信及交通等公共事业的特许经营权、政府采购的优先供货权以及针对军方的供货垄断权。非洲法郎的存在为法国企业在西非、中非地区的投资和贸易活动提供了极大的便利。

另一个值得关注的现象是，由于语言、法律、体制相同，法国企业在非洲国家的市场开发、项目管理、项目运营与跟踪服务等方面优势十分明显。在相当数量的非洲"本土"企业中，担任高级管理职位的是法国人。以贝宁为例，在该国开展业务的法国企业有 31 家，但另有 44 家本土企业由法国人负责管理。这些企业加在一起在贝宁国内生产总值中的占比高达 15%。[①]

此外，法国对区域经济治理议程的深度参与是一个未得到充分研究却非常重要的问题。在负责设计、改革区域经济治理的一些地区性机制中，法国的身影随处可见。这样的机制包括：非洲商法协调组织（Organisation pour l'Harmonisation en Afrique du Droit des Affaires, OHADA）、非洲跨国保险市场

---

① 资料来源：法国驻贝宁使馆网站，https：//bj. ambafrance. org/Relations - commerciales - economiques。

大会（Conférence interafricaine des marchés d'assurance，CIMA）以及非洲知识产权组织（Organisation africaine de la propriété intellectuelle，OAPI）等。在这些负责制定区域市场法律框架和规则的重要机制中，尽管法国不一定会出现在前台，却往往发挥着引导性或关键性作用。

（三）法非贸易占比下降，但利润可观

从数据上看，法国的主要贸易伙伴虽然并不在非洲，非洲国家在法国进出口贸易中的占比并不高，但是法国从其对非贸易中获益相当可观。根据法国出口信用保险公司科法斯集团的统计，进入 21 世纪以来，除国际市场上原材料价格猛涨的 2008 年及 2012 年之外，法国对非贸易一直保持出超地位。[①] 2016 年，法国对撒哈拉以南非洲国家的贸易出超达到了创纪录的 35 亿欧元，而当年法国商品外贸的整体逆差从 2015 年的 450 亿欧元上升至 480 亿欧元。2017 年，法国对撒哈拉以南非洲国家的贸易出超略有下降，但仍达 29 亿欧元。与之形成对比的是，2017 年法国商品外贸整体逆差扩大至 623 亿欧元。[②] 法国对非贸易的优势在非洲法语国家体现得尤其明显。例如，对于贝宁这样一个西非法语小国，法国的年度贸易顺差一直保持在 2 亿欧元以上。[③]

（四）法国因素对中非经贸关系的影响

近年来，随着中非交流合作不断拓展和深化，法国人的危机感日益强烈。在法国官方、企业或学界发布的各类涉非报告、文件和研究成果中，中国不断被提及并被拿来与法国进行比较。2013 年 12 月，法国前外长韦德里纳应法国总统要求牵头完成一份调研报告，题目为《非洲与法国：面向未来的合作伙伴》。这份 170 页的报告中提及中国达 171 次。同年 10 月，法国参

[①] COFACE，《Course aux parts de marché en Afrique : l' échappée française reprise par le peloton européen》，*Les Publications économiques de COFACE*，juin 2018，p. 3.
[②] 数据来源：法国外交部网站、中国金融信息网、新华网。
[③] 《对外投资合作国别（地区）指南——贝宁》。

议院外交事务委员会向参议长提交了一份题为《非洲是我们的未来》的专题报告。这份 501 页的报告中提及中国达 381 次。[①] 韦德里纳在他的报告中不断强调：尽管中国在非洲市场上来势正猛，但法国在非洲法语区依然有着明显的优势；就市场占有率而言，法国在加蓬的市场占有率超过 30%，在塞内加尔为 18%，在科特迪瓦和喀麦隆为 14%。尽管从非洲整体上看，法国的市场占有率远低于中国，但在法语区，法国能做到与中国旗鼓相当：2011 年，法国对非洲的市场占有率为 17.2%，中国为 17.7%。在加蓬、塞内加尔等国家，法国的市场占有率仍然超过中国。[②] 应当承认，韦德里纳所言非虚。法国企业在非洲法语国家的优势是客观事实。换一个角度，这一点也可以理解为：法国因素影响甚至在一定程度上制约了中国与相关非洲国家经贸关系的进一步发展。从图 1 我们可以看出，中国与非洲法语国家的贸易增长曲线显著低于中非贸易的增长曲线。对此需要仔细分析、认真思考，拿出切实可行、有针对性的解决方案。

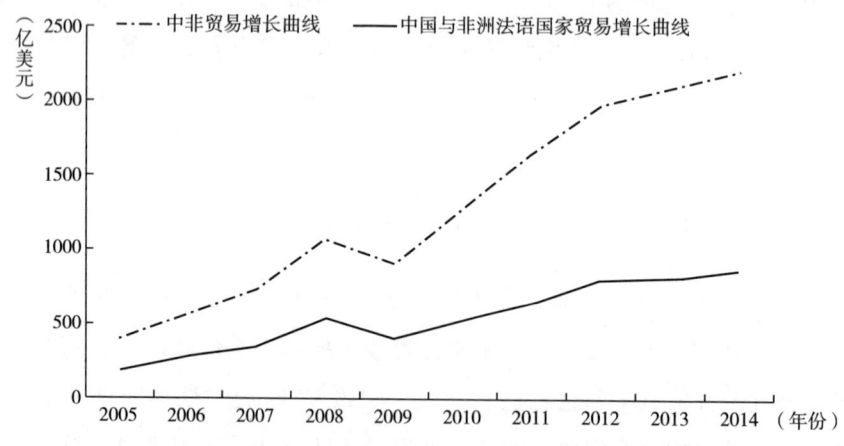

图 1　2005～2014 年中国与非洲国家、非洲法语国家贸易增长曲线比较
数据来源：由倪肖蔚根据中国国家统计局提供的中非贸易数据汇总制作。

---

① 以上数据为笔者自行统计。
② Hubert Védrine et autres, 《Un partenariat pour l'avenir : 15 propositions pour une nouvelle dynamique économique entre l'Afrique et la France》, *Rapport au Ministre de l'économie et des finances*, décembre 2013, p. 69.

总而言之，对于法国在非洲特别是在非洲法语国家的经济存在，我们应有一个准确、客观的认识。既要看到法国在非洲影响力的衰减，也要对法非关系的特殊性有一个比较充分的把握。在新时期纷繁复杂的国际形势下，在展开竞争的同时，为了谋求自身发展、应对共同威胁，中法非三方都有开展双边、三边乃至多边合作的动机和理由。关键在于积极探索，开拓创新，找到合适的形式与渠道，发挥各自的比较优势，取长补短，互利共赢。

从非盟委员会换届看非洲法语国家和英语国家的合作与分歧

潘 良

摘 要：非盟委员会是非盟的常设执行机构，在非盟议程与战略计划的制定，非盟峰会、执行理事会、和平与安全理事会以及非盟下属机构相关会议的筹备，非盟决议和行动计划的落实和资源分配等方面扮演着重要角色。非盟委员会换届选举往往会引起非洲国家与国家之间、国家板块与国家板块之间的外交角力。本文从非盟委员会历届选举的过程和结果入手，着重梳理了非洲法语国家与英语国家在非盟委员会选举中形成的合作与竞争关系，并在此基础上尝试对影响非洲国家在非盟委员会选举中立场的因素进行分析和归纳。

关键词：非盟委员会 法语国家 英语国家 合作与分歧

作者简介：潘良，天津职业技术师范大学非盟研究中心助理研究员。

"在他们的就职宣誓中，这两个人用的都是法语。八个委员中有四个也是如此，还有另外两个也来自法语国家，虽然他们用的是阿拉伯语。"①

2017年1月30日，在埃塞俄比亚首都亚的斯亚贝巴举行的非洲联盟委员会（African Union Commission，以下简称非盟委员会）换届选举中，肯尼

---

① Aggrey Mutambo, "Five lessons from African Union elections", *Daily Nation*, February 1, 2017. 原文为: "When they took the oath of office, the two did so in French and so did four of the eight commissioners. Two others, also from Francophone nations, took their oath in Arabic." 其中的"这两个人"（"the two"）分别指"非盟委员会主席穆萨·法基·穆罕默德和2017年的非盟轮值主席几内亚总统阿尔法·孔戴"。

从非盟委员会换届看非洲法语国家和英语国家的合作与分歧

亚外交部长阿明娜·穆罕默德（Amina Mohamed）经过六轮角逐，最终以 3 票之差惜败于乍得外长穆萨·法基·穆罕默德（Moussa Faki Mahamat），与非盟委员会主席一职擦肩而过。次日，肯尼亚政治评论员阿格雷·穆坦博（Aggrey Mutambo）在《民族日报》（Daily Nation）刊文，就阿明娜落选非盟委员会主席的原因和教训进行了分析和总结。本文开头引用的那段文字即来自这篇文章。它用看似波澜不惊的陈述揭示了非洲一体化理想背后非洲不同国家板块在非盟框架内的权力之争。自 2002 年以来，非盟委员会已经历 4 次换届选举，每届选举都是对非洲团结和一体化理想的一次考验，也是非洲乃至国际媒体关注的焦点问题之一。本文尝试通过梳理非盟委员会的职能、选举机制、选举过程和结果，结合相关国际关系理论对非洲法语和英语国家板块在非盟委员会选举中出现的合作关系与立场分歧的原因及本质进行分析和归纳。

一 非盟委员会的职能及其选举机制

非盟是 21 世纪初（2002 年 7 月）非洲国家领导人在非洲统一组织（Organization of African Unity，OAU）的基础上组建的集政治、经济、军事、文化、社会等方面职能为一体的泛非区域政治组织，其宗旨是维护和促进非洲大陆的和平与稳定，促进非洲一体化，推行改革和减贫战略，推动非洲的发展与复兴。目前，非盟已经发展成为非洲国家处理区域和平与安全问题、推动区域经济一体化、开展区域性多边政治对话和协调非洲共同立场的主要机制和框架，在非洲事务中发挥着不可替代的作用。非盟体系内的"非洲和平和安全框架"（African Peace and Security Architecture）、"非洲发展新伙伴计划"（New Partnership for African Development）、"非洲互查机制"（African Peer Review Mechanism）和《2063 年议程》（Agenda 2063）等机制和发展规划已经为非洲各国所广泛接受和认可。[①]如果上述机制和发展计划能够得到有

---

① 杨立华：《非洲联盟十年：引领和推动非洲一体化进程》，《西亚非洲》2013 年第 1 期，第 72~80 页。关于非洲发展新伙伴计划的成效和意义请参见安春英《非洲的贫困与反贫困问题研究》，中国社会科学出版社，2010，第 100 页。

效贯彻和实施，非盟将有望带领非洲国家在和平与安全、政治民主化建设和非洲区域经济一体化等领域取得新的发展和突破。此外，联合国安全理事会改革、全球气候问题等全球性重要议题也为非盟参与国际秩序的改革与重建及增加国际话语权创造了新的机遇。随着非盟地位的提升，世界主要大国也普遍加强了同非盟的合作，纷纷设立专门处理对非盟关系的外交使团。未来，非盟在世界政治经济格局中的重要地位无疑将愈加凸显。

非盟委员会是非盟的常设执行机构，是非盟各级会议的组织者、非盟议案的重要草拟者、非盟决议的执行与监督者，以及非盟发展战略和预算的制定者，而且在非盟成员国立场的协调及非盟对外合作等方面扮演着关键的角色。①非盟委员会主席为首席执行官，直接对非盟执行理事会负责，并担任非盟委员会的法人代表和主计官（Accounting Officer）。

根据非盟委员会章程，委员会主席的职能包括：主持委员会会议，负责非盟委员会所有决定的审议工作；促进和普及非盟的发展目标；开展对

---

① 参见非盟档案资料"Statutes of the Commission of the African Union"，ASS/AU/2（1）-d，article 2。根据其章程，非盟委员会的具体职能包括：代表非盟，捍卫非盟的利益；为非盟各议事机构草拟议案并落实决议；组织和管理非盟各级会议；作为非盟及非统组织相关法律文件的托管人；与非盟常驻代表委员会（Permanent Representative Committee）密切协作，协调和监督非盟其他机构相关决议的执行情况，并定期向非盟执行理事会报告；协助成员国执行非盟决议和计划；协调非盟在相关国际问题上的共同立场，协调成员国在相关国际问题谈判中的行动；编制非盟的行动方案和预算，以供非盟决策机构核准；按照非盟相关规章制度和程序管理非盟的预算、资源、资产与负债；制定和推动非盟项目和政策，并使之与非盟次区域组织的相关政策和项目相协调；拟定非盟发展战略；向非盟峰会、执行理事会和泛非议会（Pan-African Parliament）提交年度活动报告；修订员工规章制度，并提交非盟峰会核准；执行非盟峰会关于设立和关闭非盟相关机构、行政或技术办事处的决定；跟进并确保非盟各部门的议事规则和章程得到贯彻和落实；调动资源，为非盟筹集资金、创收活动和投资制定适当的战略；促进非洲一体化和社会经济发展；加强成员国在共同关心领域的合作；促进非洲的和平、民主、安全与稳定；为非盟和平与安全理事会（Peace and Security Council）提供运行支持；与非盟总部及其各行政或技术办事处的所在国协商东道协议；开展科学研究与技术开发方面的能力建设，促进成员国社会经济发展；致力于宣传和普及非盟的发展目标；收集和传播关于非盟的信息，建立并维护相关数据库；开展关于非盟能力建设和非洲一体化的研究工作；开发和维护非洲内部信息和通信技术的基础设施；确保将性别平等原则纳入非盟所有方案和活动；根据非盟峰会和执行理事会的授权采取其他必要的行动。

外合作;根据非盟峰会(Assembly of African Union)、执行理事会(Executive Council)、常驻代表委员会(Permanent Representative Committee)、特别事务委员会(Special Technical Committee)和非盟其他机构的要求提交相关工作报告;拟定非盟委员会工作人员规章制度,并提交执行理事会批准;编制预算、经审计的决算和工作方案;担任非盟和非统组织所有条约及其他法律文书的保管人并履行其保管职能;接收成员国之间签订的国际协定的副本;接收成员国关于放弃非盟成员资格的通知;向各成员国通报特定成员国提出的要求修改《非盟宪章》的书面要求,并将其列入非盟峰会议程;将峰会、执行理事会和常驻代表委员会会议的议程草案发送各成员国;在峰会和执行理事会召开60天前,接收拟列入峰会和执行理事会议程的提案及其说明;接收非盟成员国提出的符合峰会或执行理事会议事规则的关于召开特别峰会或执行理事会特别会议的请求,并分发各成员国;协同常驻代表委员会,评估设立非盟分支机构、行政和技术办事处的必要性,并在必要时经峰会批准设立或撤销这些机构;就非盟的行动,与成员国政府或相关机构以及非盟次区域组织进行协商和协调;任命委员会工作人员;全面负责委员会的行政和财政工作;编写非盟及其各分支机构活动的年度报告;代表非盟参与外交活动;保持与非盟各机构的密切联系,以指导、支持和监督非盟在各个领域的工作,确保其符合非洲各国领导人商定的政策、战略、项目和方案;监督非盟总部和其他办事处的运作;将性别问题的考量纳入非盟委员会所有活动和方案;履行峰会或执行理事会赋予的其他职能。[1]

在主席之外,非盟委员会还设有1个副主席及8个分管政治、经济、贸易与工业、和平与安全、社会、人力资源与科技、基础设施与能源、农村经济与农业事务的委员职位。委员会副主席对主席负责,其职能包括:协助非盟委员会主席行使职权;履行委员会主席委派的职责;分管委员会的行政管理和财务工作;在委员会主席死亡或永久丧失履职能力且非盟未任命新的委

---

[1] 参见非盟档案资料"Statutes of the Commission of the African Union", ASS/AU/2 (1) – d, article 8 – 11。

员会主席的情况下，行使委员会主席职权；在委员会主席不在职或临时无履职能力的情况下，行使委员会主席职权。在非盟委员会副主席不在职或死亡、临时或永久丧失履职能力的情况下，非盟委员会主席应与非盟轮值主席（Chairperson of the African Union）协商指定 1 名委员会委员担任副主席，直至现任副主席返回岗位或新任命的副主席正式履职为止。非盟委员会委员负责就其当选职务职权范围内的所有决定、政策及计划的执行，对委员会主席负责。①

非盟委员会主席、副主席以及 8 个委员的任期为 4 年，每 4 年举行一次换届选举。在非盟委员会选举中，为保证区域公平，非盟将其成员国按地理位置划分为东部、南部、西部、北部、中部 5 个次区域国家板块。②委员会主席、副主席以及 8 个委员共计 10 个职位按数量平均分配于每个区域，即每个区域占据其中两个席位。

非盟委员会的选举需按照《非盟委员会章程》所规定的程序依次进行。在选举前 3 个月，负责筹备委员会选举的非盟法律顾问委员会（Legal Counsel）需向各成员国发出提名候选人的通知。收到通知后，非盟各成员国开始提名候选人，并在次区域层次进行汇总和预选，以确定每个次区域的候选人名单。非盟各区域有权就非盟委员会的 10 个职位分别提名 2 位候选人，这 2 名候选人中至少应有 1 名女性候选人。提名主席或副主席候选人的地区，只能提名 1 名候选人参选各非盟委员会委员席位。此后，各区域提交的候选人名单将在非盟再次汇总。非盟将组建部长级选举工作组（Ministerial Panel on

---

① 参见非盟档案资料"Statutes of the Commission of the African Union"，ASS/AU/2（1）- d，article 8 - 11。
② 东部非洲区域国家包括苏丹、南苏丹、埃塞俄比亚、厄立特里亚、吉布提、索马里、肯尼亚、乌干达、卢旺达、坦桑尼亚、科摩罗、塞舌尔、马达加斯加、毛里求斯 14 国。南部非洲国家包括马拉维、赞比亚、津巴布韦、斯威士兰、莱索托、博茨瓦纳、南非、纳米比亚、莫桑比克、安哥拉 10 国。西部非洲包括马里、佛得角、塞内加尔、冈比亚、几内亚比绍、几内亚、塞拉利昂、利比里亚、科特迪瓦、加纳、多哥、贝宁、尼日利亚、尼日尔、布基纳法索 15 国。北部非洲包括毛里塔尼亚、摩洛哥、阿尔及利亚、突尼斯、利比亚、埃及和西撒哈拉 7 个国家（地区）。中部非洲包括圣多美和普林西比、赤道几内亚、喀麦隆、中非共和国、加蓬、乍得、刚果（布）、刚果（金）、布隆迪 9 国。

the Election of Members of the Commission）及其顾问小组（Team of Consultants），对候选人是否符合相关岗位的要求及其资历进行甄别和评议。部长级选举工作组由各次区域选派2名部长级官员组成。顾问小组由来自每个区域的2名专家独立组成。部长级选举工作组审议后形成初步的候选人名单并提交非盟执行理事会进行审议和选举。

非盟委员会主席和副主席由非洲国家最高领导人在非盟峰会上依次通过内部无记名投票选举的方式产生，且参与投票的国家不得少于总数的2/3，否则将视为无效选举。主席和副主席的最终获选人原则上不得产生于同一区域。非盟委员会主席和副主席的选举可进行多轮投票，直至其中一个候选人获得2/3以上票数为止。如前三轮投票没有结果，则第三轮选举中得票数最高的两位候选人进入下一轮投票。如果第四、五、六轮投票选举依旧未产生结果，则第六轮选举中得票较少的一方退出选举。得票较高的一方进入最后一轮投票选举，如该候选人依旧未能获得2/3以上票数支持，非盟峰会将暂停选举，并委任委员会副主席兼任临时主席一职，直至新一轮主席选举出现结果。相似地，如峰会未能成功选举出副主席，则副主席职位由任职时间最长或最年长的委员兼任。非盟委员会委员经非盟执行委员会选举产生，由非盟峰会正式任命。[1]

二 非盟委员会历届选举的过程与结果

非盟成立之初，非盟委员会相关职位均由其前身非统组织相应职位的任职人员临时担任。因此，在2003年非盟委员会第一届选举会议召开之前，非盟委员会临时主席职位一直由非统组织最后一任秘书长阿马拉·埃西（Amara Essy）担任。在2003年7月举行的非盟委员会第一届选举中，来自马里的候选人阿尔法·奥马尔·科纳雷（Alpha Oumar Konare）在选举中获35票支持（45个国家领导人参与投票），成功当选非盟委员会主席。科纳雷

---

[1] 参见非盟档案资料"Rules and Procedures of the AU Assembly", article 42。

是非盟（含非组织）历史上资历最高的主席，他不仅有高校教授的头衔，而且曾经担任马里国家总统（1992~2002年），在非洲政坛具有较高的声望和影响力。在成立之初，非盟被非洲国家寄予了很高的期望。尼日利亚、南非等在非盟成立过程中扮演重要角色的区域大国也倾向于非盟委员会有一个有影响力和执行力的掌舵人。科纳雷参选非盟委员会主席一职可谓众望所归。科特迪瓦候选人阿马拉·埃西在峰会前夕知难而退，主动放弃了参选委员会主席的权利。该届非盟委员会10个席位的选举中，非洲法语国家占5个席位，英语国家占4个席位。在数量上，法语国家比英语国家多占1个席位，且囊括了委员会主席和副主席两个最重要的职位（见表1）。虽然选举过程相对平稳，但从选举结果上看，法语国家略占优势。

表1　非盟委员会第一届选举结果（2003年）

职务	姓名	国别	国家板块
委员会主席	Alpha Oumar Konare	马里	西部非洲
委员会副主席	Patrick Mazimhaka	卢旺达	东部非洲
和平与安全事务委员	Said Djinnit	阿尔及利亚	北部非洲
政治事务委员	Julia Dolly Joiner	冈比亚	西部非洲
基础设施与能源事务委员	Bernard Zoba	刚果（布）	中部非洲
社会事务委员	Bience P Gawanas	纳米比亚	南部非洲
贸易与工业事务委员	Elisabeth Tankeu	喀麦隆	西部非洲
农村经济与农业事务委员	Rosebud Kurwijila	坦桑尼亚	东部非洲
人力资源与科技事务委员	Mohammed Assayed	利比亚	北部非洲
经济事务委员	Maxwell Mkwezalamba	马拉维	南部非洲

数据来源："Decision on Appointment of AU Commissioners", Assembly/AU/Dec. 28 (II), July 2003; Ofeibea Quist - Arcton, "Africa: Alpha Oumar Konare Elected New Chairperson of AU Commission", 11 July 2003, https://allafrica.com/stories/200307110037.html, August 21, 2018。

在2008年2月1日举行的非盟第十届峰会非盟委员会换届选举中，加蓬前副总理兼外长让·平（Jean Ping）在第一轮选举中就以31票（总票数46）的压倒性优势战胜了赞比亚前驻美国大使伊农格·莱瓦尼卡（Inonge Mbikusita-Lewanika）和塞拉利昂最高法院前首席大法官阿卜杜雷·奥斯曼·

从非盟委员会换届看非洲法语国家和英语国家的合作与分歧

康特（Abdulai Osman Conteh），获选非盟委员会主席。后两者的得票数分别为 12 票和 3 票。此前，布隆迪、斯威士兰和毛里求斯候选人先后退出选举。有分析人士指出，让·平成功获选非盟委员会主席一职的关键在于得到了中部和西部非洲国家尤其是西非大国尼日利亚的支持。① 在本次换届中，非洲法语国家赢得了包括非盟委员会主席、和平与安全事务委员、贸易与工业事务委员、人力资源与科技事务委员在内的 4 个席位。非洲英语国家则斩获包括副主席、政治事务委员等在内的 5 个委员职位（见表 2）。

表 2　非盟委员会第二届选举结果（2008 年）

职　务	姓　名	国　别	国家板块
委员会主席	Jean Ping	加蓬	中部非洲
委员会副主席	Erastus Mwencha	肯尼亚	东部非洲
和平与安全事务委员	Ramtane Lamamra	阿尔及利亚	北部非洲
政治事务委员	Julia Dolly Joiner	冈比亚	西部非洲
基础设施与能源事务委员	Mahmood Ahmed Ibrahim	埃及	北部非洲
社会事务委员	Bience Philomina Gawanas	纳米比亚	南部非洲
贸易与工业事务委员	Elizabeth Tankeu	喀麦隆	中部非洲
农村经济与农业事务委员	Rhoda Peace Tumusiime	乌干达	东部非洲
人力资源与科技事务委员	Jean Pierre Onvehoun Ezin	贝宁	西部非洲
经济事务委员	Maxwell Mkwezalamba	马拉维	南部非洲

数据来源："Decision on the Election of Au Commissioners", EX. CL/403（XII）; "Decision on Elections of Chairperson and Deputy Chairperson", ASSEMBLY/AU/2（X）。

和前两届选举相比，2012 年 1 月举行的非盟委员会第三届选举引起了非洲国家板块之间空前激烈的角逐。按照选举规定，各成员国需要提前 3 个月提交候选人名单。2011 年 8 月，非盟法律顾问委员会向各成员国发出提名通知后，非洲各国先后提名了 34 名候选人，其中包括 2 位主席候选人、1 位副主席候选人、8 位政治事务委员候选人、7 位社会事务委员候选人、4 位和平

---
① "Zambia loses bid for AU Position", *Lusaka Times*, February 1, 2008; also see "Why Gabon's Gabon's Jean Ping floors Zambia's rival in AU poll?", *China Daily*, February 2, 2008.

与安全事务委员候选人、3位基础设施与能源事务委员候选人、3位贸易与工业事务委员候选人，以及经济事务委员候选人、农村经济与农业事务委员候选人、人力资源与科技事务委员候选人各2名。经顾问小组和部长工作组审核后，共有28位候选人被列入最终选举名单。其中，委员会主席候选人只有2个提名，分别为时任主席让·平和南非前内政部长恩科萨扎娜·德拉米尼-祖马（Nkosazana Clarice Dlamini-Zuma）。① 2012年1月30日，非盟在埃塞俄比亚首都亚的斯亚贝巴举行非盟委员会主席选举。在前3轮投票选举中，让·平分别以28∶25、27∶26、29∶24的微弱优势领先于德拉米尼-祖马，但双方均未能获得超过2/3的票数支持。第三轮投票中得票数较高的让·平独自进入第4轮信任投票环节，但依旧未能获得2/3以上票数支持。非盟委员会主席选举被迫中止，推迟至7月进行重新选举。

事实上，早在非盟委员会主席职位竞选开始之前，让·平和德拉米尼-祖马的支持者已经在各种场合展开了舆论战。让·平的支持者指责南非违反了非盟五大成员国（指南非、尼日利亚、阿尔及利亚、利比亚和埃及）不得参选委员会最高职位的约定。时任南非外交部长玛伊特·马莎巴尼（Maite Nkoana-Mashabane）则反驳称这一约定根本就不存在。② 南非方面认为，非盟委员会的前三任主席均来自非洲法语国家，非洲英语国家没有得到公平的待遇。③ 此外，让·平本人与法国的亲密关系被认为是前者担任非盟委员会主席期间在利比亚与科特迪瓦危机，以及中非共和国和几内亚比绍问题上立场模糊的主要原因。这一指责几乎成为让·平此次参选委员会主席职位的"阿喀琉斯之踵"，对他谋求连任非盟委员会主席造成了巨大的负面影响。

2012年7月15日，非盟在亚的斯亚贝巴召开第十九届峰会。会议中，非

---

① 参见非盟档案资料"Report of the Commission on the Election of the Commissioners of the African Union"，EX. CL/714（XX）。
② "Jean Ping Lost AU Chairmanship to Dlamini - Zuma"，July 16, 2012, https：//www.tesfanews.net/jean - ping - lost - au - chairmanship - to - dlamini - zuma/.
③ Babjee Pothuraju, "African Union Commission in a Stalemate - Analysis"，July 8, 2012, http：//www.eurasiareview.com/08072012 - african - union - commission - in - a - stalemate - analysis/.

从非盟委员会换届看非洲法语国家和英语国家的合作与分歧

洲国家领导人对非盟委员会主席人选进行了重新选举。候选人依旧只有让·平和德拉米尼－祖马2人。在前三轮投票选举中,德拉米尼－祖马开局便以27∶24的优势逆转了1月选举时的不利局面,并在此后举行的两轮选举中分别以29∶22、33∶18的优势进入信任投票环节。最终,德拉米尼－祖马凭借37票(总票数51)的总票数成功当选非盟委员会主席。[①]

本届选举之所以一波三折的关键原因在于两位候选人背后非洲英语国家和法语国家互不退让的暗中角力。由于非盟委员会主席的选举是通过内部匿名选举的方式产生,每一轮选举中各国领导人究竟投了什么票无从得知。但是,我们依旧可以从三轮选举的选票情况中看出端倪。在2012年1月举行的三次投票选举中,让·平的得票数分别为28票、27票、29票。这和非洲法语国家的数量以及反对德拉米尼－祖马参选非盟主席的非法语国家数量之和基本吻合。当时参与选举的法语国家有24个(含5个以法语为通用语言的北非国家和地区,几内亚比绍和马里因当时受到非盟制裁而没有资格参选)。此外,尼日利亚、埃塞俄比亚和肯尼亚已经明确反对德拉米尼－祖马参选非盟委员会主席。而德拉米尼－祖马的票数则徘徊在25左右,这与以英语国家为主的南部非洲国家(10个)和倾向于支持南非的东部非洲国家数量(11个国家,不含埃塞俄比亚、肯尼亚和马达加斯加),以及很可能支持祖马的西非英语国家(冈比亚、加纳、利比里亚、塞拉利昂)数量之和也基本吻合。连续三场相持不下,可见双方均没有退让。

此番选举中,非洲英语国家在委员会其他职位的选举中也明显占优势(见表3)。肯尼亚、尼日利亚、塞拉利昂、乌干达和莱索托5国分别获选非盟委员会副主席、政治事务委员、社会事务委员、农村经济与农业事务委员及经济事务委员。非洲法语国家(不含阿尔及利亚)仅占2个席位。非洲英语国家在非盟内部的主导地位还不仅局限于此。2015年11月,南非安全研

[①] "Nkosazana Dlamini Zuma elected with 37 of 51 votes – DIRCO", July 16, 2012, http://www.politicsweb.co.za/party/nkosazana-dlamini-zuma-elected-with-37-of-51-votes. See also: "President Mugabe Congratulates Dlamini-Zuma", July 17, 2012, https://www.herald.co.zw/president-mugabe-congratulates-dlamini-zuma/.

究所（Institute of Security Studies）经研究发现，在非盟委员会下属的8个司级部门的负责人中，3人来自英语国家，2人来自法语国家。剩余的职位中，阿拉伯语国家和埃塞俄比亚各占1个，另1个则暂时空缺。而在直接对非盟委员会主席负责的11个非盟下属机构的负责人中，有8人来自非洲英语国家。德拉米尼－祖马的顾问团则几乎全部由南共体成员国官员组成。[1]这在很大程度上引起了非洲法语国家的不满和反弹，直接导致非盟委员会第四次选举再次陷入非洲法语国家和英语国家阵营相互对立的困境。

表3 非盟委员会第三届选举结果（2012年）

职务	姓名	国别	国家板块
委员会主席	Nkosazana Dlamini–Zuma	南非	南部非洲
委员会副主席	Erastus Mwencha	肯尼亚	东部非洲
和平与安全事务委员	Ramtane Lamamra *	阿尔及利亚	北部非洲
政治事务委员	Aicha L. Abdoullahi	尼日利亚	西部非洲
基础设施与能源事务委员	Mahmoud Ahmed Ibrahim	埃及	北部非洲
社会事务委员	Mustapha Sidiki Kaloko	塞拉利昂	西部非洲
贸易与工业事务委员	Fatima Haram Acyl	乍得	中部非洲
农村经济与农业事务委员	Rhoda Peace Tumusiime	乌干达	东部非洲
人力资源与科技事务委员	Martial De-Paul Ikounga	刚果（金）	中部非洲
经济事务委员	Anthony Maruping	莱索托	南部非洲

注：2013年，拉姆塔内·拉马姆拉（Ramtane Lamamra）调任阿尔及利亚外交部长，其非盟委员会和平与安全委员由阿尔及利亚官员斯梅尔·彻尔古伊（Smaïl Chergui）接任。

数据来源："19th African Union Summit Elects New AUC Leadership", AU – SARO Bulletin, Volume 5, Issue 2, August 2012, p.4。

在2016年7月举行的非盟委员会第四届选举中，西部非洲和中部非洲法语国家显然吸取了上届选举的教训，采取了更加坚定的立场。在这一届选举中，参选委员会主席的有3名候选人，分别为东非国家乌干达前副总统斯

---

[1] "It's Shakespeare vs Molière in the African Union", Institute of Security Studies, November 27, 2015, https://issafrica.org/pscreport/addis–insights/its–shakespeare–vs–moliere–in–the–african–union.

从非盟委员会换届看非洲法语国家和英语国家的合作与分歧

佩席尔查·万迪拉·卡齐布韦（Specioza Wandira Kazibwe）、南部非洲国家博茨瓦纳前外交部长佩洛诺米·文松·莫伊托伊（Pelonomi Venson Moitoi）及中部非洲国家赤道几内亚前外交部长阿加皮托·姆巴·莫库伊（Agapito Mba Mokuy）。在前三轮选举中，3个候选人都未能获得多数票支持。在第三轮选举中，乌干达、赤道几内亚和博茨瓦纳候选人分别获得11票、12票和16票。按照选举规则，乌干达候选人首先被淘汰出局。博茨瓦纳和乌干达候选人则进入下一轮选举。然而，在接下来的3轮投票选举中，剩余双方依旧未能获得2/3以上票数支持。由于在第六轮投票中，赤道几内亚和博茨瓦纳候选人分别获得16票和17票，赤道几内亚前外长莫库伊因一票之差遭淘汰。博茨瓦纳候选人莫伊托伊虽进入最后的信心投票，但仅获得23票。选举再次无果而终，被推迟至下一届峰会。①

与2012年1月举行的非盟委员会选举的情况有所不同，本届选举无果而终的主要原因在于非盟次区域国家板块之间各有所图，互不退让。据南非安全研究所的报道，西非经济共同体国家在选举前曾要求推迟选举，希望借此让塞内加尔候选人阿卜杜拉耶·巴蒂利（Abdoulaye Bathily）参与选举。但这一要求在非盟常设代表委员会和非盟峰会中均遭到否决，后者认为这种做法缺乏法律依据。因此，西非阵营采取了抵制选举的态度。在第一轮投票选举中，弃权的国家数量高达16个，这与西共体国家的数量（15个）相当。而其他候选人的得票数也和他们所在区域的国家数量相差不多。南部非洲国家（10个）博茨瓦纳的莫伊托伊获得了16票，东部非洲国家（14个）乌干达的卡齐布韦获得了11票，中部非洲国家（9个）赤道几内亚的莫库伊获得了12票。大致可见，每个候选人的主要支持者都是所在非盟次区域的成员国，他们从其他区域争取而来的选票都非常有限。巧合的是，本次选举中，南部非洲国家和东部非洲国家两位候选人的得票总和与德拉米尼－祖马

---

① "Elections for a New AU Commission Chairperson Shaped by Abstentions and Regional Divisions", May 3, 2016, https：//issafrica.org/pscreport/addis－insights/a－tough－battle－ahead－of－au－commission－election.

在 2012 年 7 月选举第一轮中的得票数完全相同，都是 27 票，这再次印证了非洲英语国家和法语国家在非盟委员会选举中的不同立场。此后，各区域候选人遭到淘汰后，所在区域内的国家大多选择了弃权。在最后一轮的投票中，弃权的国家数量高达 30 个。①

在 2017 年 1 月举行的非盟委员会主席选举中，候选人增加至 5 位。除博茨瓦纳前外交部长佩洛诺米·文松·莫伊托伊及赤道几内亚前外交部长阿加皮托·姆巴·莫库伊继续参加选举之外，新增了塞内加尔前环境和能源部长阿卜杜拉耶·巴蒂利，乍得外交部长穆萨·法基以及肯尼亚外交部长阿明娜·穆罕默德。其中，有 2 位新候选人来自中部非洲地区。在上次选举中，表现较好的候选人博茨瓦纳外交部长莫伊托伊在第一轮的选举中仅获得 10 票支持，在第二、第三轮的选举中都仅获得 8 票的支持，未能进入两强角逐。塞内加尔候选人阿卜杜拉耶·巴蒂利在第一、二轮选举中所获选票也仅与莫伊托伊持平，第三轮更是仅获得 3 票支持。赤道几内亚外长阿加皮托·姆巴·莫库伊亦止步第三轮。此前颇受看好的肯尼亚外交部长阿明娜·穆罕默德虽两度领先于对手穆萨·法基·穆罕默德，但在第六轮的角逐中以 3 票之差惜败对手，与非盟委员会主席一职失之交臂（见表 4）。最终，法基·穆罕默德在第七轮的信任投票环节凭借 38 票的总票数成功当选为非盟委员会主席。②

---

① "Elections for a new AU Commission chairperson shaped by abstentions and regional divisions", May 3, 2016, https：//issafrica.org/pscreport/addis – insights/a – tough – battle – ahead – of – au – commission – election.

② 本部分选举数据由笔者根据肯尼亚《民族日报》(Nation Daily)、塞内加尔外交部网站、肯尼亚外交部网站、《博茨瓦纳卫报》、泛非新闻社（Pan – African News Agency）等媒体和新闻平台发布的新闻信息整理而来。在数据采集过程中，笔者对不同来源的数据进行了交叉验证，相关数据具有较高的可信度。需要指出的是，在部分非洲媒体的报道中，乍得候选人法基在最后一轮的得票数为 39 票，本文所采纳数据 (38 票) 为《民族日报》和肯尼亚外交部网站相关新闻中的数据。具体数据来源请参见 "Amina felled by abstentions and broken pledges", Daily Nation, January 31, 2017; "Down to the Wire for AU Chairperson Position", Ministry of Foreign Affairs of the Republic of Kenya, retrieved from http：//www.mfa.go.ke/?p = 1278; "Commission UA : l'échec de Bathily n'est pas synonyme d'un isolement diplomatique (Mankeur Ndiaye)", Ministère des Affaires Etrangères et Des Sénégalais de L'Extérieur, May 2, (转下页)

从非盟委员会换届看非洲法语国家和英语国家的合作与分歧

表4 2017年1月非盟委员会换届选举投票结果

单位:票

国家(地区)	得票情况						
	第一轮	第二轮	第三轮	第四轮	第五轮	第六轮	第七轮
乍得(中部非洲)	14	21	24	25	26	28	38
肯尼亚(东部非洲)	16	15	17	26	27	25	
塞内加尔(西部非洲)	10	8	3				
博茨瓦纳(南部非洲)	10	8	8				
赤道几内亚(中部非洲)	3	2	2				

除委员会主席一职外,非盟委员会其他席位尤其是和平与安全委员的选举和任免也颇受各方关注(选举结果见表5)。此前,尼日利亚不惜放弃连续竞选政治事务委员的机会,试图凭借其在非洲尤其是西非地区安全事务中的影响力与阿尔及利亚竞选和平与安全委员一职。阿尔及利亚候选人斯梅尔·彻尔古伊的成功连任无疑给尼日利亚造成了不小的打击。这意味着在未来四年中,尼日利亚在非盟委员会有可能将面临缺乏强有力代言人的局面。需要指出的是,尼日利亚依旧是非盟和平与安全理事会成员国,且在非盟和平与安全部门中占据很多重要的职位,其在非洲和平与安全事务中的影响力依旧不容小觑。值得一提的是,埃及此次再次获选基础设施与能源事务委员一方

(接上页注②)2017, retrieved from http://www.diplomatie.gouv.sn/content/commission-ua-l%E2%80%99C3%A9chec-de-bathily-n%E2%80%99est-pas-synonyme-d%E2%80%99un-isolement-diplomatique-mankeur; "How Venson-Moitoi lost AU seat - Ambassadors speak out", *Botswana Guardian*, retrieved from: http://www.botswanaguardian.co.bw/news/itemlist/tag/African%20Union%20Commission.html; "Decisions of consequence from the 28th AU summit: Part I AUC Chair Elections", *Solomondersso*, February 3, 2017, retried from: https://solomondersso.wordpress.com/2017/02/03/decisions-of-consequence-from-the-28th-au-summit-part-i-auc-chair-elections/; "Kenya: Chadian Foreign Minister elected new AU Chairperson", *Panapress*, January 30, 2017, http://www.panapress.com/Kenya—Chadian-Foreign-Minister-elected-new-AU-Chairperson—12-630503871-20-lang2-index.html; "How the Eastern Front Runner Lost", https://myemail.constantcontact.com/The-Eastern-Betrayal-AU-Elections—Africa-s-First-Electric-Train-Breaking—Dependency—Algeria-s-Chergui-Smail—Nigeria-s-Fa.html?soid=1105463482084&aid=S-pPklernU8。

面印证了此前埃及政府提出的"重返非洲"的承诺，另一方面也反映出尼罗河水资源的利用和分配依旧是埃及政府最关心的问题。

表5 非盟委员会第四届选举结果（2016～2020年）

职务	姓名	国别	国家板块
委员会主席	Moussa Faki	乍得	中部非洲
委员会副主席	Thomas Kwesi Quartey	加纳	西部非洲
和平与安全事务委员	Ramtane Lamamra	阿尔及利亚	北部非洲
政治事务委员	Minata Cessouma Samate Minata Samate Cessouma	布基纳法索	西部非洲
基础设施与能源事务委员	Amani Abou-Zeid	埃及	北部非洲
社会事务委员	Amira Elfadi	苏丹	东部非洲
贸易与工业事务委员	Albert M. Muchanga	赞比亚	南部非洲
农村经济与农业事务委员	Sacko Josefa Leonel Correa	安哥拉	南部非洲
人力资源与科技事务委员	Sarah Mbi Enow Anyang	喀麦隆	中部非洲
经济事务委员	Victor Harrison	马达加斯加	东部非洲

本次选举中，法语国家（不含马达加斯加）赢得4个席位，英国国家（不含马达加斯加）则赢得3个席位。总体而言，非洲法语国家略占优势，这在很大程度上扭转了上届选举中出现的英语国家占绝对主导地位的局面。

三 非洲法语国家与英语国家的合作与分歧及其原因分析

从上述四届选举的过程和结果来看，非洲法语国家和英语国家在非盟委员会换届选举中既存在基于共同利益和目标之上的合作与共识，也存在日益凸显的竞争与分歧。2003年和2008年非盟委员会换届选举的平稳举行集中体现了这一时期多数非洲国家在非盟委员会关键席位人选上达成的高度共识。在2003年7月举行的非盟委员会第一届选举中，科纳雷不仅是非盟委员会主席席位的唯一候选人，而且在第一轮选举中就以35票（总票数45

从非盟委员会换届看非洲法语国家和英语国家的合作与分歧

票）的高票数当选委员会主席。在2008年2月1日举行的非盟第10届峰会委员会换届选举中，加蓬前副总理让·平同样也是在第一轮选举中就以压倒性的优势当选委员会主席。可见，在这两届选举中，非洲国家的共识要显著多于分歧。非洲国家在这两届选举中出现普遍共识的原因主要有两个方面。

其一，科纳雷和让·平都具有较高的个人资历和威望，符合非洲国家对非盟的期望。科纳雷是非盟（含非洲统一组织）历史上资历最高的主席，他是马里非洲团结正义党（Parti Africain pour la Solidarité et la Justice）的创始人，曾经担任马里总统（1992~2002年），而且著有《非洲政权观念》《马里人文编年史》《马里政党》等著作，是非洲政坛有名的学者型政治家。让·平曾任加蓬副总理兼外交部长，而且于2004年当选联合国大会主席，具有丰富的从政和外交经验。在成立之初，非盟被非洲国家寄予了很高的期望，科纳雷和让·平参选非盟委员会主席可以说是众望所归。同样重要的是，尼日利亚、南非等在非盟成立过程中扮演重要角色的区域大国也倾向于非盟委员会有一个有影响力和执行力的掌舵人。

其二，在非洲英语国家尤其是南非、尼日利亚等大国长期主导非盟议程的背景下，非洲法语国家候选人当选非盟委员会主席有益于平衡非盟内部权力结构，提高非洲法语国家参与非盟事务的积极性。在2008年选举之前，南非总统塔博·姆贝基（Thabo Mbeki）、尼日利亚总统奥卢塞贡·奥巴桑乔（Olusegun Obasanjo）以及塞内加尔总统阿卜杜拉耶·瓦德（Abdoulaye Wade）等在非盟成立过程中扮演主要角色的英语国家强势领导人长期共同主导着非盟委员会的主要议程。在2008年以前，非洲英语国家领导人6次担任非盟轮值主席，而法语国家仅承办过1次非盟峰会。在某种程度上，非洲法语国家在非盟事务中处于被边缘化的弱势地位。非洲法语国家积极参与非盟委员会主席选举的行为可以视为它们制衡南非、尼日利亚等非洲大国的手段，但这种制衡对非盟内部权力结构的优化是有益的，因此也符合多数非洲国家，尤其是非洲小国的利益。

2012年1月举行的非盟委员会第三届选举是一个重要转折点。在该次选举中，非洲国家在非盟委员会主席选举中逐渐分化为法语国家和英语国家这两个立场不同、互不退让的选举阵营，并最终导致 2016 年 6 月非盟委员会主席选举以失败告终。2016 年 7 月，这种情况在非盟委员会第四届选举中再次发生，引发了非洲各界的高度关注。基于前文对非盟委员会选举机制以及历届选举过程和结果的梳理和分析，本文认为 2012 年以来非盟委员会选举多次演化为非洲法语国家与英语国家之间的竞争具有一定的必然性，其主要原因有以下五个方面。

第一，非洲法语国家和英语国家在地理位置上呈集中分布态势，容易因为区域内部不断深化的政治、经济和安全合作关系形成区域共同利益和立场。非洲法语国家集中分布于非洲中部和西北部地区。英语国家则主要分布于非洲南部和东部地区。①随着非洲区域经济一体化的发展，非洲大陆出现了大量区域经济组织，如以西部非洲国家为主的西非国家经济共同体（Economic Community of West African States）、以南部非洲国家为主的南部非洲发展共同体（Southern African Development Community）、以东部非洲国家为主的东非共同体（East African Community）、以中部非洲国家为主的中部非洲国家经济共同体（Economic Community of Central African States）以及跨区域的东南非共同市场（Common Market for Eastern and Southern Africa）等。在这些区域经济发展框架的驱动下，非洲各区域内部国家之间的政治、经济和安全合作也日趋紧密，逐渐在区域层面形成利益共同体。

第二，非盟委员会选举以东、西、南、北、中 5 个次区域为竞选单元，而法语和英语国家板块的地理位置分布刚好与上述次区域划分大体一致，即中部非洲和西部非洲这两个次区域国家板块的绝大多数成员均为法语国家，而南部和东部非洲这两个国家板块的成员国绝大多数是英语国家。这就导致

---

① 以法语为官方语言的国家包括刚果（金）、刚果（布）、科特迪瓦、乍得、卢旺达、中非共和国、多哥、几内亚、马里、布基纳法索、喀麦隆、贝宁、尼日尔、布隆迪、塞内加尔、吉布提、马达加斯加（英语、法语）、科摩罗、塞舌尔、加蓬（法语、英语）、赤道几内亚（西班牙语、法语、葡萄牙语），以英语为官方语言的国家包括博茨瓦纳、冈比亚、加纳、肯尼亚、莱索托、马拉维、尼日利亚、塞舌尔、塞拉利昂、南非、斯威士兰、坦桑尼亚、乌干达、赞比亚、利比里亚、津巴布韦、南苏丹、马达加斯加（英语、法语）、喀麦隆（英语、法语）、厄立特里亚（英语、阿拉伯语）。

从非盟委员会换届看非洲法语国家和英语国家的合作与分歧

一旦非盟委员会主席最终的两强决胜选举发生在中部或西部国家候选人与东部或南部国家候选人之间,选举就会演化成以西部和中部非洲国家为主的法语国家集团与以东部和南部非洲国家为主的英语国家集团之间的竞争。这一点在 2017 年 1 月举行的非盟委员会主席选举中得到充分体现。在前三轮选举中,由于东部、西部、南部和中部非洲都有候选人参与竞选,非洲国家之间的竞争主要体现为区域之间的竞争。例如,在前三轮东部非洲国家肯尼亚候选人的选票均在 16 票左右,与东非地区的国家数量(14 个)相差无几。而南部非洲候选人在第一轮的选票刚好与所在区域国家数量一致,在此后两轮中的得票也相差不多。而西部和中部非洲候选人的得票则呈现出逐渐集中于法基的趋势。当南部非洲候选人遭到淘汰后,选举迅速演化成法语和英语国家板块之间的竞争。在随后法基和阿明娜的三轮角逐中,法基的得票分别为 25 票、26 票和 28 票,显然得到了绝大多数法语国家的支持。而阿明娜的选票数量也只是略高于英语国家数量,分别为 26 票、27 票和 25 票。可见,肯尼亚总统乌胡鲁·肯雅塔(Uhuru Kenyatta)选举前在非洲国家的大力游说起到了一定的作用,但并不显著。

第三,随着姆贝基、奥巴桑乔等非盟主要创始人相继退出政治舞台,南非、尼日利亚等区域大国联合主导和推动非盟议程的时代一去不返,尼日利亚与南非的领导地位之争也日趋激烈。基于这一背景以及南非和尼日利亚在各自所在地区的利益,尼日利亚和南非在非盟委员会选举中倾向于出现对立立场。这就导致非盟委员会选举中,尼日利亚和南非之间的大国之争往往和法语与英语国家之争相互交织,导致问题进一步恶化。在利比亚问题上,尼日利亚的立场以及非盟的无力表现引起了南非、肯尼亚等英语国家的强烈不满,导致英语国家在此后两届非盟委员会选举中表现出较为强烈的竞选意愿,进而激化了 2012 年非盟委员会选举中法语国家和英语国家的立场分歧。

第四,外部力量的干预。非洲有近半数的国家以法语为官方语言或通用语言,这些法语国家大多曾是法国的殖民地。殖民时期,法国在其非洲殖民地推行直接统治的统治模式和殖民同化政策,旨在摧毁殖民地旧的权力机构，建立全新的殖民制度。①1912 年，法国政府出台了旨在同化法属西非的《入籍法》。该法案规定，凡出生在法属西非者，只要效忠于法国或任公职10 年以上，能阅读或书写法文，拥有一定的生活资料，且具有良好的品质，就能获得法国的公民权。②类似的同化政策对法属西非地区亲法统治精英阶层的形成以及后殖民时期非洲法语国家与法国的关系产生了深远影响。事实上，不少西非法语国家独立后的第一批国家领导人曾以法国公民的身份在法国担任过公职，例如，科特迪瓦第一任总统费利克斯·乌弗埃－博瓦尼（Felix Houphouet-Boigny）曾经担任过法国国会议员，以至于非洲法语国家独立后，依旧和法国保持着密切的政治、经济和安全合作关系。法国则长期在非洲扮演"宪兵"角色，驻扎部队并对非洲进行军事干预。③自 20 世纪 90 年代以来，法国开始逐步调整其对非政策，在削减非洲驻军、避免对非洲进行直接军事干预的同时，积极寻求借助欧盟的资源以及欧盟与非盟之间的多边合作框架，间接参与非盟的和平与安全行动。截至 2017 年，欧盟通过其框架下的非洲和平基金（African Peace Facility）共向非洲提供 27 亿欧元的援助，用于资助非盟和平与安全行动以及和平与安全机制的建设。④有非洲媒体指出，法国曾多次干预非盟委员会主席选举，要求非洲法语国家在选举中支持法语国家候选人。例如，在 2012 年举行的非盟委员会选举中，南非《星期日报》（Sunday Times）刊文称法国暗中赞助让·平竞选非盟委员会主席。⑤

第五，部分候选人或其支持者有意识地利用非洲法语国家与英语非洲国家之间的竞争关系作为其参与非盟委员会选举的理由或拉拢支持者。选

---

① 李安山：《法国在非洲的殖民统治分析》，《西亚非洲》1991 年第 1 期，第 27 页。
② 高岱：《英法殖民地行政管理体制特点评析（1850～1945）》，《历史研究》2000 年第 4 期。
③ Yetes D., "France, the EU and Africa", in Adekeye Adebajo and Kaye Whiteman eds., *From Eurafrique to Afro - Europa*, South Africa, Wits University Press, 2012, p. 333.
④ European Commission, African Peace Facility - Annual Report 2017, June 20, 2018, https://www.africa - eu - partnership.org/sites/default/files/documents/apf - annual - report - 2017_en.pdf.
⑤ "At Last, SA may get its woman into AU post", *Sunday Times*, July 8, 2012.

从非盟委员会换届看非洲法语国家和英语国家的合作与分歧

举作为一种基于民主原则之上的领导人选拔机制,已经得到普遍认可和推广,其目的在于通过设立参选标准和利益攸关方民主集体决策的机制甄选出最适合担任某一领导职务的人选。但由于选举机制鼓励民主参与的特性,参选人与投票主体人群在政治、经济、文化等方面的关联关系常常成为其能否获选的关键影响因素。因此,国家领导人选举往往成为狭隘的民族主义、民粹主义等思潮滋生的温床,导致选举结果出现与宗旨不一致甚至背道而驰的情况。西方国家的选举乱象与近些年民粹主义的兴起有着直接的关系。非盟委员会的选举也存在类似的问题。鉴于非盟委员会在非盟事务中发挥的重要作用,非盟成员国普遍重视非盟委员会尤其是非盟委员会主席的换届选举。但也正因为非洲国家的普遍重视,非洲法语国家和英语国家候选人这一与绝大多数非洲国家存在普遍关联的身份识别成为影响选举结果的重要因素之一。这一点可以从非盟委员会历届选举的过程和结果中得到印证。例如,2012年南非曾以非盟委员会前三任主席均来自非洲法语国家作为其参与非盟委员会主席竞选的正当化理由。

但需要强调的是,竞争关系并不是非盟委员会2012年和2016年选举中非洲英语和法语国家关系的唯一模式。在2012年7月的非盟委员会选举中,非洲英语国家并没有形成针对法语国家的"统一战线"。事实上,部分英语国家对南非支持前内政部长德拉米尼参选非盟委员会主席是持反对态度的。有观点认为,德拉米尼之所以能够在2012年7月获选非盟委员会主席,在很大程度上得益于让·平的两个强有力的支持者——尼日利亚时任总统古德勒克·乔纳森(Goodluck Jonathan)和埃塞俄比亚时任总理梅莱斯·泽纳维(Meles Zenawi)的缺席。两者的缺席为南非提供了非常有利的争取选票的操作空间。此外,非洲法语国家马里和几内亚比绍因为发生政变被非盟剥夺了参与峰会的权力,这也在客观上削弱了法语国家的力量。①尼日利亚、肯尼亚

---

① Mireille Affa'a-Mindzie, "Fierce Battle Over AU Commission Chair Ends in South Africa's Favor", July 19, 2012, https://theglobalobservatory.org/2012/07/the-election-of-the-african-union-commission-chairperson-a-fierce-battle-for-a-clear-win/.

等部分英语国家之所以选择支持让·平，不仅因为它们认为南非参选非盟委员会主席违反了非盟五大成员国不得参选非盟委员主席的不成文约定，还因为它们和南非存在经济利益和话语权的竞争，担心南非会利用非盟委员会主席职位谋取非盟的主导权，借以实现其在非洲大陆的经济扩张和领导权。在2017年1月举行的非盟委员会选举中，法基能够在最后一轮选举中以38票获选说明至少有4个英语国家在最后一轮选举中选择支持他。肯尼亚媒体将阿明娜·穆罕默德最终落败的原因归咎于乌干达、布隆迪与吉布提3国在关键时候未信守承诺。①阿明娜本人也在落选后指责部分东非共同体国家言行不一。②

可见，以语言和文化为纽带的国家集团之间的共同利益固然重要，但就部分非洲国家在选举中的一贯立场或立场变化来看，它显然不是影响非盟委员会选举中非洲国家立场的唯一因素，甚至也不是最具决定性的因素。

四　非盟委员会选举中非洲国家阵营相互合作与竞争的本质

在非盟委员会的历届选举中，非洲国家基于不同的原因做出了不同的立场选择，也因此产生了非洲国家与国家之间、国家板块与国家板块之间或合作或竞争的关系。要了解这些复杂关系的本质，必须先解答一个问题：南非为什么在2012年执意支持德拉米尼－祖马参选非盟委员会主席？或者说为什么让·平两次参选非盟委员会主席产生了截然不同的结果？

问题的答案与非洲的国际关系格局变化有关。截至目前，非盟委员会的5任委员会主席中有4任来自法语国家，德拉米尼－祖马是唯一来自英语国

---

① Aggrey Mutambo, "How Kenya's Amina lost to Chad's Mahamat in race for AUC chair", January 31, 2017, https://allafrica.com/stories/201702010062.html.

② Aggrey Mutambo, "Amina Mohamed urges re-evaluation of Kenya's neighbours over her loss at AU polls", January 31, 2017, https://www.nation.co.ke/news/Amina-mohamed-AU-commission-chairperson-election/1056-3794262-j92vdez/index.html.

从非盟委员会换届看非洲法语国家和英语国家的合作与分歧

家的获选人。这种现象看似反常,但实际上是非洲国家追求国家利益的结果,具有其必然性与合理性。"合作型霸权"理论的提出者托马斯·佩德森(Thomas Pedersen)认为区域组织是区域大国追求战略利益的典型产物,即区域大国可以利用区域组织的规模效应增强其在国际和区域事务中的话语权和影响力,并通过权力分享与选票交易等手段取得区域内其他国家的认同,从而建立"合作型霸权",而小国则倾向于通过国际组织的相关机制限制和制衡区域大国。[1]这一理论同样适用于非洲。笔者认为,当前以非盟为框架的非洲大陆国际关系格局日渐呈现这样的特征——非洲区域大国通过非盟及其次区域组织谋取区域领导权,非洲小国致力于通过非盟及其次区域组织的集体安全和民主决策机制"制衡"区域大国的"霸权"。

虽然非洲是否存在有能力在非洲大陆范围内构建"合作型霸权"的区域大国还是一个有待探讨的问题,但这并不妨碍现有非洲区域大国通过成立和推动区域国际组织的发展来增强其在非洲乃至国际事务中的影响力。尼日利亚、南非、阿尔及利亚等实力较强的非洲国家不仅是非盟的主要创始国(也包括卡扎菲时代的利比亚),也是非盟和平与安全框架、非洲发展新伙伴计划、《2063年议程》等非盟主要机制和议程的主要制定者和推动者。[2] 此外,非洲区域大国在非盟委员会各机构的人事任免配额也显著高于其他非洲国家。非盟内部数据显示,2011年8月非盟委员会内部共有专业岗位584个,其中分别承担非盟13%会费的尼日利亚、南非、阿尔及利亚、埃及和利比亚五大国各占27个职位份额,五国几乎占非盟委员会内部职位总数的1/4。[3]这就在事实上为非洲大国主导非盟议程提供了有利条件。非洲法语国家以小国为主,在面对来自非洲东部或南部区域性强国(如南非、肯尼亚)的权力竞

---

[1] Thomas Pedersen, "Cooperative Hegemony: Power, Ideas and Institutions in Regional Integration", *Review of International Studies*, 4 (2002), pp. 677–696.

[2] 周玉渊:《南非与尼日利亚关系:从合作到竞争》,《西亚非洲》2015年第1期,第110~111页。

[3] 参见非盟内部文件"Quota Status as at 1st of August 2011", Document obtained from the Division of Knowledge Management of the African Union Commission, July 21, 2014。

争中，倾向于以"抱团取暖"的方式通过非盟机制（如选举机制）来保障自己的利益（如南非、肯尼亚）。这就充分解释了为什么非洲小国对非盟议程不甚关心，却非常重视非盟委员会选举的现象，因为在它们看来，非盟多数议程是大国主导的。而大国在谋取"合作型霸权"的过程中不得不与小国进行权力分享以换取小国的追随。因此，在上述多个大国共同主导非盟事务和议程的背景下，非洲法语国家的候选人竞选非盟委员会主席是可以被包括非洲大国在内的多数非洲国家理解和支持的。这是科纳雷和让·平能够获选非盟委员会主席的主要原因。

但在2012年非盟委员会选举前，南非、尼日利亚等大国共同主导非盟事务的国际关系格局发生了根本性的变化。随着奥巴桑乔和姆贝基相继退出政治舞台，南非和尼日利亚的关系开始由合作走向竞争和对抗，尤其是两国在2011年利比亚危机中的意见分歧对两国在非盟委员会选举中的不同立场产生了直接影响。在利比亚问题上，南非主张在非盟框架内解决问题，通过谈判、政治对话的方式谋求组建联合政府。祖马甚至亲自挂帅非盟利比亚问题高级小组，赴利比亚进行多方斡旋。尼日利亚则出于自身利益考虑，赞成通过推翻卡扎菲政府解决利比亚问题。北约对利比亚的军事干预被视为对非盟和南非在非洲事务中的领导地位的一记耳光，南非祖马政府则将非盟在利比亚问题中的无力表现归咎于非洲国家的不团结。非盟委员会主席让·平的法语国家背景及其在利比亚危机中的迟钝反应更是引起了南非、肯尼亚等坚决反对北约军事干预的国家的强烈不满，这进一步刺激了南非参与非盟委员会选举的决心。此外，南非也希望借助德拉米尼－祖马担任非盟委员会主席的机会，在非盟框架内游说非洲国家支持其在联合国安理会改革中的立场。

可见，非洲国家在非盟委员会选举中的立场都是基于国家利益做出的选择。为了进一步分析非洲国家在非盟委员会选举中或合作或对立的关系，本文将非洲国家在非盟委员会选举中所追求的国家利益进一步划分为本国利益、次区域共同利益、同语系国家阵营共同利益三个利益层面。正常情况下，这三个层面的利益是相互统一、互不冲突的。例如，南非候选人获选非盟委员会主席对南非是有利的，对和南非一样同属南部非洲发展共同体成员的南部非洲国家以及东南非共同市场组织成员国而言也是相对有利的选择，因为它们可以寄希望于南非在非盟框架内保护其共同利益。但在特殊情况下，这三个层面的利益也会存在相互矛盾的情形。比如在2012年举行的非盟委员会选举中，肯尼亚和尼日利亚曾出于国家利益考虑反对同是英语国家的南非参选非盟委员会主席。再如，在2016年7月举行的非盟委员会选举中，博茨瓦纳候选人莫伊托伊在关键的第三轮选举中仅获得8票。至少有2个南部非洲发展共同体的成员国出于某方面的国家利益考量选择支持其他区域的候选人。博茨瓦纳在国际法庭问题上的立场很可能是导致南部非洲地区部分选票流失的主要原因。

当某方面的国家重大利益和所在次区域或同语言国家阵营的共同利益相冲突时，非洲国家往往选择以自己国家利益为决策依据。另外，非洲国家在次区域层面的共同利益也往往高于它们在同语种国家集团之内的共同利益。在2017年非盟委员会前三轮选举中，东部非洲国家和南部非洲国家基本上都选择支持所在次区域国家的候选人。博茨瓦纳候选人遭遇淘汰后选举才演化成法语国家和英语国家两大阵营之间的角力。由此可见，在非盟委员会选举中，非洲国家往往优先考虑本国的利益，其次是所在次区域的共同利益，最后才考虑同语言国家板块的共同利益。

综上所述，非盟委员会选举不仅是参选国家之间的外交角力，也是非洲不同次区域与国家板块在非盟内部的权力之争，其最终结果虽能够在一定程度上反映非洲区域政治形势的变化以及非洲区域力量的消长与权力平衡关系，但归根结底，这些错综复杂的合作与竞争关系都是非洲国家追求国家利益的结果，其本质都是国家利益的竞争。

余 论

从影响非盟委员会选举的主要因素在短期内的变化和发展趋势来看，非洲法语国家和英语国家在非盟委员会选举中的立场分歧将长期持续，而且很可能法语国家将依旧处于优势地位。因为在未来相当长一段时期内，非洲大陆基本的国际关系格局不会发生根本性的变化，尤其是非洲法语国家小国林立的现状及它们与法国的亲密关系以及尼日利亚与南非竞争区域领导权的基本现状将依旧保持。因此，非洲法语国家在非盟委员会未来选举中将依旧"抱团取暖"，联合起来支持法语国家候选人。从长远来看，非洲区域经济一体化是解决非洲英语国家和法语国家之间矛盾和隔阂的根本途径，但任重而道远。短期内，非洲法语国家和英语国家在非盟委员会主席选举中的分歧依旧不可避免。但非洲区域经济一体化是大势所趋，随着非洲区域经济一体化尤其是跨法、英两大国家板块的横向区域一体化的深化发展，非洲法语国家和英语国家之间将会存在越来越多的共同利益，分歧也会日渐减少。因此，非盟应该在条件成熟的情况下，通过建立相关机制，鼓励非洲纵向和横向区域一体化的发展。此外，世界大国应该避免在非盟委员会选举中选边站队。非盟委员会选举不仅涉及非洲法语国家和英语国家两大板块之间的外交角力，还牵扯非洲区域大国之间的地区领导权之争。任何第三方的插足，不管选举结果如何，都可能会对当前非洲国际关系格局中的力量平衡关系产生重大影响，从而进一步激化非洲国家内部的矛盾和分歧。

Abstract

The *Report on the Development of Francophone Africa* is the first special report on the Francophone Africa in China. This report is divided into three parts: regional situation, national development and thematic research, covering the political, economic, educational, social, cultural and development status of some countries in Francophone Africa in the past two years.

In the part of the regional situation, this report presents the current situation of Francophone Africa from the political, economic, educational, social and cultural aspects. It also makes an in-depth analysis of the security, economic development effectiveness and uncertainties, education, population, social equity, health and cultural development of Francophone Africa.

In the part of national development, this report systematically reviews the political situation, economic development and military and diplomatic efforts of six countries between 2017 and 2018, including Cote d'Ivoire, the Democratic Republic of the Congo, the Republic of the Congo, the Central African Republic, Chad and Djibouti, in order to provide basic information for tracking and studying the development situation of these countries.

In the part of thematic research, this report focuses on the problems faced by the security situation in West Africa and the response measures taken by ECOWAS, France's economic presence in Francophone Africa, cooperation and differences between Francophone and English-speaking countries in Africa, to further reflect the changing situation in the region.

Keywords: Africa Francophone Regions; Political Situation; Economic Development; Security Situation

Contents

Regional Situation

Report on Political Development in Francophone Africa

Wang Tao & Zhao Linfeng / 003

Abstract: In recent years, the politics and diplomacy of Francophone African countries have shown their original characteristics and new developments. In terms of domestic politics, the vast majority of Francophone African countries can achieve a peaceful transition of political power or only a certain degree of unrest within the political framework stipulated in the Constitution, while only a few countries will seriously affect their domestic political development because of the presidential election. The issue of "the third term" has become an important concept for scholars to discuss the political development of Francophone African countries. At the regional security level, Francophone Africa is still the region where violent conflicts converge in the world, especially in West and Central Africa, where extremist forces and anti-government separatists still exist. In addition, pirates in the Gulf of Guinea are also beginning to threaten the economic and trade security of coastal Francophone African countries. In the diplomatic field, Francophone African countries and neighboring countries insist on peaceful settlement of territorial boundaries and other disputes, and actively participate in the process of African integration. Francophone African countries are also involved in the diplomatic game of

Middle East countries. In recent years, closer exchanges with China have become an important opportunity for the further development of Francophone African countries themselves. 2019 as the Francophone African election year, a large number of countries will hold presidential or parliamentary elections, while the activities of frequent extremist organizations in West Africa at the beginning of 2019 test the ability of Francophone African countries to cope with non – traditional security.

Keywords: Francophone Africa; Electoral Politics; Security Threats; Diplomatic Relations

Report on Economic Development in Francophone Africa

Liang Yijian & Liang Zhenqing / 018

Abstract: In the context of the slow recovery of the world economy, rising global commodity prices and the strengthening of regional economic integration, the overall economic growth of Francophone African countries showed an upward trend from 2017 to 2018, and economic development recovered somewhat. Although the economic development of various countries has achieved certain results, many problems left over from history, such as political instability, serious fiscal deficits and a single economic structure, are still important sources hindering the economic development of Francophone African countries. In recent years, in order to overcome these challenges, Francophone African countries have issued many economic development strategies, economic development visions and economic development plans to promote the rapid economic growth of various countries. However, in the context of economic globalization, Francophone African countries still need to strengthen mutual cooperation and jointly seek new opportunities for Africa's economic development.

Keywords: Francophone Africa; African Economy; France; FCFA

Report on Education Development in Francophone Africa

Yang Hui & Zhang Zhiwei / 046

Abstract: Education is one of the main problems hindering African economic development, especially in Francophone African countries. Due to the common colonial history and similar educational foundations, the educational model of Francophone African countries has certain similarities. Since independence, the education of Francophone African countries has achieved great development. However, due to the weak foundation and limited educational resources, education in Francophone countries of Africa also faces many problems and challenges. To deal with these difficulties and challenges, Francophone African countries have formulated education reform and development plans that serve the national sustainable development goals, and intensified reforms in improving education quality, expanding education equity, strengthening regional cooperation, improving management systems, and increasing investment in education.

Keywords: Francophone Africa; Education Development; Education Reform

Report on Social Development in Francophone Africa

Zhang Jiamei & Cheng Shi / 069

Abstract: The social development of Francophone African countries mainly shows three major characteristics and trends: first, the population is growing rapidly and the problem of population structure is prominent. Population growth in these countries is mainly related to high fertility rates, resulting in a young age structure characterized by a low median age, as well as an unfair gender structure. The adjustment of gender, education and employment structure is related to the optimization of population structure and population dividend. Second, economic growth continues to rise and the social structure continues to deteriorate. The sustained economic growth in these countries is not the result of employment growth and production development and has failed to address unemployment and poverty. Only by adjusting the socio-economic structure and social hierarchical structure can we create jobs, invigorate the economy, and achieve sustainable development. Third, social equity and medical and health undertakings still need to be strengthened.

Keywords: Francophone Africa; Social Population Structure; Social Class Structure

Report on Cultural Development in Francophone Africa

Xia Yan & Liu Guoqiang / 099

Abstract: After independence, Francophone Africa attaches great importance to cultural development, although the cultural situation of different countries is different. However, the culture of Francophone Africa is a rich and colorful combination of French culture and African culture in literature, religion, art and other aspects from history to reality. Among the "50 African cultural celebrities" selected as "inheritors of African memory" and "producers of modernization" in 2016, more than half of them are Francophone African cultural celebrities. Culture has not only promoted the Francophone African countries to gradually enter a virtuous circle, but also awakened the consciousness of the African people, thus promoting the development of African society. In recent years, Francophone African countries, represented by Senegal, continue to train talents, improve cultural facilities, promote cultural legislation, promote the development of local culture and new media in the process of promoting the development of cultural industry. Since 2018, the integrated development of cultural resources and modern management have constituted an effective tool for Francophone Africa to promote social progress, as well as a tool for these countries to meet challenges and overcome poverty.

Keywords: Francophone Africa; Negritude; Development of Culture

National Development

Cote d'Ivoire Development Report

Deng Rongxiu & Li Jie / 125

Abstract: In 2017 - 2018, the Cote d'Ivoire government went smoothly in the process of forming a new government, adopting a new constitution and nation-building, and its domestic political situation remained basically stable. However, demonstrations still take place from time to time, and there is a split within the political parties and the coalition of political parties. In order to create a better business and investment environment, the Cote d'Ivoire government has carried out economic structural reforms, formulated a series of national development plans, encouraged the development of private enterprises, and actively attracted foreign investment, thus making Cote d'Ivoire's economic growth rate among the highest in the world. The United Nations Operation in Cote d'Ivoire has officially withdrawn. Cote d'Ivoire continues to maintain friendly relations with China, France, the United States and other countries, and has strengthened cooperation in the military, diplomatic, economic and other fields. With the development of the domestic economy, the Government began to vigorously support the cause of education and formulated and implemented the Education for all Plan to enhance the competitiveness of Ivorian youth. In addition, the Government of Cote d'Ivoire is actively committed to fighting disease and improving the quality of life of the people in order to create a good image of the country.

Keywords: Cote d'Ivoire; Political Development; Economic Development; Social Development

Democratic Republic of the Congo Development Report

Zhu Like & Li Haozhe / 139

Abstract: the domestic situation in the Democratic Republic of the Congo

(DRC) is becoming more and more stable from 2017 to 2018, but if the government fails to deal with contradictions between political parties, between regions of the country, and with neighboring countries, there is likely to be a new crisis. If serious, it will lead to armed conflict throughout the country and hinder the peace and development process in the Democratic Republic of the Congo. At the economic level, the mining – based basic industries of the Democratic Republic of the Congo will continue to be the main driver of economic growth. But good economic prospects may be affected by different factors. The Democratic Republic of the Congo has also maintained close relations with China, France, Belgium and other countries, and strengthened bilateral military, diplomatic and economic cooperation. With the development of domestic economy, the Democratic Republic of the Congo in a good political environment, the development of society and education will also usher in new opportunities for development.

Keywords: Democratic Republic of the Congo; Political Development; Economic Development; Social Development

The Republic of Congo Development Report

Sun Lizhen & Li Wanping / 155

Abstract: In 2015, The Republic of Congo amended the Constitution and successfully extended the presidential term to three terms, followed by the successful re – election of President Denis Sassou Nguesso. After that, he won the elections of the National Assembly, the local council and the Senate, and successfully formed a new government. Although there was a rebellion in the country, the domestic political situation remained basically stable. The over – reliance on the oil economy has led to a debt crisis for the Government of The Republic of Congo. The Government of The Republic of Congo has formulated a series of national development plans in an effort to shake off the over – dependence of the national economy on oil in order to promote the development of the Congolese economy in the direction of inclusiveness and sustainability. In recent years, The Republic of Congo has continued to maintain good diplomatic relations with France, China and neighboring African countries, and strengthened close cooperation with all parties in the economic, diplomatic and social development of the two sides. In addition, the government of The Republic of Congo has also vigorously supported the development of education and is committed to training outstanding talents whose values and morals are in line with the development of The Republic of Congo. Great achievements have been made in social development, especially in the fields of transportation and medical treatment.

Keywords: The Republic of Congo; Political Development; Economic Development; Social Development

Central African Republic Development Report

Hong Wei & Zhou Yunsong / 169

Abstract: In 2017 - 2018, the political situation in Central African Republic remains unstable, frequent coups and mutinies take place. The fragile situation affects the future development of Central African Republic. Central African Republic government has formulated an economic revitalization plan to promote economic recovery and development. In the economic field, Central African Republic government has taken measures to stimulate economic development, especially in the fields of agriculture, natural resources and water resources, forests, energy, infrastructure, commerce, telecommunications and media, and advocate food security for all, expand export, reduce import, promote economic development and growth. Central African Republic government continues to pursue friendly, non - aligned and pluralistic foreign policies, emphasize that diplomacy serves national interests, actively conduct diplomatic activities with a focus on seeking foreign aid, and actively develop relations with neighboring countries, western countries and international and regional organizations. Central African Republic government has also invested self‑raised and external funds in health, education, housing and urban planning to promote development.

Keywords: Central African Republic; Political Development; Economic Development; Social Development

Analysis and Prospect of Chad's Economic Situation

Li Yan & Yang Zhi / 183

Abstract: Chad is one of the least developed countries in the world. Its economic structure is agriculture first, service industry second and industry third. Economic development is mainly the oil economy, fiscal revenue and expenditure depends on international aid, and foreign trade depends on neighboring countries, which are the three major characteristics of the Chadian economic situation. Chad's future economic development is reflected in both external and internal dimensions, strengthening external cooperation with China, especially cooperation in infrastructure and agriculture under the current "Belt and Road" initiative. China's aid and labor contracts to Chad are the highlights of bilateral cooperation. Internally, Chad should promote the development of tourism, promote economic diversification, get rid of over‑dependence on the oil economy, and strengthen the attraction of foreign investment and improve the business environment.

Keywords: Chad; Economic Profile; Economic Situation; Economic Potential

Development Report on Djibouti

Yang Zhi / 196

Abstract: In recent years, the domestic political situation in Djibouti has been relatively stable. In 2016, Ismail Omar Guelleh won the election, starting a third presidential term and forming a new government. On the economic front, Djibouti actively formulates its economic development plan, while responding to China's "Belt and Road" initiative, actively adjusts its economic policy, strives for foreign aid, attracts foreign investment, optimizes its industrial structure and focuses on the development of the tertiary industry. And step up the implementation of infrastructure construction, and actively participate in the process of regional integration. On the social front, Djibouti's investment in education has been increasing and the level of education has improved rapidly due to the rapid economic development and the help of the international community. In terms of diplomacy, Djibouti actively maintains close relations with France, and at the same time actively carries out friendly exchanges with other major powers in the world with the help of its unique and strategic geographical conditions, so as to gain economic benefits in the game of great powers. It is worth noting that Djibouti's active participation in the construction of "Belt and Road Initiative" and the development of friendly relations with China is an important fulcrum of China's "Maritime Silk Road" in East Africa.

Keywords: Djibouti; Economic Development; The Belt and Road; Political Situation

Thematic Research

ECOWAS Peace and Security Operation and related International
Cooperation   Li Hongfeng / 211

Abstract: In 2018, the security situation in West Africa remains grim. Political conflicts within member states, terrorist attacks and piracy in the Gulf of Guinea pose ongoing challenges to the peaceful development of the region. Relying on the collective peacekeeping mechanism that has been gradually built and developed since the 1990s, ECOWAS has taken many measures, such as mediation and intervention, strengthening early warning and response mechanisms, and strengthening cooperation with other regional organizations in Africa to jointly achieve the goal of peace. The United Nations, the European Union, the African Union and other international organizations work together with ECOWAS to help them improve their peacekeeping capacity in different ways. As an important cooperative partner of Africa, China is also actively promoting peace and development in West Africa.

Keywords: ECOWAS; Peace and Security; Terrorism; International Cooperation

An Analysis on Economic Presence of France in Francophone
African Countries   Li Dan / 224

Abstract: There are several views on how to evaluate current economic existence of France in francophone African countries. The first, France's sense of presence in Africa is declining and its influence is dwindling. The second, the relationship between France and Africa has undergone a process from "special" to "normal" in recent years. The third emphasizes that, based on historical and realistic factors, France remains in a special economic position in Africa, particularly in the Francophone region. This article attempts to prove that, under the appearance of "decline" or "normalization", France has a solid political, military and cultural support of its economic interests in Africa, and the special relationship between France and Africa cannot be underestimated. Under the complicated international situation in the new era, the three sides of China, France and Africa have reason to actively explore, innovate and seek mutually beneficial and win – win cooperation.

Keywords: African Economy; French Foreign Policy; Franco – African Relations

Cooperation and Rivalry among Francophone and Anglophone African
Countries in the Elections of the African Union Commission

Pan Liang / 248

Abstract: The African Union Commission is the permanent executive body of the African Union, which plays an important role in the formulation of the agenda and strategic plan of the African Union, the preparations for the relevant meetings of the African Union summit, the Executive Council, the Peace and Security Council and the subordinate bodies of the African Union, the implementation of resolutions and action plans of the African Union and the allocation of resources. The general election of the African Union Commission often leads to diplomatic wrangling between African countries and between national plates. Starting with the process and results of the previous elections of the African Union Commission, this paper focuses on the relationship of cooperation and competition between Francophone and Anglophone countries in the election of the African Union Committee. On this basis, it attempts to analyze and summarize the factors that affect the position of African countries in the election of the African Union Commission.

Keywords: African Union Commission; Francophone; Anglophone; Cooperation and Rivalry

图书在版编目(CIP)数据

非洲法语地区发展报告.2020 / 张永宏,詹世明主编. -- 北京:社会科学文献出版社,2020.7
ISBN 978 - 7 - 5201 - 6803 - 8

Ⅰ.①非… Ⅱ.①张… ②詹… Ⅲ.①法语 - 地区 - 社会发展 - 研究报告 - 非洲 - 2020 Ⅳ.①D740.69

中国版本图书馆 CIP 数据核字(2020)第 106425 号

非洲法语地区发展报告(2020)

主　　编 / 张永宏　詹世明
副 主 编 / 邓荣秀　孙利珍

出 版 人 / 谢寿光
责任编辑 / 高明秀

出　　版 / 社会科学文献出版社·国别区域分社(010)59367078
　　　　　 地址:北京市北三环中路甲29号院华龙大厦　邮编:100029
　　　　　 网址:www.ssap.com.cn

发　　行 / 市场营销中心(010)59367081　59367083
印　　装 / 三河市龙林印务有限公司

规　　格 / 开　本:787mm × 1092mm　1/16
　　　　　 印　张:18.25　字　数:278千字

版　　次 / 2020年7月第1版　2020年7月第1次印刷
书　　号 / ISBN 978 - 7 - 5201 - 6803 - 8
定　　价 / 128.00元

本书如有印装质量问题,请与读者服务中心(010 - 59367028)联系

　版权所有 翻印必究